本书出版受厦门大学南洋研究院"南洋文库"项目资助

本书研究先后受到以下项目资助：

· 马来亚大学科学研究基金（编号：RP006B–13HNE）

· 中国侨联 2015 年度课题一般项目（编号：15BZQK210）

· 中国博士后科学基金第 11 批特别资助（编号：2018T110677）

宋燕鹏 著

马来西亚吉隆坡福建社群史研究

籍贯、组织与认同

A History Study of Fujian Province Community in Kuala Lumpur, Malaysia: Birthplace, Organization and Identity

中国社会科学出版社

图书在版编目（CIP）数据

马来西亚吉隆坡福建社群史研究：籍贯、组织与认同／宋燕鹏著 . —北京：
中国社会科学出版社，2020.7（2021.5 重印）

（南洋文库）

ISBN 978 - 7 - 5203 - 5348 - 9

Ⅰ.①马…　Ⅱ.①宋…　Ⅲ.①华人—社会团体—历史—研究—马来西亚
Ⅳ.①D634.333.8

中国版本图书馆 CIP 数据核字（2019）第 230547 号

出 版 人　赵剑英
责任编辑　刘　芳
责任校对　石建国
责任印制　李寡寡

出　　版　中国社会科学出版社
社　　址　北京鼓楼西大街甲 158 号
邮　　编　100720
网　　址　http://www.csspw.cn
发 行 部　010 - 84083685
门 市 部　010 - 84029450
经　　销　新华书店及其他书店

印刷装订　北京君升印刷有限公司
版　　次　2020 年 7 月第 1 版
印　　次　2021 年 5 月第 2 次印刷

开　　本　710×1000　1/16
印　　张　16.75
字　　数　210 千字
定　　价　98.00 元

威镇宫观音寺外观（2019 年 4 月 3 日摄）

威镇宫现存光绪庚子年（1900）匾额（2019 年 4 月 3 日摄）

今日雪兰莪暨吉隆坡福建会馆外观（2019 年 4 月 3 日摄）

安邦南天宫九皇大帝外观（2013 年 12 月 24 日摄）

安邦南天宫九皇大帝主建筑（2013年11月6日摄）

南天宫捐赠旁边安邦华小大楼（2013年12月25日摄）

旧巴生路镇南庙外观（2014年1月1日，陈爱梅摄）

镇南庙内笔者翻阅资料（2014年1月1日，陈爱梅摄）

洗都巴刹石马宫主建筑（2014年1月5日，陈爱梅摄）

笔者在石马宫和财政刘先生座谈（2014年1月5日，陈爱梅摄）

在马来西亚国家图书馆翻阅缩微胶卷（2013 年 11 月 16 日摄）

鹅唛路聚仙庙牌坊（2014 年 1 月 5 日，陈爱梅摄）

永春會館紀念碑並序

靈蘭我為馬來聯邦之首府吉隆坡尤為靈蘭我之中心商業競爭非團體不足以制勝人材渙散非聯絡不足以圖存此間晚近潮流之所趨亦即本會館建設之所由起也同人等有鑒于是爰於民國十五年春開會籌備購地興工閱時四載幸賴發起諸君慷慨解囊又皆踴躍翰成諸君慨解囊伍萬參仟有奇蔚成完成三座三樓規模既大設備亦周且也屏山環水風景天然尤令人有海外桃源之想矣[?]顧名思義應聯桑梓之情協力從公共畫家邦之責是則同人等之所厚幸焉工程告竣僉議將捐資芳名泐碑紀念其在百金以下者另列區端全垂不朽用弁數語以誌不忘云爾

茲將捐歀芳名刊左

陳輝相君伍仟元
陳日墻君肆仟元
林興豪君肆仟元
陳滄相君肆仟元
陳松清君貳仟元
黃重吉君壹仟元
洪道題君壹仟[?]元

林詩河君伍佰元
林珪居君參佰元
林美敬君參佰元
李克月君參佰元
陳聯淺君參佰元
吳連木君參佰元
鄧美金君參佰元

楊即輝君壹佰元
陳雲禎君壹佰元
陳彩定君壹佰元
林玉禮君壹佰元
張嗣科君壹佰元
陳協德君壹佰元
顏挽挽君壹佰元
辜辰兵君壹佰元

吉隆坡永春会馆纪念碑（2014年1月4日摄）

合羣愛國

蔣中正題

吉隆坡永春会馆蒋中正题词（2014年1月4日摄）

吉隆坡永春会馆陈铭枢题词（2014 年 1 月 4 日摄）

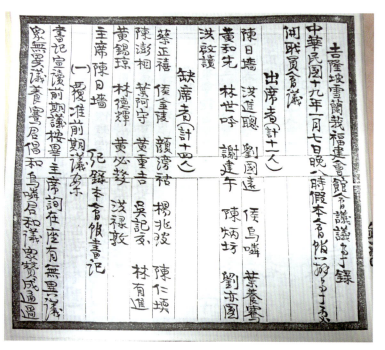

雪兰莪福建会馆现存最早的一册会议簿（2013 年 8 月 12 日摄）

序

曾　玲[*]

　　宋燕鹏是一位跨越中国与东南亚研究的优秀中青年学者，目前任中国社会科学出版社编审（教授级），同时主持"历史与考古出版中心"的全面工作。他的研究涉及中国古代史、中国与东南亚关系史、马来西亚华人史等诸多领域。自 2011 年以来，宋燕鹏已有数部及数十篇与中国古代的两汉、南北朝、两宋，以及马来西亚华人社会研究相关的专著与论文面世。《马来西亚吉隆坡福建社群史研究——籍贯、组织与认同》（以下简称《吉隆坡福建社群史》）一书是宋燕鹏以"二战"前吉隆坡福建社群为考察个案、继续拓展马来西亚华人社会历史研究的另一部新作。

　　众所周知，"华人社群"是一个在东南亚华侨华人史研究领域受到海内外学界关注的重要课题。其所以如此，主要是因为受制于鸦片战争后一百年南来拓荒的闽粤人的移民方式，"社群"成为华南移民在东南亚半自治殖民地时代时空脉络下重建其社会的基本结构。因此，以华人移民社会组成部分的"社群"

---

* 厦门大学历史系教授、博士生导师。

作为考察对象，是深入展开对包括马来西亚在内的东南亚华侨华人史研究的重要途径之一。基于宋燕鹏多元的学术训练与成果积累，这部《吉隆坡福建社群史》为该课题的研究提供了有价值的新成果。

《吉隆坡福建社群史》是在中国近现代与马来亚殖民地时代的时空情境下，从对20世纪上半叶中国社会变迁、闽省政治经济危机、福建移民南来马来亚的拓荒潮、19世纪中叶以后吉隆坡的社会发展与经济开发、英殖民政府引进华人移民及相关政策等的具体考察，讨论"二战"前吉隆坡福建移民的祖籍地分布与社群领导层的构成；研究主要由"客家""广府""福建"等构成的华人帮群形态、如何制约"二战"前吉隆坡福建移民社群认同意识之形塑与途径；探究雪兰莪福建会馆、安溪会馆等社团组织的功能与运作等课题。

《吉隆坡福建社群史》基本的研究资料是华人社会文献。笔者曾指出，包括不同类型华人社团组织保留下来的章程、会议记录、账本、名册、编撰的纪念特刊等各类记录在内的华人社会文献，是华人社会书写与记载自身历史的文本。相较于"顺便表达一种局外人顺便观察华人社会观点的殖民地政府或当地政府档案"①，其重要的学术与史料价值在于为学者从内部研究华人社会提供了第一手的文献与资料。然而，由于受到各种原因制约，华人社会在其历史演化进程中，基本没有设立机构保存历史资料，更谈不上建立制度化的文献收藏与管理体系。许多记载华人社会发展历史的珍贵资料，不是毁于战火，就是伴

---

① 王赓武：《序》，载颜清湟《新马华人社会史》，粟明鲜等译，中国华侨出版社1991年版，第2页。

随时光推移在社会变迁中被毁坏或遗失了。因此，研究资料的匮乏，几乎是所有该领域学者面对的共同问题。① 有鉴于此，收集、整理各类华人社会文献，成为宋燕鹏多年辛苦进行马来西亚华人研究田野调查工作的一项重要内容。这部《吉隆坡福建社群史》，即是他田野研究的一部心得之作。他在该书所运用的资料，除了一些殖民地政府、中国华南各地方政府的档案与记录，基本与主要的文献则来自华人社团的各类记录。包括吉隆坡客家、广府、福建、广西诸移民社群的会馆、庙宇等社团组织保留下来的章程、会议记录簿、纪念特刊吉隆坡福建义山埋葬收据、墓碑碑文、吉隆坡广东义山修撰的纪念特刊以及华人报刊的相关报道，等等。其中有部分是"二战"前后华人社团的珍贵记录，如从 20 世纪 30 年代延续至 70 年代的《雪兰莪福建会馆会议簿》等。

对上述这些文献的整理与解读，有助于宋燕鹏对"华人社群"研究在视角与内容上有新的思考。具体而言，在《吉隆坡福建社群史》中，宋燕鹏从移民史视角，运用吉隆坡福建义山收据与墓碑碑文，考察"二战"前吉隆坡福建社群的祖籍地分布与籍贯（祖籍）认同；从社群认同建构的视角，透过对凝聚华人移民的会馆组织、处理移民先人的坟山组织与处理华人信仰的庙宇组织三个系统的具体考察，讨论"二战"前吉隆坡福建移民社群认同建构的历史进程；而对吉隆坡安溪移民的社群认同之形塑的讨论，宋燕鹏则根据收集到的各类文献，从移民的"乡里"即祖籍认同、社团组织、庙宇网络三个层面展开

---

① 曾玲：《新加坡华人宗乡文化研究》，中国社会科学出版社 2019 年版，第 18—22 页。

研究。

《吉隆坡福建社群史》研究的另一重要内容，是从马来亚半自治的英殖民政府统治的时空脉络切入，运用雪兰莪福建会馆保留下来的会议簿及其他相关记录，具体考察"二战"前作为吉隆坡福建移民社群总机构的雪兰莪福建会馆的运作与功能，涉及的内容包括会馆对吉隆坡福建义山的管理、会馆对于与新马其他福建社团、祖籍地与祖籍国、英殖民政府等方面关系的处理，等等。这项研究以其考察之具体与内容之丰富而深具学术价值。

在《吉隆坡福建社群史》中，宋燕鹏也根据自己的研究，对现有的一些研究理论或提出反思、或运用于具体的考察中。例如，在华人社会的建构与演化的历史进程中，方言群认同与祖籍认同的同与异，以及各自边界的如何界定；再如，现有的有关华人移民的"次社群"概念，是否能够从祖籍原乡行政建制下的省、府、县等建制，直接认定华人社会"次社群"之形态与内涵，等等。对这些理论的讨论与反思都有助于东南亚华人社会历史研究的深入发展。

综上所述，宋燕鹏的新作为考察鸦片战争后一百年闽粤移民南来马来亚的拓荒史、华南移民社群凝聚与整合、华人社会的建构与演化等，提供了一个具学术价值的研究个案。透过这一个案，有助于学界与社会了解这一历史时期包括吉隆坡福建社群在内的东南亚华人移民社会的历史图像。

是为序。

2019 年 6 月 14 日

前　言

　　华侨史的研究，同时也是中外关系史研究的重要方面。暨南大学朱杰勤先生曾说："华侨史的研究是一门具有国际性的学问，既要忠实反映华侨的历史情况，又要遵循我国对外的方针政策；既要尊重以平等待我的民族，又要团结第三世界的国家。"① 这就为华侨史的研究奠定了基调。众所周知，马来西亚各地华人社群的形塑过程千差万别，但是国内现有的马来西亚华人社群历史的研究却是寥寥无几。尤其是对华人社群的中观、微观历史研究更是罕见。一方面缘于现有资料的稀缺，另一方面也与从事相关历史研究的学术人员较少有关。马来西亚地处马六甲海峡，自古以来都是海上丝绸之路的重要节点。在"一带一路"倡议大行其道的时代，有关马来西亚的基础性历史研究的现状是无法满足时代需求的。

　　在东盟各国中，虽然马来西亚华人的绝对人数并不是最多的，但除了新加坡外，马来西亚华人所占比例却最高。东盟各国诸如印度尼西亚、越南、泰国、菲律宾等国华人被同化的现象非常明显，而马来西亚华人则由于保持着以华语为教学语言

---

①　朱杰勤：《东南亚华侨史》，高等教育出版社 1990 年版，"前言"第 2 页。

的独立中学体系,各大华人方言也在民间社会广为流行,中文与中华文化保存的也就相对完整。因此,马来西亚华人就成为最具代表性的东南亚华人群体。

马来西亚的华人移民并非是铁板一块,两百年以来各个州属的华人移民集聚情况也大相径庭,甚至州内部不同城镇差异也很大。因此,摆脱"板块化"的研究方式,以城市或州属为单位进行专门研究,是推动马来西亚华人历史研究的必要手段。雪兰莪是马来西亚华人人数最多,也是最富裕的一个州。1974年,吉隆坡被单独划为联邦直辖区,在此之前,其不仅是国家行政机关所在地,同时也一直是雪兰莪州的首府。① 正是因为吉隆坡在马来西亚具有政治中心的地位,对其华人移民加以精细的研究,是马来西亚华人史研究的题中应有之义。笔者以期通过本书来推动东南亚华人研究的"区域史"模式。

近十年来,华人的历史在马来西亚国民中学(国中)历史教科书中被删除了。因此,本书的意义也在于提供马来西亚华人对自身历史的认知,以期塑造其集体记忆,并强化华人的族群认同。

2015 年,笔者所撰《马来西亚华人史:权威、社群与信仰》② 出版,反映的是笔者所思考的切入马来西亚华人史研究的三个主题,即"权威""社群"与"信仰"。其中"社群"就是范围或大或小的华人群体,大者可以行政区划的一个省的名字命名,小的可以以一个村来集群,或者以血缘上一个宗族、同

---

① 2001 年 2 月 1 日,布城(Putrajaya)正式从雪兰莪分割成为马来西亚的第三个联邦直辖区。300 位首相办公室工作人员于 1999 年首先迁入布城,其余国家政府公务员也于 2005 年迁入。因应行政区划的变化,2009 年 3 月获社团注册局批准,雪兰莪福建馆正式易名为"雪兰莪暨吉隆坡福建会馆"。

② 宋燕鹏:《马来西亚华人史:权威、社群与信仰》,上海交通大学出版社 2015 年版。

姓甚至跨姓的拟制血亲来作为集聚社群的标准。马来西亚中文史料，有重要的一部分保存在华人会馆。由于日本人南侵马来亚和沙捞越、沙巴的"三年零八个月"，致使"二战"前的华人会馆能够保存下来的档案屈指可数，而雪兰莪福建会馆就是侥幸能够保存下来的一个。

与马六甲和槟城的"福建人"（Hokkien）仅代指操"闽南话"的人群不同，吉隆坡华侨内部的"福建人"一开始就是"福建省人"，以清末民国"福建省"的行政区划作为集聚的标准。①雪兰莪福建会馆自1885年成立，就涵盖了福建省内的"闽南""兴化""福州"等各个方言群体。因此，笔者在上本书两篇论文的基础上，沿着"籍贯""组织"与"认同"三个维度，以吉隆坡福建省级社群及安溪次社群作为个案，来考察一个省级社群和次社群是如何在地方形塑和发展的。当然，雪兰莪福建会馆内部的人事变动、会馆的收支情况、福建人神庙的变化发展、其他次社群（兴化、福州、南安、永春②、惠安等府县）的形塑等方面，本书都未进行深入的阐述。有的是文献所限，有的是田野资料还不完备，更多的是暂时还不适合发表观点，所以为了避嫌，本书大部分叙述的时间段限于1941年日本南侵以前。在1957年马来亚独立以前，绝大部分华人所持国籍和护照绝大多数是中国，因此，本书以这个事实为参照，使用"籍贯"，而未使用当今学界所常用的"祖籍"一词。

华人在雪兰莪州的移民，首先是从巴生（Klang）港口开始

---

① 虽然英属马来联邦政府自1891年开始的人口调查依然是以"Hokkien"代指"闽南人"，但吉隆坡本地华侨心目中的"福建社群"却一直都是指"福建省人"。

② 有关吉隆坡永春社群的研究，笔者仅见于郑明烈博士的《海外桃源：吉隆坡永春社群史略》（马来西亚华社研究中心2014年版）。

的，逐渐向内地迁移，到达巴生，而后由于锡矿的发现，逐渐深入巴生河谷，1857 年到达吉隆坡，这一年成为吉隆坡开埠的时间。围绕着锡矿的发现，华人大量涌入，在吉隆坡市区外，今天的安邦（Ampang）、沙登（Serdang）、加影（Kajang）等锡矿产地，聚集了大量的华人，形成了华人聚落。在 1948 年《紧急条例》（Emergency Regulations）实施后，又形成一些以福建人为主体的华人新村。华人在雪兰莪州的比例，以客家人为最多，广东人第二，福建人第三。由于港剧的影响，如今吉隆坡通行广东话。① 本书的思路主要是厘清福建社群在吉隆坡华人社会建构中的角色，他们如何强化自己的力量，保持社群的凝聚力，以维持自己的籍贯认同，从而保护自己的利益。

本书立足历史学，尤其是历史地理学和区域社会史的研究方法，同时采用跨学科的综合研究方法，包括人类学、社会学，结合比较研究、个案分析等方法，力图通过多学科多角度来研究马来亚独立前福建人社群在吉隆坡的发展情况。这项研究，将以第一手历史材料，如典藏在吉隆坡国家档案局的英文和马来文档案，华人会馆的会议纪要和华人庙宇的碑铭史料，来建构吉隆坡福建社群的历史。此外，这项研究也采取了田野调查和口述访谈的方法，弥补了史料上的不足，以使研究更全面准确。

最后需要说明的是，本书只是这一研究领域的阶段性成果，还有很大的研究空间，笔者会在这个领域继续耕耘，也期待更多的学友参与进来，为推动马来西亚福建社群史乃至东南亚华侨华人史的研究添砖加瓦。

---

① 但是福建人在雪兰莪州的绝对人数并非少数，而且经常保持聚居的状态，例如巴生就是雪兰莪州最大的福建人聚居区，五条港是福建同安人为主的渔村。

目　　录

第 一 章

20 世纪上半叶吉隆坡福建人社群意识的形塑途径

中国人自古以来重视安土重迁，守着先人的坟墓，自耕自足。后世沿海人口日渐增多，加之灾害频发等原因，生活难以为继，因靠海的便利，不畏艰险远涉重洋来谋生，很多人不幸因此客死异邦，骸骨难归故土。寺庙和义山，就成为海外华人最主要的精神归宿。因此，大马半岛各地的华人社团多是由寺庙、义山演变而来。从最早的马六甲的青云亭神庙和宝山亭义山可证。地域性的会馆则是其后才出现的。大多数中国移民带着强烈的地方观念到达大马半岛，他们为了安全、娱乐和互助，同一方言群体会自然和谐地聚集在一起。中国移民强烈的地方观念的基础是对地域性的、相同或相近社会习俗及宗教信仰的认可，而在移民过程中，华人移民中的地缘观念和基于方言的亲密关系得到进一步加强。这就为方言会馆的创立提供了条件。[①]

作为华人的主要归宿，地域性的义山也成为社群认同的一

---

① ［澳］颜清湟：《新马华人社会史》，粟明鲜等译，中国华侨出版公司 1991 年版，第 33—35 页。

个标志。除了相同的全国性的信仰,各种地域神明也成为辨别籍贯来源的符号之一。会馆、义山和神庙,就构成了三位一体的社群组织网络。与槟城、马六甲"福建人"专称操福建话(闽南话)者不同,书中所使用的"福建人"指福建省籍贯者。

第一节 吉隆坡福建人社群的籍贯组织:雪兰莪福建会馆

"籍贯"是一个家族族群认定的某一时期的某一位祖先的出生地或曾祖父及以上父系祖先的长久居住地或出生地。恰因如此,无论人们身处何方,个人或群体的社会意识上的童年记忆,恰是对"一方水土"及"同风共俗"的认同。由此唤起人们信任、共存、共护的良知初识,形成难以割舍的人际维系纽带;并由此派生出政治亲和力、社会凝聚力、个人群体信任力等诸多影响社会政治、经济、文化、生活发展的潜在因素。对于吉隆坡华人来说,很多人都是在中国出生长大之后南渡,因此籍贯就带有出发时的时代色彩。"籍贯"带有强烈的层次感,在不同的环境适用不同的层次,体现出一种地域上的"差序格局"观。"差序格局"指中国社会结构是以人伦为基石,以己为中心,推出与自己产生社会关系的人群所发生的一轮轮波纹的差序。就像石子投入水中一般,愈推愈远,也愈推愈薄。被圈子的波纹所推及的就发生关系,每个人在不同时间、地点所动用的圈子也是不同的。① 在传统的亲属关系之外,同族、同乡、同姓、同窗,乃至门生故旧以及同业等都是重要的社会关系。"差

---

① 费孝通:《乡土中国·生育制度》,北京大学出版社 1988 年版,第 24 页。

序格局"超越规则的束缚和一切制度化的秩序,成为人们处理社会关系的根本准则。其中南来马来亚的华人多数单枪匹马,最容易依据的认同层次就是建立在共同方言基础上的"同乡"。①由于方言群在语言和风俗上有诸多差异,在缺乏了解和无法沟通的情况下,他们以方言群为划分方式,组成各自的群体。② 正因于此,籍贯意识是中国人头脑中根深蒂固的观念,它因人口流动而加深加固。那些远离故土的南洋华人,更因远离故土,而愈加巩固籍贯意识。作为重要的地缘因素,建立在不同层次的"籍贯"观念上的"同乡"就成为人际交往和获取心理归属感的重要途径。③

方言是早期南来华人籍贯认同的重要标志,在吉隆坡亦然。由于大马半岛的福建省人主要集中在泉州和漳州,二地皆以闽南话为主要口语,所以闽南话又被称为福建话,英国人的人口调查数据中所说的福建人"Hokkien",所指主要是籍贯漳泉者。但是在不同的区域,籍贯福建的社群组成千差万别,吉隆坡就自有其认同的标准。早期南来吉隆坡的福建人集中在泉州辖下的安溪、南安和永春三县,所以这三县籍贯人的势力在吉隆坡

---

① 〔澳〕颜清湟:《新马华人社会史》,粟明鲜等译,中国华侨出版公司1991年版,第148页。

② 吉隆坡原本就没有华人社会和既存的社会结构,所有人都是新进移民,因此个人自我的社群归属,是以方言为认同根据。而这种以方言作为人群辨异的标准,是新马华人社群分类的基本结构。参见麦留芳《方言群认同:早期星马华人的分类法则》,"中央研究院"民族学研究所1987年版,第108页。

③ "老乡认同"往往表现为情感归属,归属可为个体提供某一群体的心理安全感、社会情感支持等心理需要的满足。情感归属最直接的就是对家乡方言的认同,这种方言所形成的内群体偏好就是对优势方言的一种情感依附和社会认同。参见张海钟、姜永志《中国人老乡观念的区域跨文化心理学解析》,《宁夏大学学报》(哲学社会科学版)2010年第1期。

福建人中占压倒性优势,反而兴化人和福州人等方言产业群处于劣势。① 虽然福建人内部次生社群数量不一,但吉隆坡的福建人社群的形成,就是通过省级区域来划分认同界限的。这与吉隆坡福建人所处的华人社会密切相关。

会馆是中国传统籍贯观念的体现。著名史学家何炳棣先生认为:"会馆是同乡人士在京师和其他异乡城市所建立,专为同乡停留聚会或推进业务的场所。狭义的会馆指同乡所公立的建筑,广义的会馆指同乡组织。"② 指明了会馆的同籍贯特征。顾名思义,雪兰莪福建会馆就是雪兰莪福建籍贯乡亲的同乡组织。早期福建人社群在整个雪兰莪州人数极少。1884 年,英国殖民政府为了引进更多资本进入吉隆坡,改变原来客家人一支独大的现状,有意将原来客家人独享的饷码(Farming revenue)承包权转让予来自槟城的福建人。在遭到客家和广府人的反对后,即让福建、客家和广府人一起承包。③ 承包权的转让,连带吸引许多福建和广府人来到吉隆坡,逐渐改变了原来客家人居绝大多数的局面。据英殖民者统计,1891 年雪兰莪州仅有福建人4524 人,但到了 1901 年则激增为 30507 人。④ 19 世纪末福建人主要集中在吉隆坡(Kuala Lumpur)、巴生(Klang)和乌鲁雪兰莪(Ulu Selangor)。巴生依赖瑞天咸港(Port Swettenham)的优势发展商业,而吉隆坡则因锡矿业的发展而带动了当地的商业活动。擅长经商的福建人在吉隆坡和

---

① 参见本书第五章。

② 何炳棣:《中国会馆史论》,学生书局 1966 年版,第 11 页。

③ J. M. Gullick, *A History of Kuala Lumpur 1857 – 1939*, Kuala Lumpur: Malaysia Branch of the Royal Asiatic Society, 2000, p. 79.

④ *General Remarks on the Cenesus*, Federated Malay States, 1901, p. 114, 118.

巴生这两个城市很快立足，在 1885 年之前及 1904 年分别创建福建会馆。

雪兰莪福建会馆对自身在 19 世纪末的历史已经所知不多。会馆特刊云："由于三十年代以前文献极为匮乏，献地建馆先贤姓氏，至今不克查考覆实，仅能从断碑残片，缅怀乡先人之丰功，亦希望能有奇迹般的发现来填补这一段空白。"① 笔者看到这句话是 2013 年 8 月在雪隆福建会馆整理义山收据的时候，之后这件事就一直放在心中。直到 2017 年 5 月笔者在北京国家图书馆古籍部查找资料时，意外看到力钧在 1891 年之前到吉隆坡游览，并为募捐建立福建会馆写下的文字，欣喜非常。移录如下：

> 嘉隆坡为吉隆都会，地处冲要，人多过从，淘沙之傭，动以万数，设冶之户计将千家，越臣之徒，宋氓一廛，游历遂作寓公，村墟渐成乐土。然万里萍踪，遣旅愁而无所；十年鞄系，询乡事而何方。则会馆之设不容己也。况吾福建习邹鲁之风，相敦礼让，守李常之治，但事诗书，即或南来做客，东望故山，而榕海云烟，鹭门风月，未尝不历历在目，眷眷于怀，借非留宾有馆畴洗征尘；习礼有庭畴行乡饮。赵君士祝于光绪十三年特集同人创行盛举，流泉夕阳，合形方之相度，竹头木屑，极匠氏之经营，朴斫方新，丹膌未竟，掘井大有及泉之望，末驽转嫌，穿缡之艰，以经费不充，辍然而止，于是金举邱君德脩继之。德脩为

---

① 《雪兰莪福建会馆百年纪念特刊（1885—1985）》，雪兰莪福建会馆 1986 年编印，第 24 页。

忠波观察叔子，夙承家训，绰有父风，贾谊少年，季布重诺，善创善因，其难其慎，……故园耆旧，同里贤豪，倾囊底之余赀，节杖头之琐费，相助为理藉手观成……若夫习巫来由之语言，熟欧罗巴之形势，小则效法党庠，振兴文教，大则激扬忠义，图报国恩。则因会馆晤谈，既数感发，遂当此福建之幸，抑不止福建之幸也。①

这段话交代了雪兰莪福建会馆成立的早期历史情况，可补史实之阙。如今雪隆福建会馆追溯创建历史在 1885 年，从上文可知雪兰莪福建会馆到光绪十三年（1887）方才进行会馆建设。当时号召建设的是赵士祝，应该是当时的会馆领袖。但是因经费问题创建工作并未成功。继而由邱德脩接手，他是邱忠波侄子。在力钧笔下，"海外商务之大，君（邱忠波）为最。中国则上海、宁波、厦门、香港、汕头，海外则新加坡、槟榔屿、满刺甲诸埠，其余吉隆、白蜡之锡矿，西贡、仰光之舂米，机器有轮船十数艘为之转运，受腹心之寄任，指臂之劳，凡四五千人，仰而食者则不可数计焉。……忠波字如松，福建海澄人，十五客槟榔屿，卒年六十，海防赈捐出力奖叙候选道加二品衔"②，可知他是新江邱氏成员，经商规模很大。笔者曾在吉隆坡福建义山收据里发现新江邱氏成员的墓碑，但是未有姓名为邱忠波和邱德脩者，可能他们葬回了槟榔屿。

19 世纪末至 20 世纪初的二十年内，雪兰莪州的福建人的数量急剧增长。到 1911 年的英属马来联邦政府统计人口的时候，

---

① 力钧：《双镜庐文存》卷五《嘉隆坡募建福建会馆启》，光绪木活字本（残存 6 卷），中国国家图书馆藏。

② 力钧：《双镜庐文存》卷四《邱忠波传》。

仅吉隆坡就有福建人（即操闽南话者）12448 人，兴化人有 3554 人，福州人有 1383 人。① 很明显，20 世纪初的时候，福建人中开始出现了兴化人和福州人的群体。1885 年即成立的雪兰莪福建会馆早期虽然是仅以闽南方言群为主，但事实上，随着兴化人和福州人的进入，福建会馆的董事群体的构成也必须要涵盖兴化与福州籍。

早期华人社团的功能，是照顾同乡（地缘性社团）和同宗（血源性社团）在各方面的利益与福利。颜清湟教授根据马六甲应和会馆和吉隆坡广肇会馆的记录，做出很有见地的总结。他认为华人地缘性社团的功能主要有宗教和社会职能、福利职能、仲裁职能。② 自然雪兰莪福建会馆也具备这些基本职能。对吉隆坡福建人社群意识的形塑来说，雪兰莪福建会馆的凝聚力作用是明显的。通过会馆，将福建省内在吉隆坡的次生社群领袖吸收进来，这就在一定程度上在面对以客家和广府人为基础的广东人社群时，使基于福建省行政区划的福建人社群意识得到增强。而最起码的会员籍贯就是以清末民国福建省行政区域为地理界限的。

第二节　吉隆坡福建人社群的
最后归宿:福建义山

自 17 世纪开始福建人就不断移居马来半岛，目的地主要是

---

① *Review of the Census Pperations and Results*，Federated Malay States，1911，p. 112.

② ［澳］颜清湟:《新马华人社会史》，粟明鲜等译，中国华侨出版社 1991 年版，第 41—48 页。

马六甲，18世纪末又开始大量移居槟城。因此马来西亚最早的福建籍会馆是至迟1801年就已经建立的马六甲福建会馆。19世纪中叶以后，新的锡矿区的发现，吸引华人大批涌入，劳动力的激增，同时也带来了新的生产技术。促进半岛锡矿业大大向前发展，大规模开矿活动先后在雪兰莪、霹雳、森美兰等州展开。① 1874年，英国人在《邦咯条约》（Pangkor Treaty）签订之后，先后在霹雳、雪兰莪、彭亨和森美兰四个马来州属推行参政司（Resident System）制度。1895年，英政府成立马来联邦（Federated Malay States）（华人称为"四州府"）。这四州是被英国保护的马来土邦。此后，土邦的社会在一定程度上较为稳定。开采锡矿业和树胶业受到英国人的重视，经济的发展，迫切需要大批的劳动力，于是，华人受到鼓励，大批移入。来到马来半岛的福建人移民和其他华人，最初多数是青壮年，他们只身漂洋过海来到南洋一带谋生，鉴于人地生疏，环境恶劣，非团结无法生存，于是乡贤仿照中国旧有之会馆模式，建立会馆，以照顾南来同乡。雪兰莪福建会馆就是在这种背景下，于1885年在吉隆坡成立。

早期福建人和其他华人一样，主要属只身南来的下层阶级，单身者非常多，他们怀揣着赚钱改善生活的目的南来，但无论赚钱与否，绝大多数都客死异乡。他们不仅无能力购买葬地，有许多也无亲属协助料理后事。② 在华人聚集的市镇或村落，可以没有会馆，但必定会设置义山。于是大马各地地缘性会馆都

① 马来西亚马来亚华人矿务总会编著：《马来西亚华人锡矿工业的发展与没落》，马来亚华人矿务总会2002年版，第13—24页。

② 杨松年：《战前新马文学所反映的华工生活》，（新加坡）全国职总奋斗报1986年版，第19—58页。

会向政府申请义山，作为同乡死后的葬地。雪隆福建会馆现有
两个义山，皆坐落在吉隆坡联邦直辖区，一个是有超过百年历
史的旧飞机场路福建义山，另一处是 20 世纪 80 年代开辟的新
街场路福建义山。

旧义山何时成为福建人的葬地已不可考，但吉隆坡开埠的
时间一般认为是 1857 年，福建人大量涌入之后，集中葬地才有
可能。在福建义山有一大伯公庙，神台前悬一对联，时间为光
绪辛丑年，即为 1901 年。故认定福建义山的自发形成是在 1900
年之前，或者福建会馆创建的 1885 年左右，当不为过。旧义山
当初远离市区，直至 1920 年 1 月 16 日，英殖民地政府才根据
1911 年《土地法令》（Land Enactment Act 1911）在宪报 504 号
上公布，保留此地作为坟场的用途，面积约 148 英亩。①

根据雪兰莪福建会馆保存的葬地记录，在 1928 年 6 月就已
经有完整的单据和记录。单据内容有葬地编号、生死局准葬字
编号、葬地面积、收费数额、死者姓名、岁数、性别和职业、
逝世地点和日期、死因、代申请者姓名、发据日期，以及时任
总理（总务）的签名。入葬者分缴费和免费两种，皆发给山地
凭据予逝世者家属。义山坟地等级，按照大小可以分为特种和
甲乙丙丁戊己七个。己种为免费的，然后逐渐到收费 60 元，面
积最大的是甲种葬地（长 32 英尺、宽 28 英尺），在 30 年代经
济困难时，也曾短暂设置过 500 元特种坟地。当然，只有具备
福建省籍才能埋葬福建义山，类似对籍贯属地的要求在其他地

---

① 《雪兰莪暨吉隆坡福建会馆 125 周年纪念特刊》，雪隆福建会馆 2010 年编印，
第 158 页。

域性义山的规则中也能体现出来。①

　　福建义山由雪兰莪福建会馆单独管理和经营,这种管理模式一直持续到今天。福建义山能够由福建会馆单独管理,缘于在义山出现时属福建人社群的会馆只有福建会馆。1892年,永春籍人士成立"永春公司",1922年易名永春会馆。在1900年左右时,福建籍的社团只有福建会馆和永春公司。迟至有详细文献记载的1926年,福建会馆的管理层多为南来的永春人。1930年的正会长陈日墙是永春籍,同时他又是永春会馆的重要领导人,且永春会馆董事陈仁堧、颜滂祐、陈澎相、洪进聪、林世吟、陈云祯等多位同时又兼福建会馆董事。② 虽然当时正总理洪启读和理事黄重吉等多人是南安人,但南安会馆直至1939年方成立。③ 说明其他福建籍人数和凝聚力在1920年以前低于永春籍,这就造成永春籍长期担任福建会馆的主要领导职务,④也最终延续了福建会馆长期独自管理福建义山的局面。南安会馆成立后,南安籍的洪启读担任福建会馆正会长达14年,成为已知正会长中首位连任超过10年者。但福建会馆独自管理福建

---

　　① 当然也不是绝对的,笔者就在20世纪30年代的福建义山的葬地收据里发现两个籍贯湖南和一个籍贯河南者。甚至在马来亚大学林德顺博士对福建义山墓碑的调查中,还发现了几块民国纪年的墓碑,籍贯居然是潮州和海陆丰。所以说福建义山埋葬的全部是福建省籍人有失客观,但毕竟非福建省籍的墓碑少之又少,起码大的省属籍贯是不会混乱的。

　　② 《雪兰莪福建会馆会议簿》(1930—1932),第18页;《雪兰莪永春会馆会议簿》第1册,第26—27页。

　　③ 《雪兰莪南安会馆三十五周年纪念特刊暨南安历代文献及邑贤创业史》,雪兰莪南安会馆1972年编印,第43页。

　　④ 其他在1941年日本南侵之前建立的吉隆坡福建籍会馆分别为:福州会馆(1912)、龙岩会馆(1918)、安溪会馆(1929)、南安会馆(1939)。数据源自吴华《马来西亚华族会馆史略》,新加坡东南亚研究所1980年版,第31页。

义山的局面并未改变。故关于义山的章程长期都设在福建会馆章程的最后一部分。

墓碑籍贯除了记录墓主的出生地或者祖籍地外，还有很多值得玩味的地方。对于那些华南长大后南来的人来说，籍贯就是童年的故乡，南来后就成为记忆里的守望。每一个人都有一个童年，有生养他（她）的父母，有养育他（她）的故乡，有属他（她）的独特的心理事件和喜怒哀乐等，这一切构成了他（她）的最初的生活环境和人生遭际，形成了他（她）的短短的却是重要的经历。① 他死后墓碑上的籍贯，正是延续了他对故乡的追忆与怀念。因此，通过福建省籍入葬福建义山，无形中也在中国之外，重新形塑了吉隆坡福建人的社群边界。中国移民在墓碑上刻上籍贯已然约定俗成，延续至今，成为与祖先原乡剪不断的脐带符号。

第三节 吉隆坡福建人社群的
信仰载体：威镇宫

华人南来漂洋过海，他们都随身携带原乡祭拜的神明，以祈求保佑平安到达目的地。抵达目的地后，便建简陋的庙宇供奉神明，定期祭拜。此外，当时的庙宇也是小区中心以及乡亲组织的场所。最早如马六甲的青云亭已有数百年历史，证明了华人在此地落地生根的历史，其他各州也都有超过百年历史的庙宇，是各州华人社会发展历史的最佳见证。以后随着移民人数不断增加及经济情况的改善，出钱出力扩建，使寺庙规模不

---

① 童庆炳：《作家的童年经验及其对创作的影响》，《文学评论》1993 年第 4 期。

断扩大，成为给先民提供精神寄托与心灵慰藉的场所。闽粤两省除了共同的观音、妈祖等信仰之外，还有很多地方性的神祇，到马来半岛之后，不同的族群也供奉了不同的地方神明。早期各地华人社群都围绕着各自独自管理的神庙建构了自己的社群信仰，比如在吉隆坡市区，早期惠州人以仙四师爷庙为中心，海南人在乐圣岭（Robson Height）的海南会馆与天后宫二合一，广府人以广肇会馆和关帝庙二合一，而福建人最主要的神庙之一当属威镇宫。

　　如今坐落于吉隆坡市区的马哈拉惹里拉路（Jalan Maharajalela）道路旁的威镇宫观音寺就是由早期吉隆坡福建人建立的。据会馆 1952 年的文件记载："本坡美芝律威镇宫（即观音亭）为福建人拜神地，原由福建会馆及全体福建人向政府讨取人情而获批准，作为福建人拜神地，归福建会馆管理，其间将近百年之历史，当时政府批准为福建人拜神地，福建会馆曾付出巨款建筑庙宇，及委派人员携款专程前往中国雕塑佛身，迎来美芝律新建庙内，以为福建人崇拜并命名为威镇宫，系以菜公菜婆及其家人掌管庙内香火事务，而福建会馆亦雇用一人专司巡查该庙宇及庙内所有建设与对象之责任。"[1] 美芝律即如今的马哈拉惹里拉路，可知在福建会馆设立之初，就已经向政府申请建庙。基于福建会馆和福建人的要求，英殖民当局于 1919 年 3 月 15 日发布政府宪报颁布：这座庙宇是福建人的寺庙，由雪兰莪福建会馆管理。[2] 如今威镇宫全称是"威镇宫观音寺"，供奉了佛教的佛祖释迦牟尼、药师琉璃光如来佛、地藏王菩萨、阿

---

① 《雪兰莪福建会馆会议纪要》（1952—1955），第 23—24 页。

② 《吉隆坡威镇宫观音寺沿革》，《雪兰莪暨吉隆坡福建会馆 125 周年纪念特刊》，雪隆福建会馆 2010 年编印，第 145 页。

弥陀佛、观世音菩萨、韦驮尊天菩萨、弥勒佛等，属地方神祇的是注生娘娘和法主公张公圣君，而后者恰恰是永春人的信仰。据说，在1898年前，威镇宫后面是一座义山，守墓者是一位来自福建永春的老人，他供奉了一尊法主公的神像，但是雪兰莪福建会馆重建后，主事者就将会馆里的观音像移到庙里，因此，和尚供奉观音，守墓者供奉张公圣君。当第一位主持，来自福州鼓山的广通和尚来主持庙务时，守墓者便离开了。[1]菩萨是华人普遍信仰的对象，法主公则是来源于福建永春的信仰。从福建会馆早期的领袖多为永春人来看，可以推测19世纪末吉隆坡市区的福建人以永春人为主，故而在威镇宫中才会专门有法主公的崇拜。

随着吉隆坡的范围不断扩大，福建人的社群网络也不断扩大，临近的安邦福建人就逐渐进入了这个网络。吉隆坡附近的安邦（Ampang）地区的客家人围绕着谭公庙活动，而在这个客家聚居区，福建人虽然居于少数，但主要来自福建的安溪人则控制着南天宫——这个中马最为有名的以九皇大帝为主神的庙宇。而九皇大帝在早期，信众就是以福建人信仰为主。当时人说吉隆坡安邦之九皇诞，信众则"闽省妇约十之七，潮籍十之一，广府则十之一，客籍则在畸零"[2]。可见福建人信仰之普遍。该庙在早期虽然比较独立，但在20世纪20年代九皇诞期间发生事故后，由福建会馆出面调处清楚，其后华民护卫司就委托福建会馆董事逐月来监管南天宫（九皇爷庙），对其账目有权检

---

[1]　《雪兰莪福建会馆120周年纪念特刊1885—2005》，雪兰莪福建会馆2005年编印，第107—108页。

[2]　《益群报》（吉隆坡）1920年10月30日。

查，并且对其还款收据及戏金收条也可以提出催缴。[①] 南天宫董事人选亦由福建会馆来干预。[②] 福建会馆每年皆公举南天宫九皇诞辰值月监视员，到该宫监视一切。从夏历九月初一到初十每日安排两名董事为监视员。[③] 由于监管八年后，南天宫表现良好。因此到民国二十一年（1932）5 月 8 日，福建会馆总理洪启读在董事会上发言："本会馆因华署既授权本会馆监督，故历年本会馆均履行监督职务，今者该宫负责办事人颇能办理完善秩序尚好。鄙意该宫本会馆监督之责可送还华署，以卸本会馆监督之职权，兹特将此案提请在座公决，祈大众讨论。"议决举副会长侯金陵及总理洪启读二人谒华民政务司陈述因由，将该宫本会馆监督之责送还华民护卫司。[④] 虽然福建会馆交出了南天宫的监管权，但是对其影响却保留了下来。

除了上述两庙，吉隆坡的南安人围绕着吉隆坡冼都巴刹石马宫（KL Sentul Pasar Cheok Beh Keing）展开活动，尤其是南安刘氏在庙宇周围聚族而居。[⑤] 鹅唛路（Jalan Gombak）聚仙庙主神供奉关帝，是由安溪人控制的另一重要庙宇。在旧巴生路的镇南庙也供奉关帝，则是由福建安溪人控制的第三家重要庙宇。南天宫、聚仙庙和镇南庙三家神庙的董事多互相兼任，很明显，在 20 世纪上半期就形成一个以福建安溪人为主的神庙圈。[⑥] 如果在这个网络上加上南安人的石马宫和永春人为主的威镇宫，

① 《雪兰莪福建会馆会议簿》（1930—1932），第 32 页。
② 同上书，第 54 页。
③ 同上书，第 58、114 页。
④ 同上书，第 170—171 页。
⑤ 2013 年 1 月 5 日拜访石马宫，与财政刘建兴先生访谈所得。
⑥ 资料为 2013 年 12 月—2014 年 1 月笔者在吉隆坡地区的田调所获。参见本书第六章。

就构成了早期吉隆坡福建人的信仰网络。

结　论

很明显，福建会馆、福建义山、威镇宫等，就构成了吉隆坡福建人社群认同的三个主要途径。福建会馆管理福建义山和威镇宫为主的神庙，就构成了三位一体的社群组织。会馆通过会员制，将福建人中的优秀分子吸收进董事会，形成对福建人的凝聚。会馆对义山实施了有效的日常维护与管理，不仅保障了义山的日常运作，也通过生死局出具的死亡证开具葬地许可，也比较好地掌握了福建社群在吉隆坡的籍贯、分布、职业等情况。雪兰莪福建会馆对福建义山的管理和维护措施，在其他社群义山也能见到。会馆对神庙的监管，不仅维护了福建人的精神寄托，也成为主要社群符号之一。

此外，我们从福建义山的历史变迁中可以看到义山在吉隆坡福建帮群的形成过程中的独特作用。早期福建会馆通过自己的行动对福建义山做了较好的管理和维护。通过福建义山的运作，福建籍这一地缘边界得到具体的表征，而这一运作又是以地缘性的福建会馆作为基础。透过地缘会馆，社群构成一个蜘蛛网状的网络，每个地缘会馆又是各自的网络的终点，每个其中的成员就是依附在不同的网点上。① 福建会馆的领袖，就借福建义山、威镇宫，建构福建社群的共同记忆，塑造了族群边界。只要福建社群在吉隆坡的认同边界存在，福建会馆、福建义山

---

① 李威宜：《新加坡华人游移变异的我群观：语群、国家社群与族群》，（台北）唐山出版社 1999 年版，第 82—86 页。

就是社群认同的一种象征。在早期吉隆坡华人广东社群占主导地位的情况下，福建人的会馆、义山、神庙三位一体的社群组织，有力地维护了福建社群的团结。当然，吉隆坡的广东人社群和广西人社群也通过类似的组织，维护了自身社群的籍贯边界，起到了凝聚本地社群的重要作用。

第二章

早期雪兰莪福建会馆对福建义山的
管理：1930—1941

　　众所周知，自古以来中国人安土重迁，守着先人的坟墓，自耕自足。后世人口日渐增多，加之灾害频仍等原因，生活难以为继，沿海居民因靠海的便利，不畏艰险远涉重洋来谋生，很多人不幸因此客死异邦，骸骨难归故土。而中国闽粤两省，除了佛道等宗教人士外，普通民众的传统葬法多为土葬。因此，从马来西亚最早的华人聚居地马六甲开始，就有了较为固定的葬地。在华人祖籍地中国，埋葬去世者的地方叫坟、墓、冢。葬地多选择地势高爽之处，以免为雨水所侵蚀，因此多被称为"坟山""冢山"、或者"义山"。

　　虽然大马义山数量众多，但是就笔者所见，迄今为止仅有王琛发关于义山的研究较为完整，以宏观见称。① 张少宽对槟榔屿福建公冢及家冢碑铭的整理和研究，虽重在碑铭整理，已然

---

　　① ［马来西亚］王琛发：《马来西亚华人义山与墓葬文化》，（士拉央）艺品多媒体传播中心 2001 年版。

厥功甚伟。[①] 另有温振祥主编的对槟城福建联合公冢的研究。[②]
郑名烈也对武吉巴西永德公冢做了分析。[③] 还有白伟权对柔佛新
山义山的研究，他通过地理学和社会学的角度，利用统计学加
以分析，颇有力道。[④] 李丰楙最近对马来西亚义山反映的“圣教
观”有所阐发。[⑤] 此外还有曾玲教授对新加坡广肇人坟山碧山亭
的分析。[⑥] Brenda S. A. Yeoh 对新加坡 1880—1930 年坟场的冲
突也有较为深入的研究。[⑦] 华人墓葬沿袭祖籍地的习惯多有墓
碑，一般记载了逝者的姓名、籍贯、子嗣及竖碑时间等重要内
容。华人义山帮助我们认识过去的历史事实，包括个人的生卒
年月、社区形成、人口结构的原貌和变迁、会党与社团的历史
面貌，也可包括不同时代的日常生活、风俗习惯、不同宗教文
化的风貌与互相对应的作用。雪兰莪福建会馆对福建义山的管
理文件则保存了吉隆坡福建籍华人的历史证据，尤其是在文献
材料存留较少的情况下，更显得尤为珍贵。非常幸运的是，雪

---

①　［马来西亚］张少宽：《槟榔屿福建公冢及家冢碑铭集》，新加坡亚洲学会
1997 年版。

②　［马来西亚］温振祥主编：《槟城联合福建公冢二百年》，槟城联合福建公冢
1994 年编印。

③　［马来西亚］郑名烈：《扎根·拓荒：武吉巴西永德公冢与地方拓殖史》，马
来西亚华社研究中心 2013 年版。

④　［马来西亚］白伟权：《马来西亚柔佛州新山华人社会的变迁与整合（1855—
1942）》，台湾师范大学，硕士学位论文，2011 年。作者为柔佛州新山人。

⑤　李丰楙：《马六甲、槟城华人在宗祠、义山祭拜中的圣教观》，《成大历史学
报》2010 年第 39 期。

⑥　曾玲、庄英章：《新加坡华人的祖先崇拜和宗乡社群整合：以战后三十年广
肇碧山亭为例》，（台北）唐山出版社 2000 年版。

⑦　Brenda S. A. Yeoh, The Control of "Sacred" Space: Conflicts over the Chinese
Burial Grounds in Colonial Singapore, 1880 - 1930, *Journal of Southeast Asian Studies*,
Vol. 22, No. 2, Sep., 1991, pp. 282 - 311.

兰莪福建会馆从 1930 年开始，有比较完整的会议记录，[①] 笔者
选取自 1930 年至 1941 年日本入侵大马为止的十余年为研究时
段，考察早期雪兰莪福建会馆对福建义山的管理和维护。[②]

第一节　吉隆坡福建义山的管理机构：雪兰莪福建会馆

　　顾名思义，雪兰莪福建会馆就是雪兰莪福建省籍贯乡亲的
同乡组织。早期华人社团的功能，是在照顾同乡（地缘性社团）
和同宗（血源性社团）在各方面的利益与福利。颜清湟教授根
据马六甲应和会馆和吉隆坡广肇会馆的记录，做出很有见地的
总结。他认为华人地缘性社团的功能主要有宗教和社会职能、
福利职能、仲裁职能。[③] 吉隆坡福建义山由雪兰莪福建会馆管理
和经营，义山就是其殡葬功能的重要内容之一。

　　福建义山由雪兰莪福建会馆单独管理和经营，这种管理模
式一直持续到今天。福建义山能够由福建会馆单独管理，缘于
在义山出现时属于福建人社群的会馆只有福建会馆。1892 年，
永春籍人士成立"永春公司"，1922 年才易名永春会馆。在
1900 年左右时，福建籍的社团只有福建会馆和永春公司。迟至
有详细文献记载的 1926 年，福建会馆的管理层多为南来的永春

---

① 这批会议纪要笔者仅见颜清湟教授曾经引用。
② 关于福建义山，笔者仅见《福建义山沿革》，《雪兰莪暨吉隆坡福建会馆 125
周年纪念特刊》，第 157—162 页。
③ ［澳］颜清湟：《新马华人社会史》，粟明鲜等译，中国华侨出版社 1991 年
版，第 41—48 页。

人。这就造成永春籍长期担任福建会馆的主要领导职务，[①] 也最终延续了福建会馆长期独自管理福建义山的局面。南安会馆成立后，南安籍的洪启读担任福建会馆正会长达 14 年，成为已知正会长中首位连任超过 10 年者。但福建会馆独自管理福建义山的局面并未改变。故关于义山的章程长期都设在福建会馆章程的最后一部分。当然，如果只看福建义山的材料，是无法看到它的管理模式独特性，必须与毗邻的吉隆坡广东义山和吉隆坡广西义山相比较才能发现。

吉隆坡开埠之初，地广人稀，侨胞不幸逝世，草草成殓，随处埋葬，那时候还没有创立"义山"或"公冢"以供埋葬。粤籍先贤叶亚来、叶观盛、赵煜、陆佑及叶致英等为了一劳永逸处理侨胞善后殡葬事宜，遂发起成立吉隆坡广东义山，并着手向殖民地政府申请葬地，经过多年的奔波及筹划，终于获得政府首肯，于 1895 年正式宪报公布，拨给吉隆坡语文局路（旧飞机场路）一块 215 英亩地段给义山作葬地，至 1920 年，另拨地 48 英亩，使广东义山吉隆坡语文局路葬地增至 263 英亩。

广东义山能够早在 1895 年就获得宪报确认，这与广东社群在吉隆坡一开始就占压倒性多数有密切关系，尤其是吉隆坡的数位甲必丹皆为广东人（包括刘壬光、叶亚来、叶致英、叶观盛）。早年参加吉隆坡建设的多为惠州客家人，1864 年叶亚来就建立了"惠州公司"，以安置刚由中国家乡抵达之同乡及供贫病之同乡食宿。及后由叶致英和萧邦荣建议改名"惠州会馆"。广东人地缘性组织建立得比较早，相应广东义山组织的成形就

---

① 其他在 1941 年日本南侵之前建立的吉隆坡福建籍会馆分别为：福州会馆（1912）、龙岩会馆（1918）、安溪会馆（1929）、南安会馆（1939）。资料来自吴华《马来西亚华族会馆史略》，新加坡东南亚研究所 1980 年版，第 31 页。

较早。① 但是与福建义山的管理单独归福建会馆不同，广东义山是由几个广东籍会馆共同管理。这可能与早年没有单独的广东会馆有关。② 广东义山是由数个粤籍地域性会馆组成的义山董事会来加以管理。1916 年 12 月，广东义山募捐，计广肇会馆献捐4000 元、海南会馆 1000 元、潮州八邑会馆 600 元、惠州会馆480 元、赤溪会馆 280 元。③ 其中赤溪为台山县下属乡镇，为叶观盛之籍贯。从中可以发现广肇会馆贡献最大。但是到 1937 年时赤溪会馆已经离开广东义山决策层，嘉应会馆和茶阳会馆加入。据 1937 年义山董事会章程，董事会设董事若干人，由下列会馆选出代表组织：广肇会馆六名，惠州会馆三名，嘉应会馆三名，琼州会馆三名，潮州八邑会馆三名，茶阳会馆一名。以后如有府属会馆成立，得由该府属会馆加选三名为董事，如有县份会馆成立而无府会馆包含该会馆者，得选一名为本会董事。产业受托员六名，广肇会馆二名，其余各一名，茶阳会馆除

---

① 在第二次世界大战以前成立的其他广东籍会馆分别为：茶阳会馆（1878）、吉隆坡广肇会馆（1886）、琼州会馆（1889）、雪隆潮州八邑会馆（1891）、嘉应会馆（1907）、会宁公会（1924）、三水会馆（1926）、番禺会馆（1927）、中山同乡会（1929）、广东会馆（1940）。资料来自吴华《马来西亚华族会馆史略》，第 31 页。

② 雪兰莪广东会馆于 1939 年方成立。缘于在 30 年代，吉隆坡粤籍华人已达三十万之多，但各地域性会馆已经存在，遂因 1939 年 7 月 15 日雪兰莪华侨救乡会议结束时，为联络梓里，团结乡情，赞助公益慈善，促进教育文化，应设永远同乡机构，遂一致通过组织广东会馆，成立筹委会。次年得政府批准，照章选出职员。参见《雪兰莪广东会馆纪念刊》，1960 年，第 31 页。很明显雪兰莪广东会馆与广东义山无关，因此在会馆章程中没有义山的内容。石沧金认为雪兰莪广东会馆的前身是吉隆坡广东义山，是对雪兰莪广东义山与广东会馆的历史关系误解所致。见氏著《马来西亚华人社团研究》，中国华侨出版社 2005 年版，第 19 页。

③ 《吉隆坡广东义山八十三周年纪念特刊》，吉隆坡广东义山 1978 年编印，第101 页。

外。① 从中大致可知 1937 年后广东义山的决策层里,广肇籍占几近三分之一的席位,而惠州、嘉应、琼州和潮州八邑基本上平分秋色,茶阳属于潮州府管辖之县,故而在广东义山决策层里发言权最小。

1898 年 7 月 20 日,广西乡贤汤东公向政府申请义山 20 亩,获得批准。此后历任义山理事长,当时办事处设在苏丹街兆和号。此时广西籍人以广西义山为团结桑梓的机构。1902 年 2 月 12 日,陈瑞林代表同乡呈文雪兰莪参政司,申请义山执照。1907 年吉隆坡华人为达到息争、止讼的目的,在总华民政务司(Chinese Protatorate)的安排下,选出各帮代表,充任仙四师爷庙产业受托人,汤东公为广西同乡代表。1917 年经众人讨论,广西义山办事处迁移到苏丹街 69 号。1922 年在任理事认为扩大组织,加强团结的时机已经成熟,倡议创立"广西公所",获得诸同乡的热烈响应。1923 年 4 月 21 日正式成立。1952 年正式以"雪兰莪广西会馆"为名获得社团注册。② 从广西会馆成立的经过可以推断,1900 年前后吉隆坡的广西人数较少,但出于殡葬的需要,必须申请义山。随后围绕着义山理事会开展同乡活动。而后广西人逐渐增多,方以广西义山理事会为基础,扩大成立广西公所,从而最终演变为广西会馆。这是由义山组织演变为地域性会馆的个案。

由上述可见,三座义山皆为三省人士专属葬地,但其管理模式不仅体现出各自的特色,也是各省族群在吉隆坡发展阶段先后有别的直接反映。广东义山的管理模式体现出了粤籍各地

① 《吉隆坡广东义山八十三周年纪念特刊》,第 174—176 页。

② 《马来西亚雪兰莪广西会馆金禧纪念特刊》,雪兰莪广西会馆 1977 年编印,第 100—101 页。

域性会馆组织之间的竞争与合作；福建义山的管理模式体现出了早期福建族群的单一和联合；广西义山的管理模式则体现出了早期广西社群势力的弱小。因此，早期吉隆坡三省社群势力的强弱，从义山管理模式上可窥一斑。当然大马半岛各地华人社会的形成和发展各不相同，也就造成围绕义山各个方言群之间的关系千差万别，最终义山在各地华社发展过程中的作用也就大相径庭。①

第二节　雪兰莪福建会馆对早期
福建义山的管理

早期福建义山的章程已不可见，我们现在能够见到最早的章程是《雪兰莪福建会馆章程》（1950 年修订版，1951 年 2 月 1 日起实施。以下简称《新章程》）。② 该版本肯定和早期章程（下称《旧章程》）有一些出入。③ 可以想象，会议簿所记多为义山的例外情形，而非常态，但从有关义山记载中，还是可以明了雪兰莪福建会馆对福建义山的管理和维护活动，大致可以

---

① 大马各地华社义山的作用各不相同，比如柔佛新山义山，原本是由潮州人所属的乾坤公司独自管理，这与潮州人在 1900 年前占人口多数有关；而后随着 1916 年义兴公司被解散，义山也变成了由 5 帮共组的华侨公所管理，转变成各帮所共有。华侨公所由义兴最后一位领袖林进和与其他各帮领袖于 1922 年共组，各帮代表地位相等，成为超帮群整合的华社最高机构。参见白伟权《马来西亚柔佛州新山华人社会的变迁与整合（1855—1942）》，第 150—152 页。可见各地超越帮群的华社机构最终都会形成，只是形成的过程大相径庭。我们从马六甲的青云亭、槟榔屿的平章会馆、吉隆坡的中华大会堂之间的差别就可明了。甚至在吉隆坡各自帮群义山管理组织的差异上，我们也能看到这种社会权威组织的不断重组。

② 《雪兰莪福建会馆百年纪念特刊》，雪兰莪福建会馆 1985 年编印，第 132 页。

③ 《会议簿》称"义山"为"冢山"，本书则一律通用。

代表当时各个义山的一般情形。

一 会馆对义山的日常巡视

在《新章程》第十三章《塚山规则》第四十五条:"巡视本塚山之责,系由本会馆调查科长会同委员中选举二人担任轮流值理。"在 20 世纪 30 年代时,对义山的巡视尚未在章程中制定,需要在每年年初时交由职员会议讨论。民国十九年(1930)2 月 26 日职员会议,"主席提议举塚山及威镇宫、南天宫调查员。(杨)兆琰君倡议调查员可请总理委派,不必推举,(张)朝源君和议。当场(总理)洪启读即拟定逐月调查员,委书记宣布,主席付表决,众赞成通过。"① 逐月调查员皆为会馆董事,每月二人。可见此时由总理委派逐月调查员并非制度规定,只是临时动议。以后每年 2 月开职员大会,都会讨论义山逐月调查员,皆决议由总理委派确定。民国二十七年(1936)职员选举,总理改称"总务",以后皆为总务委派逐月调查员。从会议簿记载可见,除去日据时期(3 年零 8 个月)没有记载外,委派逐月调查员持续到 1950 年。从 1951 年开始按照新的会馆章程来行事,会议纪要中就不再有讨论委派调查员的记录了。②

逐月调查员巡视冢山,一般都会及时向会馆反映,为会馆提供有关冢山状况的第一手信息。民国二十年(1931)12 月 15 日职员会议,吴记交报告"去月份塚山系弟当值,所视差各处颇为满意,唯孙贵心路略有损坏,应再雇工修理云云"③。民国

---

① 《雪兰莪福建会馆会议簿》(1930—1932),第 19 页。

② 《雪兰莪福建会馆会议簿》(1941—1950),第 105 页。

③ 《雪兰莪福建会馆会议簿》(1930—1932),第 130 页。

二一年（1932）1 月 9 日会议，总理洪启读"报告去年十二月份塚山、威镇宫、南天宫等处之调查员为陈澎相、林有进二君当值，兹得其来函报告其所视察各处均为满意云云"①。民国二十二年（1933）6 月 24 日职员会议，颜滂祐"报告去月份塚山、威镇宫等处，系本席与洪进聪君当值调查，业经本席协同，洪君之代表前往视察关于塚山有刘门马氏及刘春水二穴坟墓恐有多少越界，其他均无缺憾"②。民国二十四年（1935）10 月 29 日，上月份当值调查员来函报告塚山杨廉溪坟墓现在建筑有泥土堆积他人地界，应函知清除。③ 此类记载一直持续到 1950 年。正是因为逐月巡视调查员的工作比较有效，能够积极为会馆提供关于义山的最新状况，为义山的管理提供有价值的信息，故而在《新章程》中将其固定化为一项制度。

二　会馆对义山设施的建设和维护

逐月调查员对塚山建设损坏之处及时报告，会馆会相应进行修缮。民国二十年（1931）12 月 15 日，吴记交报告"去月份塚山系弟当值，所视察各处颇为满意，唯孙贵心路略有损坏，应再雇工修理云云"。民国二十一年（1932）3 月 5 日，二月份调查员黄重吉、叶阿守来函报告"旧塚亭现有破漏大路近桥之沟渠流水不畅，以上二处均应修理"，会馆据情办理。④ 民国二十三年（1934）4 月 28 日，会馆接 3 月份当值调查员函称塚山

①　《雪兰莪福建会馆会议簿》（1930—1932），第 139 页。
②　《雪兰莪福建会馆会议簿》（1932—1934），第 95—96 页。
③　《雪兰莪福建会馆会议簿》（1934—1937），第 97 页。
④　《雪兰莪福建会馆会议簿》（1930—1932），第 168 页。

前孙贵心女士报效建筑之车路被雨水冲坏，崎岖不平，车行甚险。修整需费颇大，决议由会馆拨款修理，用费不得超过五百元，并拟定三位修筑专员。[①] 此事从 11 月到次年 1 月止，已经支出修路费四百元。但是到民国二十五年（1936）6 月 12 日时，该路又渐见倾圮，会议遂先举修路专员到议山视察。[②] 这次修复道路，仅仅一年多就出现问题，说明土路难以维持很久。因此在民国二十六年（1937）5 月 24 日，当值调查员报告提议冢山车路拟用石建筑，以防流水冲坏。[③]

义山建筑的修复，会馆一般会做出价格限制，并且会馆董事会也会组织招人投标承造。民国二十五年（1936）3 月 15 日，2 月当值调查员报告发现冢山之凉亭被大风吹倒二座，宜重行修复。会议决议修正费不得超过董事会五百元之权限。[④] 5 月 23 日，董事会即已就修复冢山凉亭之事由专员招人投标，计投标照图示包修完竣者，有七人首标价银三百八十元，标价银四百六十五元，其余之标价则非本董事会之权所能办。会议决议交专员办理，并决议承造人须预缴押柜金或由妥人担保。[⑤] 至 6 月 12 日，已有人投标三百八十元承接修造。[⑥]

政府部门亦会对义山的建设加以指导。民国二十年（1931）4 月 30 日，山知礼勿函称冢山新旧冢亭需扫灰水、辟沟渠、建

---

① 《雪兰莪福建会馆会议簿》（1934—1937），第 3 页。
② 同上书，第 155 页。
③ 同上书，第 197 页。
④ 同上书，第 133 页。
⑤ 同上书，第 149 页。
⑥ 同上书，第 155 页。

厕所等件，此项若照来函办理需费颇多。[①] 决议由总理雇工修葺
办理。[②] 此举使义山的环境大为改善，提高了义山的卫生状况。
义山作为吉隆坡城市的一部分，被纳入城市规划建设与管理中。

三　会馆对义山章程的执行与修订

在《新章程》第十三章《塚山规则》第五十二条："营葬
新坟时不得移动邻坟，其四周须留余地一英尺，其围墙不得高
过二尺。"[③] 此条应是沿袭《旧章程》，因为现实中不守规则者
颇多。一经发现，会馆会及时阻止。民国二十年（1931）9月
14日职员会议，侯金陵发言："蔡正端君坟地墓圹多穴，近闻
略有越界，应如何办法以免有碍塚山条例。"决议由会馆派人到
地履勘测量然后核办。[④] 民国二十二年（1933）6月24日，颜
滂祐报告去月份调查冢山，有刘门马氏与刘春水二穴坟墓恐多
少越界，决议请总理后日查明办理。[⑤] 民国二十五年（1936）3
月15日，二月当值调查员报告发现林兴豪之坟墓现正筑造尚未
竣工，曾将挖出之泥土侵占他坟及未用之坟位，应通知林家清
除。关于林家建筑坟墓泥土侵占他坟，经由会馆函达林家，已

---

① "山知礼勿"即SANITARY BOARD，卫生委员会，当时译为洁净局。吉隆坡
卫生委员会成立于1890年，第一次会议在当年6月4日召开。早期业务仅与卫生问
题有关，直到市街发展愈来愈复杂，委员会的管理开始纳入人口、建筑、经济，乃至
未来的都市规划等事项。参见张集强《英参政时期的吉隆坡》，大将出版社2007年
版，第103—131页；J. M. Gullick, *A History of Kuala Lumpur*, *1857 - 1939*, Malaysian
Branch of the Royal Asiatic Society, 2000, pp. 175 - 193。

② 《雪兰莪福建会馆会议簿》（1930—1932），第93页。

③ 《雪兰莪福建会馆百年纪念特刊》，第132页。

④ 《雪兰莪福建会馆会议簿》（1930—1932），第110页。

⑤ 《雪兰莪福建会馆会议簿》（1932—1934），第95—96页。

得林家覆函谓另日自行清除。①

在《新章程》第十三章《塚山规则》第五十三条："坟墓未用者，不得预定筑造，以备后用。如敢故犯一经发觉即将其填毁，一切耗费惟事主是问。"此款在《旧章程》中为第五十条。民国二十一年（1932）1月9日，会馆接到杨庆惠来函，拟在塚山预购特别坟地，询问是否可以先行筑造以便后用。3月5日，会馆认为此事和塚山章程第五十条抵触，但是恰逢会馆重建，时代不景气，捐款难收，经济拮据，故为本会馆经济设想，宜变通办法接受闽侨预购坟墓之需要。并宣布预购坟墓仅十五穴，限期六个月，闽侨中如果有意预购者均可于期内购定，逾期或额满则为无效。每穴定价七百五十元，以于原定地价有所区别。② 但是此次职员会议的决议，在8月6日的特别大会被以"塚山章程未修改"为由否决。③ 同时会议针对这种特别坟地的需求，决议拟增加塚山规则，"本塚山如遇闽侨有特殊关系，拟预先筑造坟墓者须经过董事会通过，后交由大集会核准方可进行"④。但是在《新章程》中未见到这一条记载，可能后来被大会给否定了。可见会馆对章程的执行还是比较有力的，不会在会馆财务紧张的情况下有所松动。

墓地大小和地价依次有差异，尤其是照顾贫穷家庭，最低等级的己类葬地蠲免费用。⑤ 并且在民国二十八年（1939）11

---

① 《雪兰莪福建会馆会议簿》（1934—1937），第 134 页。
② 《雪兰莪福建会馆会议簿》（1930—1932），第 163 页。
③ 同上书，第 185 页。
④ 同上书，第 188 页。
⑤ 事实上，福建会馆对夭折的小孩早已免费提供葬地。1930 年 5 月 16 日的一份一岁女孩的埋葬证明上明言："兹要葬公塚一穴，照划定穴位长十二英尺，阔六英尺，深至少六英尺，依号数次序埋葬，免纳费。"

月 2 日，决议对贫穷小孩死亡，也准予免费，掘坟费由总务酌量补贴。① 此点体现出了冢山"义"的一面。

四　会馆对义山工人的管理

会馆规定义山工人的工作时间。民国二十二年（1933）4 月 9 日，会议认为冢山工人工作若无起定时间，或遇本会馆逐月当值调查员到冢山视察时发生诸多不便，最好请大众起定时间表，以便该工人遵照时间工作。决议由本会馆制定一工作时间表，时间由总理起定，着该工人遵照时间表工作。如该工人不遵照本会馆所规定之时间工作，则科罚其工资。②

当时义山工人挖掘圹穴向埋葬者索取酬劳费不一，即有会员向会馆反映情况，会馆依此对工人加以约束。民国二十二年（1933）7 月 8 日，会议决议传该工人到本会馆由总理查明，然后办理。③

20 世纪 20 年代以来，树胶与锡矿价格经历了大起大落，对马来半岛的经济影响深远。1929 年底，美国华尔街股市崩盘，经济的不景气横扫全球，而以锡矿及橡胶出口为主要经济支柱的马来亚也受到严重的冲击。百业萧条，犯罪及自杀率增加，以锡矿为主要工作的四州府华人更是苦不堪言，大量华人被遣送回中国。④ 对于保有工作的工人而言，他们甚至接受减薪，以

---

① 《雪兰莪福建会馆会议簿》（1937—1941），第 123 页。
② 《雪兰莪福建会馆会议簿》（1932—1934），第 65 页。
③ 同上书，第 105 页。
④ 陈爱梅：《经济大萧条时期霹雳的社会及矿场华工状况，1929—1933 年》，《马来西亚华人研究学刊》2006 年第 8 期。

求保住工作。1934 年，全球经济复苏，马来亚各行各业工人要求加薪，劳资关系紧张。[①] 福建义山的工人也加入了要求资方调薪的行例，1934 年起工人不断提出加薪的请求。是年 12 月 15 日，福建会馆会议簿记录：冢山工人叶墙、叶红、叶燕苞等联函以生活程度日高，不敷维持，请将月辛（即"薪"）增加，多少以资维持生活等语。决议：凡本会馆之员役可一律恢复从前未减时之薪额，以示待遇，员役回复旧额薪额由民国二十四年一月一日起。[②] 可知前期曾因经济衰退会馆收入减少而削减工人薪水。不过，福建义山工作的加薪要求，要等到四年后才获得通过。民国二十六年（1937）7 月 22 日，会议议决一律由本年 8 月 1 日起加薪，其加薪额度授权会长总理财政三人分别增加。[③] 民国二十九年（1940）6 月 21 日，冢山及会馆工人请准予津贴月薪，会议决议：由本年二月份起，冢山及本会馆员役一律发给战时津贴金七巴仙半。[④] 在日军攻陷马来亚前 9 个月，冢山工人再次加求加薪，他们联函以目下物价飞涨生活艰难，请予酌量将月薪增加，以资维持。义山工人不断要求加薪，反映出当时吉隆坡物价不断上涨的现实。针对这项要求，义山管理层决议："由本月份起本会馆员工及冢山工人月薪一并规定如下：……冢山工人三十二元一名，又二十六元二名。"[⑤] 冢山工人在享有加薪后不久，马来亚就沦入日军手中，许多无辜百姓

---

① 20 世纪 30 年代马来亚经济大萧条对华人工人的影响，及经济复苏后的社会现象，参见 Tan Ai Boay, *Tin Miners in Perak During the Depression Years, 1929–1933*, M. A. Thesis, University Malaya, History Department, 2007。

② 《雪兰莪福建会馆会议簿》（1934—1937），第 41 页。

③ 《雪兰莪福建会馆会议簿》（1937—1941），第 7 页。

④ 同上书，第 140 页。

⑤ 同上书，第 191 页。

魂断福建义山，那是另一段历史了。

五　会馆应对政府的义山政策

虽然义山是吉隆坡市政府拨给福建会馆使用，但由于政府市政建设的需要，会涉及征用义山地段的问题。民国二十一年（1932）10 月 29 日会议，日前山知礼勿来函，大致谓政府现拟开一条公路经过福建冢山之地段，在此开路之界线中有数穴坟墓须设法迁移他处，其迁移不能动支政府之费用等。经会议讨论决议，请求四项：1. 请政府明新开经过本冢山之公路定名为福建路；2. 请政府着手开路划界时通知本会馆一遍差人到地视察路线；3. 请政府发给坟墓迁移费，每穴约需四十元左右之补助费；4. 请政府在本冢山附近拨一段抵补，此事可由总理向政府磋商。将此情刊登中西报通告闽侨到会共商解决。此事向政府接洽及办理答覆函件，请邱德意君办理，或需费用由本会馆开支。① 民国二十四年 （1935）7 月 22 日，洁净局来函拟开辟公路用冢山地段，现对冢山应用地段已经插定界址，决议派员协同履堪办理。② 民国二十六年 （1937）3 月 8 日，洁净局通告福建公冢附近维多利亚地方辟公路界址内之坟墓，限期两个月迁移，逾期即行移置案。会议决议派员协同实地勘察，并向洁净局商洽迁移及登中西报通告闽侨。③ 3 月 29 日董事联席会，通告会馆派员勘察冢山在洁净局公路规划内之坟冢，发现年代久远，大半风雨侵蚀，无从认识，据情转知本埠各属闽侨之团体

① 《雪兰莪福建会馆会议簿》（1930—1932），第 193 页。
② 《雪兰莪福建会馆会议簿》（1934—1937），第 82—83 页。
③ 同上书，第 189 页。

代为通达，该属之乡侨凡有坟墓在旧冢山者迅即依限办理，以便本会馆转报洁净局办理，除通函外，并登《南洋商报》广告令人周知，本会馆亦函告洁净局，请其登西报。[①]

在洁净局公路穿越冢山之事尚未结束之时，却传来政府要收回冢山所有权的案子。此事在 5 月 24 日，接到雪兰莪中华总商会函，称本坡各义山之葬地均属临时性质，政府得随时收回，着令迁移，可否联合各代表籍贯呈请政府批给地段，为永远葬地，并查山现存未葬之余地上游若干亩，可用若干年。[②] 事情突然，令会馆亦觉惊讶，但亦决议派人询问。果然 6 月 22 日会议，副总理叶养骞称："五月二十八日政府宪报载称：政府现拟收回福建义山，同时广东义山亦在收回之列，并谓如有意见可于本月廿五日上午十一时到议政局谒雪兰莪参政司申述情由。"据称政府收回义山，纯为开筑公路之用，待道路筑成后政府仍将余地发还，不过政府暂时收回其主权，以利兴筑公路之进行。[③] 如果是修筑公路，福建会馆是完全可以妥协的，但收回义山，则事情的性质就完全变了。此点必然引起包括广东籍与福建籍人士的群起反对，幕后力量之间所发生的博弈是可以想象的。不过政府先公报收回福建义山，又雪兰莪中华总商会函会馆，声称政府收回系为开辟公路，现已划出路线，请先派员查明路线内之坟墓，并请于本月廿五日到雪兰莪参政司提出具体办法。[④] 经由此次斗争，参政司不再提收回主权之事，而是只就

---

①　《雪兰莪福建会馆会议簿》（1934—1937），第 191 页。

②　同上书，第 197 页。

③　《雪兰莪福建会馆会议簿》（1937—1941），第 1—2 页。

④　同上书，第 2 页。

公路占用冢山地界内的坟墓搬迁做出妥善安排了。[①] 前后持续近五年的占用冢山开辟公路之事宣告结束。

结　论

很明显，上述措施皆属于会馆对义山进行的日常的维护与管理。这些有效的管理和维护，保障了义山的日常运作。雪兰莪福建会馆对福建义山的管理和维护措施，在其他社群义山也能见到。对于各个地域会馆来说，义山是其殡葬功能的一个体现，也是其社会职能的进一步延伸。

雪兰莪福建会馆的领袖，就借福建义山建构福建社群的共同的原乡历史记忆。因此，与大马半岛俗称闽南人为"福建人"不同，吉隆坡的福建会馆和福建社群，从一开始就是以"福建省"为社群边界。闽南人、兴化人、福州人、永定客家人，只要籍贯在原乡中国福建省境内，那就是"福建人"。这也是吉隆坡福建社群的独特之处。在早期吉隆坡华人社群内部由广东社群占主导地位的历史形势下，吉隆坡福建义山维护了吉隆坡福建社群的团结，塑造了福建社群的边界。当然，吉隆坡的广东义山和广西义山也没能例外，也通过类似的对义山的管理活动，维护了自身的社群边界，起到了凝聚本地社群组织的重要作用。[②]

---

① 《雪兰莪福建会馆会议簿》（1937—1941），第17页。
② 参见本书第一章。

第 三 章

20 世纪 30 年代雪兰莪福建会馆对中国事务的关注

引 言

不同籍贯者，由于方言和社会习俗以及宗教信仰上的不同，更有助于培养地域的认同感。在移民过程中，又进一步加强了地域上的认同感和方言的亲密感。这是东南亚华人会馆形成的基本条件。

雪兰莪成为英国保护国及 1857 年吉隆坡建立以后，福建人又大举移入。来到马来半岛的福建人移民和其他华人，最初多数是青壮年，他们多数只身漂洋过海来到南洋一带谋生，鉴于人地生疏，环境恶劣，非团结无法生存，于是乡贤仿照中国旧有之会馆模式，建立福建会馆，以照顾南来同乡。雪兰莪福建会馆就是在这种背景下，于 1885 年在吉隆坡成立。乡贤在吉隆坡谐街 7 号延聘塾师，设馆授徒，名为"福建公司"，馆舍则供同乡住宿之用，后来同乡迁居者日多，则乡贤合献出吉宁街 41 号地方一段为建设新会馆之用，改名"福建会馆"。雪兰莪福建会馆就是雪兰莪福建籍贯乡亲的同乡组织。

　　早期华人社团的功能，是在照顾同乡（地缘性社团）和同宗（血源性社团）在各方面的利益与福利。颜清湟教授曾通过马六甲应和会馆和吉隆坡广肇会馆的记录，总结会馆的职能有"宗教和社会职能""福利职能""仲裁职能"。① 陈烈甫先生也有更明确的归纳，对我们认识大马华人会馆有很大帮助。② 但问题在于，随着华人对中国政治认同的不断变化，会馆在处理有关中国和华人问题时，并不是铁板一块。尤其是土生华人的逐渐增多以后，他们对中国的认同程度大为降低。因此进入民国以后，不同籍贯会馆所体现出来的功能则是随着时间、政治形势、人员构成的变化而不断变化。

　　迄今为止，笔者未见对 20 世纪 30 年代大马华人会馆的有关专门详细研究。非常幸运的是，雪兰莪福建会馆从 1930 年开始，有比较完整的会议记录，③ 笔者选取从 1930 年开始至 1941 年日本入侵大马为止为研究时段，考察早期雪兰莪福建会馆对中国事务的关注，以彰显彼时华人会馆功能表现的一般性，以及彼时吉隆坡福建人对中国的认同。

---

　　① ［澳］颜清湟：《新马华人社会史》，粟明鲜等译，中国华侨出版社 1991 年版，第 41—48 页。石沧金也沿袭此说。见氏著《马来西亚华人社团研究》，中国华侨出版社 2005 年版，第 20—22 页。

　　② 陈烈甫先生的归纳有：1. 互相合作，守望相助；2. 排难解纷，息事宁人；3. 救济贫病疾苦无依之人；4. 致力国民外交，改善华侨处境；5. 调和侨社与政府之间的关系，减少不必要的误会；6. 救乡救国，较能有声有色；7. 倡办文化事业，弘扬中华文化；8. 重视青年，奖励优秀，资助贫寒；9. 提倡健身与正常娱乐；10. 促进侨社的兴革。见氏著《东南亚洲的华侨、华人与华裔》，台湾正中书局 1979 年版，第 379—383 页。

　　③ 笔者仅见颜清湟教授曾经引用这批会议纪要。

第一节　关注华南政局

雪兰莪福建会馆的领袖，多是由福建南来的第一代华人，与祖籍地有千丝万缕的联系，因此对于中国国内的时局非常关注。尤其是每一次华南政局的变动，都能引起会馆的讨论。

1929 年为了打破蒋介石对井冈山根据地的第三次"会剿"，毛泽东、朱德、陈毅等率领红四军主力进军赣南，开始开辟以瑞金为中心的中央革命根据地，并且逐渐深入闽西。从 1929 年 3 月，红四军从瑞金翻越武夷山，进入闽西长汀县四都，击败福建国民党军。3 月 14 日，红四军进占长汀城。5 月 19 日，红四军应中共闽西特委之邀，第二次进入闽西，至同年 6 月 19 日，三克龙岩，一克永定，先后建立永定、龙岩、上杭三县革命委员会。中共闽西特委也正式成立，红四军也由原来的 3600 余人发展到 6000 余人，闽西红色割据区域初步形成。[①] "打土豪分田地"的土地革命路线在南洋引起华侨极大震动。1929 年底雪兰莪福建会馆就派员出席了新加坡福建会馆组织的"救闽筹备会议"，并提议先筹备二万元作暂时办公费，推举代表二员入闽省内地采访实情，然后转向政府呈报请愿，历诉闽省惨状，及南洋闽侨捐助政府救乡之苦心。[②]

为了实行训政以便集权，时任国民政府主席的蒋介石擅自将立法院长胡汉民软禁，引起两广军阀陈济棠、白崇禧、李宗仁等强烈不满。两广政局面临急剧动荡，此事在南洋引起强烈

---

① 福建省地方志编纂委员会编：《福建省志·军事志》，新华出版社 1995 年版，第 192—196 页。
② 《雪兰莪福建会馆会议簿》（1930—1932），第 4 页。

反响。① 1931 年 5 月 27 日，陈济棠等与旧扩大会议派汪精卫、李宗仁、唐绍仪等据广东独立，另立国民党中央，另组国民政府。广东独立后，组织北伐军，进攻湖南，并联络北方阎锡山、冯玉祥。7 月 11 日，"本会馆对此次粤变前曾电陈济棠、古应芬等，劝其彻底拥护中央，又电请中央和平解决粤变，……以上各电经本职员团多数签名后拍发"②。

1932 年一·二八事变爆发后，蒋介石执行"攘外必先安内"政策，命令十九路军撤入福建。5 月 23 日，十九路军全部海道入闽。此时面临着复杂艰难的形势，全省处于四分五裂的状态，经济落后，民不聊生。首先十九路军用武力统一福建的军政大权，并在闽西推行了一些改良措施，稳定社会局势。③ 10 月 29 日，会馆总理洪启读在职员会议发言："新嘉坡马来亚闽侨联合会筹备处来函，略谓吾闽自蒋、蔡二公驻节以来，举凡庶政皆有澄清之希望，土匪益有肃清之可能，地方善后千头万端，必须民众与政府打通一气，兴革问题诸多待决拟由该筹备处召集代表大会，以便归纳众意作为具体方案呈请政府采纳施行，应否召集大会，请为答覆。""和先君提议云：吾闽侨救乡之工作在昔日未有时机，尚能牺牲物质精神努力为之，今十九路军入驻吾闽，可谓闽人绝好之机会，地方庶政百待兴革，弟极赞成该筹备处所召集之代表大会。"主席付表决通过，又关于廿元之补助费议决照付。④

在抗日呼声高涨的形势下，蒋介石命十九路军围剿苏区红

①　《两粤政局突起变化》，《叻报》1931 年 4 月 30 日。

②　《雪兰莪福建会馆会议簿》（1930—1932），第 97 页。

③　周天度等著：《中华民国史·第八卷·1932—1937》（上），中华书局 2011 年版，第 197—201 页。

④　《雪兰莪福建会馆会议簿》（1930—1932），第 196—197 页。

军，暗地里却是想利用红军削弱十九路军的实力。此时正当日本加紧入侵中国，国内阶级关系发生重大变化，而国民党当局却加紧对内镇压，对外妥协的严峻时刻。1933 年 11 月 22 日，福建十九路军将领和国民党元老李济深、陈铭枢、蒋光鼐、蔡廷锴、陈友仁等宣布中华共和国人民革命政府正式成立，以福州为首都，废除南京国民政府年号，被称为"福建事变"或简称"闽变"。① 因福建省是吉隆坡福建人之祖籍地，会馆对此十分关切。11 月 27 日，会馆董事联名函称"吾省迭遭……蹂躏，兵燹频兴，近且发生闽省独立，另组政府，恐将来中央军南下戡乱，人民罹祸更惨不聊生，请召集紧急会议广征众意共商挽取之策。或能化戾气为祥霭。决议电闽当局，请其取消独立政府，拥护中央。另电广州总指挥陈济棠，请其设法制止"。②

　　1936 年 6 月 1 日，以陈济棠为首的广东集团和白崇禧、李宗仁为首的广西集团发动"两广事变"，又称"六一事变"。这是广东实力派陈济棠、广西实力派李宗仁、白崇禧等为反对蒋介石剪除异己，吞并地方势力而发动的一次事变。③ 因在抗日急

---

　　① "福建事变"只有短短的五十多天，但其正义性和历史意义是应该肯定的。详细过程可参见周天度等著《中华民国史·第八卷·1932—1937》（上），第 206—226 页；方庆秋《福建事变述论》，《历史档案》1983 年第 1 期。

　　② 《雪兰莪福建会馆会议簿》（1932—1934），第 147—148 页。

　　③ 陈济棠在发动事变前，曾派人来南洋探访侨情动向。发动叛乱后，陈嘉庚乃联络各界假总商会开侨民大会，表决趋向，结果大多数反对异动，拥护南京中央政府。于是陈嘉庚以大会主席名义，"发电劝广州陈济棠，广西李白黄以'外侮日迫，万万不可内讧'等语。陈覆电辩论，余复去电责以'司马昭之心路人皆见'。至广西覆电甚长，约三百字，亦多解理由，余回电仍善意婉劝忠告，请勿与贪吏叛逆陈济棠合污。彼等苦心治理广西十余年，誉隆全国，万万不可轻弃。敌人得陇望蜀，应共筹抵御，不可自生内战等云云"。见陈嘉庚《反对西南异动》，氏著《南侨回忆录》，福州集美校友会 1950 年印，第 41—42 页。"两广事变"的过程，可参见周天度等著《中华民国史·第八卷·1932—1937》（下），第 470—487 页。

迫的形势之下，此事对南洋华侨颇有震动。① 6 月 12 日，福建会馆开会商议："年来祖国国难方深，不看再有内战，今两粤藉故出兵，恐将贻误大局，应有本会馆分电广东陈总司令、广西李、白总副司令请其服从中央，奠安邦国。"决议分拍电报广东、广西各一通。② 7 月 18 日，陈济棠宣布下野，事变和平解决。

第二节　拥护国民政府

从 19 世纪末到 20 世纪中期，东南亚华人的民族主义意识日益觉醒并且一步步地高涨，由于他们当中的大部分人并不以东南亚国家为自己的政治效忠与政治认同的对象，而是抱着"叶落归根"的侨民意识，因此，他们没有把政治热情倾注在东南亚，而是在中国，对于当地的政治生活，他们不可能有太多的关心和参与。③ 民国定每年 10 月 10 日为国庆节，因此，在每年双十节前，会馆多会讨论一番。1931 年 10 月 5 日，会馆讨论庆祝双十节，总理洪启读动议："今年双十节适逢祖国水灾外患相继迫至，国难紧急，吾人羁寄海外，梦绕乡邦。对兹国难中之国庆，宜何表举？"决议："祖国外侮纷乘，吾人方悲愤之不暇，复值南邦不景"，"勿作张皇之庆祝"④。

1936 年是时任行政院长蒋介石的 50 寿辰，中国航空协会发出倡议，号召全国各界捐献资金为空军购买飞机，以此作为给

---

① 叶钟铃：《陈嘉庚对两广事变的反响》，载氏著《陈嘉庚与南洋华人论文集》，马来西亚陈嘉庚基金工委会 2013 年版，第 3—14 页。

② 《雪兰莪福建会馆会议簿》（1932—1934），第 157 页。

③ 曹云华、许梅、邓仕超：《东南亚华人的政治参与》，中国华侨出版社 2004 年版，第 20—21 页。

④ 《雪兰莪福建会馆会议簿》（1930—1932），第 115 页。

蒋委员长的寿礼。各省各地的报纸、电台开足马力宣传鼓动。大城市中，临时搭起的"献金台"随处可见，标语铺天盖地，传单漫天飞舞，声势颇为浩大。同时还请陈嘉庚发动华侨捐款购买飞机祝寿。最初国民政府只希望马来西亚（包括新加坡）的华侨捐10万元购买飞机1架。但是陈嘉庚领导的马来西亚华侨的"购机寿蒋会"，竟募得国币130余万元，可购机10架（当时坡币约60余元等于国币100元）。① 当年7月17日，雪兰莪中华总商会来函，为自动筹款购机庆祝蒋院长寿辰。因陈嘉庚已经有方案在先，故会馆决议："关于此事，闽侨业已筹备进行，另组委员会办理之。可将此情函覆商会知照，目下无须讨论。"②

南京国民政府于1936年5月5日先公布了《中华民国宪法草案》（五五宪草），1937年7月公布了《国民大会代表选举法》，并开始国大代表选举。原定于1936年召开首次中华民国国民大会，因当时东北和华北沦陷区代表选举困难被推迟。当时给予马来亚侨民4名国民大会代表名额。③ 1937年7月22日，

---

① 陈嘉庚回忆道："同年秋蒋公五十寿辰，南京发起捐资购机祝寿。我国驻英大使电新加坡总领事，劝马来亚华侨捐飞机一架，国币十万元。总领事向余提议，余云：'居留政府对募捐例须请准方可进行，况飞机属军械品，能否许可未可知。窃思如蒙许可，须联络全马来亚，庶小埠市不致向隅。'乃向当地政府请求，即获准许，出余意料之外，由是感觉英政府对我国方针已变，心中无任欣慰。总商会传集各界会议，举余为主席，宣传驻英大使电，按全马捐十万元购机一架。"参见《购机寿蒋会》，载氏著《南侨回忆录》。

② 《雪兰莪福建会馆会议簿》（1934—1937），第165页。

③ 《国民大会代表选举法》（民国二十五年五月十四日公布，民国二十六年五月二十一日修正公布）第四章《特种选举》，第三节《在外侨民之选举》，第三十三条："在外侨民应出之国民大会代表，其候选人之推选，比照关于职业选举之规定，但推选候选人之团体，由侨务委员会定之，依前项规定所推选之候选人由国民政府中指定二倍于各该地域应出代表之名额为候选人。"见西北政法学院法制史教研室编《中国近代法制史资料选辑·1840—1949》第1辑，西安1985年印，第176—177页。

办理国大华侨选民登记。决议："国大公民登记本会馆应进行办理，各县属会馆分任帮办，登记表由其自备或由本会馆制给均可。如登记期间内事务忙迫，须另行聘任书记助理，授权总理设法延聘，或有外籍侨胞向本会馆登记，本会馆亦应不分畛域收受，代为汇转。"① 对于吉隆坡华侨选民登记，驻吉隆坡领事也会加以工作指导。8月22日，施（肇曾）领事函称国大侨选投票所每所多设票匦，每一设匦之处再推举管理、监察助理各二人，以资分别办理。会馆决议："本会馆计设置票匦五处，除前已推定六名外，再推黄和先、刘国远、侯西林、林复国、张朝源、黄振秀、洪斗发为投票管理员，杨兆琰、叶养骞、黄重吉、颜滂祐、叶阿守、吕清溪、黄鹤汀、黄必趁为投票监察员，林邦玲、陈凉相、林嵩年、叶绵启、林珠光、李家耀、林尧本、郑维忠为投票助理员，并将以上各员开具姓名经历呈报领事馆，转请加派。"②

1941年1月4日，新四军军部及所属支队9000多人应国民政府军事委员会的要求，由皖南云岭北移，6日行至皖南泾县茂林时，遭到国民党军8万多人的伏击，奋战7昼夜，弹尽粮绝，除约2000人突围外，大部分被俘或牺牲，军长叶挺被扣押。此事被称为"皖南事变"，震惊中外。③ 当时舆论各有不同。雪兰莪福建会馆动作较快。当月30日，谢建午在职员会议上提议"新四军怀贰违命，干纪阻碍抗战国策，此事幸告戡平，应由本会馆电呈蒋委座，表示拥护，以利抗建。决议：通过电文，交

---

① 《雪兰莪福建会馆会议簿》（1937—1941），第7页。
② 《雪兰莪福建会馆会议簿》（1937—1941），第12—13页。
③ 参见陈枫《皖南事变本末》，安徽人民出版社1984年版。

会长、总务、财政及谢建午、杜崇文五位协为审查拍发"①。但是马来亚华侨也并非都无条件支持蒋介石者。1941 年 3 月 30 日,雪兰莪惠州会馆主席萧潇致电蒋介石:"重庆蒋委员长钧鉴:抗战营垒,处于统一线上,恳委座对新四军事件,为公正宽大之处置,重申'团结则存,分裂必亡'之训示,同侨切盼。"②

1930 年 4 月 1 日,阎锡山通电就任中华民国陆海空军总司令,冯玉祥、李宗仁为副司令。蒋介石同阎锡山、冯玉祥、李宗仁等,在河南、山东、湖南等省进行了大规模的新军阀混战,又称"中原大战",是中国近现代历史上规模最大的一次军阀战争。自此直至 11 月 4 日阎、冯通电下野。蒋介石取得战争的胜利,暂时统一了国民党各军事集团。4 月 29 日,"中央侨务委员会来快邮代电报一通,声讨叛逆阎锡山及冯玉祥等勾结反动军阀祸国,请海外侨胞本过去救国之精神,奋起声讨,扫除叛逆各等情"③。但与福建会馆对华南政局的强烈关注相比,由于"中原大战"远在华北,会馆董事的关注度明显很低,对此并未做任何回应。

第三节　欢迎国内政要

在 20 世纪 30 年代,雪兰莪福建会馆的董事还是中华民国

---

① 《雪兰莪福建会馆会议簿》(1937—1941),第 179 页。

② 《马来亚华侨萧潇要求公正处置皖南事变致蒋介石电》,中国人民解放军历史资料丛书编审委员会《新四军·参考资料 (1)》,解放军出版社 1992 年版,第 375 页。

③ 《雪兰莪福建会馆会议簿》(1930—1932),第 35 页。

公民的身份，因此对于国内政要的到访，还是欢迎的。

1931 年 4 月 30 日，会馆讨论立法院长林森不久即可抵隆，外埠均有筹备欢迎。又陈总领事长乐闻亦有来隆之讯，决议："欢迎，聊伸敬意。"① 林森于 1931 年 3 月 2 日被选为立法院长，但是并未就职，由副院长邵元冲署理院长事务。陈长乐 1930 年至 1932 年任新加坡总领事。②

1934 年 4 月 25 日上午，国民政府实业部长陈公博离开香港去西贡，目的出访印度支那、马来亚、荷属东印度和菲律宾群岛。他在西贡停留三日后赴新加坡。③ 他在新加坡宣称南行目的是希望华侨购买国货和回国投资办厂。④ 28 日，时任新加坡总商会副会长的林庆年函称实业部长陈公博行将抵星，请福建会馆派代表参加。决议：派员参加，旅费由会馆支取。⑤

1936 年 7 月 17 日，此次福建省政府特派南洋考察教育实业专员吴殷恕、叶清淇二君业已抵隆，本会馆似应欢迎，藉申敬

①　《雪兰莪福建会馆会议簿》（1930—1932），第 92 页。

②　陈长乐（1886—？），广东台山人。幼年在新加坡接受教育。1906 年毕业于新加坡的英华义学，1907 年赴美留学，1917 年获芝加哥大学法律博士学位（J. D.），没有博士论文。1919 年返回新加坡，在贸易公司工作。后回国任北京大学、中山大学教授。1925 年任广东革命政府外交部第二局局长。1926 年任琼州交涉员。1929 年任广州海关监督。1930 年至 1932 年任驻新加坡总领事。1932 年至 1934 年任驻旧金山总领事。参见王伟《中国近代留洋法学博士考 1905—1950》，上海人民出版社 2011 年版，第 66 页。

③　To visit Malaya, *The Singapore Free Press & Mercantile Advertiser* (*Weekly*), 26 April 1934, p. 9.

④　Chinese Minister in Singapore, *The Straits Times*, 1 May 1934, p. 12.

⑤　《雪兰莪福建会馆会议簿》（1934—1937），第 9—10 页。

意。议定差会费按二十元。[①] 吴时任晋江县教育局局长，[②] 叶为印尼华侨，1935 年曾出任泉州华侨公会筹备主任。[③]

1938 年春夏间，广东省军政长官余汉谋、吴铁城派丁培伦和丁培慈兄弟到东南亚各地，向华侨传达广东抗日情况，并鼓励侨胞输财购买飞机。[④] 3 月 25 日会议记录云"广东余主任汉谋、吴主席铁城联函特会派高级参议丁培伦为慰问南洋华侨专员，希于丁专员抵埠时，予以接洽"[⑤]。余汉谋时任广州绥靖公署主任，主掌广东军政大权，吴铁城时任广东省政府主席。

1940 年 9 月 1 日，时任国民党中央海外部部长吴铁城一行离开重庆飞赴香港，目的是宣慰南洋侨胞，视察党务。此行历经五月，经过一百三十埠，行程约三万公里。[⑥] 11 月 26 日，会馆职员会议讨论："吴部长将抵达本坡，本会馆应如何表示，藉申敬意案。决议：1、吴部长铁城莅临本坡，本会馆派代表迎

---

① 《雪兰莪福建会馆会议簿》（1934—1937），第 167 页。

② 泉州市教育志编纂委员会编：《泉州教育志》，福建教育出版社 1996 年版，第 387 页。

③ 泉州市华侨志编纂委员会编：《泉州市华侨志》，中国社会出版社 1996 年版，第 367 页。

④ 《泰国爱国侨领蚁光炎先生抗日救国事迹》，蔡仁龙、郭梁主编《福建党史资料 华侨抗日救国史料选辑》，中共福建省委党史工作委员会、中国华侨历史学会 1987 年编印，第 523 页。

⑤ 《雪兰莪福建会馆会议簿》（1937—1941），第 46 页。

⑥ 据吴铁城回国所做书面报告云"铁城奉命南行，原定任务仅为宣慰侨胞，视察党务，但抵海外，默察国际形势，友邦舆情，因即标立'敦睦友邦'之口号，一以争取友邦同情，二以增加宣传便利，三以提高华侨地位。对于此行任务之达成，益收相得益彰之效"。随行者国防最高委员会参事章渊若，海外部第一处处长黄天爵，外交部秘书李炳瑞，暨速记员蒋家驯。吴铁城：《宣慰南洋报告书》，中华民国三十年（1941）2 月 8 日，Hoover Library 藏。其真实目的是借蒋介石的名义，在南洋活动，以增强国民党权威，并打压陈嘉庚的威望。叶钟铃：《战前新加坡中正中学师生维护校名运动》，氏著《陈嘉庚与南洋华侨论文集》，第 236 页。

接，或晋谒，交总务委派。2. 设茶会欢迎，交会长、总务斟酌情形办理。"① 12月18日，会馆讨论"本埠华侨欢迎吴专使时，本会馆献金国币一万元（叻币壹仟五百元），请追认"。决议："照案追认，除由本会用款限度拨付外，不足之数向热心乡侨劝募。"②

自1877年清政府任命新加坡富商胡亚基为新加坡总领事以来，大马半岛也仅在槟榔屿设立副领事。③ 由于马来半岛中部侨民日多，办理护照签证事宜多有不便，且吉隆坡在半岛地位日益提高。因此1933年9月20日，中国在吉隆坡设立领事馆，前驻槟榔屿领事馆副领事、代理馆务吕子勤调升领事，并以马来联邦雪兰莪、霹雳、森美兰、彭亨四州为管辖区域。④ 但是直到1934年6月24日，会馆才收到领事馆寄来的侨委会《华侨团体备案调查表》，议决：提请正副总理、财政协为查报。⑤ 1937年6月19日，吉隆坡领事馆吕子勤领事荣升驻美国芝加哥总领事，22日，会馆讨论推派专员办理恭贺吕领事荣升事宜。决议："派洪启读、洪进聪、叶养骞、林世吟、颜滂祐为专员办理茶会事宜，茶会日期由养骞与吕领事商定，费用不过一百元，并由本会馆备赠颂词藉申庆贺之微意。"⑥ 随后，吉隆坡领

---

① 《雪兰莪福建会馆会议簿》（1937—1941），第167—168页。

② 同上书，第170页。

③ 槟榔屿副领事管理北马和中马地区的华人事务，包括槟榔屿、吉打、霹雳、雪兰莪等地，第一任副领事是张弼士。参见黄贤强《客籍领事与槟城华人社会》，《亚洲文化》第21期，1997年，第181—191页。

④ 星洲日报编：《星洲十年（政治、市政）》，新加坡星洲日报社1939年版，第181页。

⑤ 《雪兰莪福建会馆会议簿》（1934—1937），第19页。

⑥ 《雪兰莪福建会馆会议簿》（1937—1941），第4页。

事的空缺由新加坡总领事馆领事施肇曾 8 月 1 日接任，8 月 22
日，会馆讨论欢迎施领事案。决议："由本会馆设茶会欢迎，以
表敬意，日期由总理与施领事商定办理。茶会之人员由总理
委派。"①

　　鉴于中国侨民人数众多，而各国多订有苛刻条例，动辄得
咎，而没有护照或在领事馆登记的华侨则较难受到领事保护，
故华侨登记极为需要。1930 年 1 月 17 日外交部即公布《华侨登
记规则》及其实施细则。但因侨民缺乏知识，亦不明了其作用，
向来办理成绩多不能满意。1935 年 12 月 18 日，国民政府行政
院公布《华侨登记规则》规定："由二十五年（1936）起至二
十七年（1938）止，为侨民总登记期间，所有海外侨民责成驻
在地使领馆登记完竣。"但事实上其登记结果依然不好。② 因此
在英国加强对马来亚出入境的管理之后，护照就变得尤为重要。
针对这种情况，1938 年 12 月 24 日，驻隆领事馆函示会馆，凡
侨民请领回国护照，须由会馆证明身份。本会馆如遇有同乡申
请代为证明，应如何处理。决议：凡领照人除觅有相当人担保
外并须有本会馆会员二人介绍，经会长、总务审查认可，即可
证明，否则提付董事会公决。如属于本会馆会员自己领照回国
者，须有会员一人介绍方可为之证明。③

第四节　关注福建事务

　　1933 年 10 月 15 日，福建省政府来函，查闽省崇安、浦城、

---

① 《雪兰莪福建会馆会议簿》（1937—1941），第 13 页。
② 薛典曾：《保护侨民论》，商务印书馆 1937 年版，第 180—187 页。
③ 《雪兰莪福建会馆会议簿》（1937—1941），第 78 页。

邵武、光泽、建宁、泰宁、将乐、清流、明溪、长汀、连城、上杭、武平、永定、龙岩、漳平、宁洋十七县迭遭匪患蹂躏，备极惨酷，军队劳师于前，人民暴骨于野，其幸免屠戮流离异地者不下十数万人，政府连年筹赈，业已财殚力疲，抚辑无方，固难辞咎，而目下报灾请赈者呈电纷驰，为尽力救济，使此十数万之灾黎免沦沟壑，爰于本年七月十九日本府委员会第二五九次会议议决募集赤祸赈款，办法附后。决议：本会馆当接纳办理，倘闽侨慈善仁人能肯自动捐输，愿交本会馆汇寄，本会馆当代汇往，聊书救乡之天职。将福建省政府之公函及附件印送各闽侨，俾众明了，期收宏效。关于本会馆之捐助，待来日成绩如何即为酌量捐输。① 1933 年 11 月 18 日，会议讨论福建省政府来函请募集赈款应否向华民护卫司请准，决议：应向华署请准，以利进行。公举洪进聪、陈日墙、黄重吉三君向华署接洽。② 1933 年 12 月 19 日，因蔡廷锴、蒋光鼐等宣告独立，福建局势已变，会议决议省政府劝募赈捐的议案免于执行。③

　　泉州开元慈儿院是中华人民共和国成立前泉州四个有名的慈善机构之一。④ 慈儿院于 1925 年由佛教界著名和尚转道、转物和当时全国佛教会主席圆瑛法师创办的。院址设在泉州开元寺内西塔桑蓬树一带。据说，它是全国唯一的一所佛教界创办的小学。创始时，组建校董会，首任董事长为前清进士吴桂生先生。同时于新加坡、马六甲等埠建立董事会，开展劝捐事务。当时，学校取名慈儿院（1941 年改名儿童教养院），以慈幼为

---

① 《雪兰莪福建会馆会议簿》（1932—1934），第 127 页。
② 同上书，第 142 页。
③ 同上书，第 157 页。
④ 另外三个是温陵养老院、妇人养老院及平民救济院。

宗旨，主要是教养孤儿和无依儿童。[①] 1933 年 10 月 15 日，福建慈儿院委托该院董事陈然韩来南洋各埠募捐，并附有蔡廷锴将军介绍信，并馈赠本会馆匾额一方。决议：捐助国币一百元。[②]

1934 年 12 月 15 日，马来亚闽侨各会馆联合会议常务委员会函称决定本月廿五日及廿六日召集马来亚闽侨各会馆联席会议第二次代表大会，俾以解决选派代表团回国向政府请愿闽南实验自治区等及其他一切前进大计，并谓（一）每一会馆（或每一团体）出席大会代表额定一人；（二）代表舟车费由其团体自理，开会期间膳宿费由大会供应。请速开会预备提案，选派代表准于廿四日以前抵达新嘉坡以赴会期。决议：推洪启读为代表前往参加。其提案事宜公推陈仁埙、洪启读、叶养骞、洪进聪、颜滂祐、黄重吉等君为专员协为拟议办理。[③] 该会议通过提案：（一）闽南自治区组织大纲。（二）闽南自治实验区建设计划分为三项，1. 交通建设，2. 生设建设，3. 教育建设。（三）福建建设银行募股之促进。（四）充实闽侨之团结力量，A. 未参加联席会议之闽侨团体应函请加入，B. 函请各埠闽侨各会馆组织联席会议，C. 马来亚闽侨各会馆联席会议应分区轮流召集开会，D. 通函未组织福建会馆之马来亚各埠闽侨从速组织福建会馆。（五）选派代表团回国代表，额定五人，由常务委员会选派，以人材为标准。（六）代表团权限：甲、代表团行程先到南京或福建由代表团决定之，乙、实验区选择何县先行试办由代表团向政府商定之；丙、实验区直隶中央或转隶政府由代

① 蔡尔犇：《追忆泉州开元慈儿院》，载政协福建省泉州市委员会文史资料研究委员会编《泉州文史资料》第 16 辑，1984 年，第 58—65 页。
② 《雪兰莪福建会馆会议簿》（1932—1934），第 127—128 页。
③ 《雪兰莪福建会馆会议簿》（1934—1937），第 39 页。

表团斟酌情形决定之；丁、代表团应请求中央准许实验区有施政专权，福建建设银行有优先权，否则不能接受。（七）改选新执行委员廿一人，当选者……君，关于本会馆之提案计分五纲共十九条：子、撇向政府请求实验区之条件共六条，大会议决交常务委员会作参考；丑、闽南实验区建设计划共十条大会，议决保留；寅、福建建设银行募股促进事一条，大会议决通过；卯、扩大马来亚闽侨各会馆之团结力量一条，主持分区轮流召集代表大会议决通过；辰、选派代表团回国一条，主持分区选派被大会否决。①

1935年，福建漳泉等处多水灾，而尤以泉州及近处为甚，于是泉绅等来电，求新加坡闽侨汇资救济。陈嘉庚即以新加坡福建会馆名义，募捐国币八万余元。② 1935年8月17日，会议纪要云："闽南各县水灾异常严重，屋宇坍塌，田园冲毁，生命财产损失至巨，受灾难民望救孔殷，而日昨新嘉坡福建会馆亦来函请急速筹款，故此本会馆特召集此会共同研讨。决议：1.组织筹赈会：定名吉隆坡雪兰莪福建会馆筹赈闽南水灾委员会；2.职员：主席黄重吉君……；3.汇款机关：请福建省政府主席转闽南再去分别闽南各县灾情轻重施赈；4.推洪进聪、黄重吉等七君负责向本坡华侨银行先垫国币五千元，电汇急赈，此款待向各慈善家募集后清还。"③

仙游县除了1903年建立的仙游县医院外，就是1914年华侨捐资创办的红十字会医院，属中国红十字会分会医院，第一

---

① 《雪兰莪福建会馆会议簿》（1934—1937），第51页。
② 陈嘉庚：《闽南水灾捐》，载氏著《南侨回忆录》，福州集美校友会1950年印，第31—32页。
③ 《雪兰莪福建会馆会议簿》（1934—1937），第90页。

任院长是薛天恩医师，开始只有门诊部，以后也有住院部，和仙游县医院相比，该院规模较小。[①] 福建会馆副会长杨兆琰是仙游人，[②] 出于对桑梓的关切之情，1937 年 5 月 24 日，副会长杨兆琰函请代呈福建省主席饬令仙游县政府按月拨助仙游红十字会产科医院经费一百元，暨令省卫生科代为物色产科女医师一名，以资发展。决议：照案通过，由本会馆转呈福建省主席核办。[③]

在 1937 年七七事变以后，由于发动民族抗战，沿海悉遭日本封锁，受影响而失业者，尤其以外海渔业居民为甚。此种失业状态将因持久抗战而陷于严重，原非短期现象。加以福建地理环境，就地势言，乃山岳重叠之区，故平野少，峡谷多，粮食向来由广东大量供给，在日本封锁下，粮食供应更为紧张。[④] 1938 年 1 月 30 日，福建省政府来函关于救济闽省粮食及渔民。会馆决议："照案通过接纳办理，推刘治国、苏万泉、陈祯祥、郑美金……为筹备委员，其名称及应办事宜或应加聘请委员，统由以上筹备委员办理之。"[⑤]

当然，福建会馆在经济形势不佳的情况下，也会拒绝受理捐助申请。1934 年 12 月 15 日，福建省政府来函，谓闽省迩因

---

① 林哲毅：《仙游县医院历史沿革》，政协福建省仙游县委员会编《仙游文史资料》第 3 辑，1985 年，第 204 页。

② 雪隆兴安会馆成立于 1935 年，由杨兆琰、姚金榜、王元勤、黄文祺、关龙金、童敏、彭珍等创建。石沧金：《马来西亚华人社团研究》，中国华侨出版社 2005 年版，第 338 页。

③ 《雪兰莪福建会馆会议簿》（1934—1937），第 197 页。

④ 蔡芳泽：《垦荒增产与救济渔民》（1937 年 12 月），载福建省政府秘书处统计室编《福建经济研究》（上），福建省政府秘书处统计室 1940 年印，第 177—188 页。

⑤ 《雪兰莪福建会馆会议簿》（1937—1941），第 33 页。

天灾人祸相继而至，报灾者计达五十余县之多，各处灾黎及各
机关团体呼吁请赈，呈电纷驰，灾情奇重，待赈弘殷，爱议组
织募捐队以期集腋成裘，拯救哀鸿，素稔贵会馆见义勇为，当
仁不让，用特函请为募捐队队长，共襄善举等。并附捐簿一本，
募集赈款办法一纸，募捐启一纸。决议：赈灾之事责任所在，
自应为之。但恐从事底募，为环境所限，若以涓滴之款，杯水
车薪，无所济事。本会馆可勿接纳受理。①

　　另外在已经有相关捐赠的情况下，也会婉拒福建省内的个
别捐赠申请。1937 年七七事变以后，引起全国新的抗日高潮，
当月 19 日，福建党政军务机关及社会团体和地方人士共同组织
的"福建省抗敌后援会"迅速于福州成立。该会目的是给在前
方的抗日部队予精神与物质上的援助；团结后方军民，安定社
会秩序，特别要宣传兵役法，鼓励壮丁入伍，参加抗战，捍卫
国土。② 几乎同时，泉州社会各界人士群体也响应成立抗日组
织，但由于亲日派主政福建，对面又是日据台湾，只好取名
"泉州防灾委员会"作为领导抗日机构，开展抗日宣传。③ 二团
体因经费问题需要筹款，故先后来函请会馆捐款协助本省国防
建设。1937 年 9 月 27 日，会馆决议：海外各地侨胞已有筹赈会
之组织，账款已受居留政府指定汇寄行政院，不便接纳另筹，

---

① 《雪兰莪福建会馆会议簿》（1934—1937），第 43 页。
② 陈敏贤：《忆"福建省抗敌后援会"救护部》，政协福建省委员会文史资料委
员会编写《福建文史资料纪念抗日战争胜利 50 周年》第 34 辑，1995 年，第 56—60 页。
③ 当年 9 月底该团体即改名为"晋江县抗敌后援会"，但"防灾委员会"这一机
构仍存在。1939 年秋国民党掀起反共高潮，"后援会"这个群众性组织被挂在县党部之
下，人员星散，名存实亡。参见苏秋涛《晋江县抗敌后援会活动忆述》，政协福建省泉
州市委员会文史资料研究委员会编《泉州文史资料》第 13 辑，1982 年，第 16—27 页。

分别覆函声明。①

第五节　赞助文体教育

　　1933 年 5 月，任厦门体育会会长的新加坡归侨林绍裘，接受在新加坡陈嘉庚派出球队访问星（新加坡）马（马来亚）的邀请。食宿费用由怡和轩俱乐部负责，林会长捐赠船票。于是厦门体育会乘学校暑假组织厦门篮球队前往访问，这就是驰名的厦门篮球队的星马之行。② 7 月 10 日出发。厦门体育会组织的男女篮球南游队，在星洲比赛球艺优良，博得侨众不少赞美，日来报章腾载。从来祖国南来球队多属申、粤、港，而闽省之球队则未曾前闻。8 月 16 日会馆接该队来函，现定十七日发车，十八日至二十日共三天，在吉隆坡男女篮球各赛一场，其膳宿往返川资及杂费等概由会馆负担。决议：应当诚意接纳欢迎招待一切。推举专员负责办理一切。用费不得超过三百元。该队寄宿则假永春会馆，球场由专员接洽相当地点。入场券分为三种，名誉券一元，一等券五角，二等券二角。③

　　1934 年 3 月 17 日，星洲崇正学校排篮球观摩队为该校建筑校舍募捐，到各埠观摩球艺，颇受各地侨胞热烈欢迎。本会馆接该队函，称抵隆时请本会馆赞助膳费，其住宿早已预借逸园公馆为该队寄宿。决议：该队地埠时，会馆设茶会欢迎之，但

---

　　① 《雪兰莪福建会馆会议簿》（1937—1941），第 17 页。

　　② 谷新：《三十年代厦门篮球队的一次"星马"之行》，《厦门方志通讯》1985年第 2 期。

　　③ 《雪兰莪福建会馆会议簿》（1932—1934），第 110 页。

膳食及茶会费不得超过五十元。①

1934 年 4 月 28 日，厦门童子军旅行团莅隆，会馆除设茶会欢迎，并由本董会请热心人士集资公宴。该团之团长请求本会馆赞助旅费，当时董会多数在场，即答应补助二百元。日前该团又特派代表一人由星抵隆携带致本董会个人函件多通，并谓该团旅费不敷，请本会馆再为捐助。决议：本会馆已捐二百元，其再请求补助未便照准。②

原西北军高级将领张之江在蒋介石与冯玉祥内斗时，选择闲职居住南京。1928 年创办中央国术馆于南京，后又创办中央国术体专。③ 1935 年，张之江为了进一步办好国体专校，为了将国术介绍到海外去，本着宣扬国粹和观摩吸取西方国家的先进技术和经验的目的，出国赴欧美进行考察。从欧美回国途中，张之江又作为赴南洋访问团的团长，兴致勃勃地带了国术馆武术队和国体专校篮球队前往南洋群岛，宣传国术体育。著名华侨领袖陈嘉庚极其隆重、热情地接待了他们。④ 1936 年 2 月 8 日，会馆讨论"中央国术馆馆长张之江先生暨中央国术国

---

① 《雪兰莪福建会馆会议簿》（1932—1934），第 192 页。

② 《雪兰莪福建会馆会议簿》（1934—1937），第 11 页。

③ 张之江（1882—1966）字紫珉，号子姜，河北盐山人。历任旅长、师长、察哈尔都统、西北边防督办、西北军总司令、江苏省绥靖督办。1928 年创办中央国术馆于南京，后又创办中央国术体专。1927 年后任国民党政府委员、军事委员会高级参谋、全国禁烟委员会会长、军事参议院参议、中央国术馆馆长等职。参见国家体委体育文史工作委员会、全国体总文史资料编审委员会编《中国近代体育文选·体育史料·第 17 辑》，人民体育出版社 1992 年版，第 493 页。

④ 1936 年 1 月至 4 月，张之江一行陆续访问了香港、马尼拉、新加坡、吉隆坡、金宝、怡保、槟榔屿等地，最后经香港返抵上海。访问团一行乘坐"康特华利"号邮船，所到之处一面宣传国术，一面表演比赛，受到各地华侨的热烈欢迎。参见张润苏编著《张之江传略》，学林出版社 1994 年版，第 63—65 页。

体南洋旅行团定于本月九日由新加坡火车来隆表演国术篮球,请为助力赞助"。议决:1. 张之江先生暨中央国术馆国体南游团抵埠时,本会馆董事全体赴火车站迎接。2. 由主席向本董事中借有保险汽车一辆,备张馆长随时应用,费用由本会馆支付;3. 茶会费额定三十元,由本会馆支理,宴会费每位定三元,多助益善,由本会馆征集闽侨参加;4. 推陈云祯、黄和先、刘国远、林世吟四君负责办理茶会及宴会,请客名单亦由上述诸君分别柬请;5. 外埠之闽侨参加宴会由本会馆发信征请,闽侨闻人代为征求;6. 茶会及宴会日期由主席与张馆长洽定;7. 洪进聪、杨兆琰、刘国远等君联函请拨款赞助本坡闽侨国术家参加表演,由本会馆拨助二百元;8. 参加表演之本坡国术家定名闽侨国术队;9. 推洪进聪君为闽侨国术队正领队,叶养骞君为副领队,并负责办理一切。[①]

厦门大学为新加坡闽侨陈嘉庚所倾力创办,在南洋华侨内有非常重要的地位。1935 年 1 月 21 日,厦门大学校长林文庆先生来函,谓因省库支绌,每月补助费自去年七月起即行停止发给学校,经费因之发生困难,请为尽力予以捐助,俾得凑成巨款以资维持。[②] 议决:捐助国币一千元,以表赞襄桑梓教育之微意。[③] 5 月 12 日,接厦门大学函,称感谢会馆助力雪兰莪方面的募捐,请会馆派员代为催收并发给临时收据,然后将汇款交吉

---

① 《雪兰莪福建会馆会议簿》(1934—1937),第 124—126 页。

② 林校长刊登一则启事:"本大学开办已十有三年,未尝正式来南洋募捐。近因省政府裁废杂捐,财政困难,致所认每月经常津贴费,自廿三年 (1934) 年七月至今未能继续补助,故鄙人不得不南来劝募。素仰诸侨胞慷慨热诚,爱护桑梓,重视教育,定荷解囊乐助,如蒙惠赐,请交华侨银行代为收汇,无任盼感之至。"《厦门大学校长林文庆启事》,《南洋商报》1935 年 1 月 5 日第 5 版。

③ 《雪兰莪福建会馆会议簿》(1934—1937),第 56 页。

隆坡华侨银行转汇厦门大学。议决：接纳办理，催收员由总理
办理。①

　　当然，对于福建省内机构的捐款或赞助申请并非来者不拒，
会馆也会在讨论之后加以拒绝。1934 年 8 月 23 日，厦门《华侨
日报》代表请本会馆认股，或赞助。② 查该报为厦门大报之一，
成绩极佳。议决：以该报组织本会馆未甚明白，未便受理。③
1935 年 8 月 15 日，福建民生妇女工艺传习所来函请赞助，决议
推黄鹤汀帮忙一切。④ 9 月 18 日，请会馆赞助国币五十元。前请
黄鹤汀帮忙在本埠募捐。决议：本会馆目下经济困难可以婉
辞。⑤ 12 月 27 日，该所会长请新嘉坡林庆年来函称会馆曾允赞
助五十元，请速将款汇交。会馆决议前曾议决不接纳，未便拨
付，婉辞谢绝。⑥ 1937 年 3 月 29 日，福州私立三山中学增建校

---

　　①　《雪兰莪福建会馆会议簿》（1934—1937），第 77 页。在 1935 年至 1937 年厦
大募捐活动中，捐献国币一千元以上的吉隆坡福建人，计有黄重吉、洪进聪、杨兆
琰、陈祯祥、刘治国、郑部、杨廉溪、姚金榜。前四位皆是福建会馆的重要领袖。参
见叶钟铃《新马华人对厦门大学的经济支援（1926—1937）》，氏著《陈嘉庚与南洋
华人论文集》，第 15—152 页。

　　②　厦门《华侨日报》是 1932 年 10 月 16 日起，至 1938 年 5 月 11 日日寇入侵厦
门之日止，厦门所出版的为侨胞服务的报纸。参见杨恩溥《厦门〈华侨日报〉》，《福
建新闻史料》1992 年第 5 期。

　　③　《雪兰莪福建会馆会议簿》（1934—1937），第 25 页。

　　④　《雪兰莪福建会馆会议簿》（1934—1937），第 91 页。福建民生妇女工艺传习
所，创办于 1927 年，发起人邱英、王孝英等。学生百余人，贫寒者居半，逃难者占
十分之三，出身军政界十分之二。对贫寒和逃难的学生给予津贴。分藤竹器具、脱胎
漆器、针织线袜、机织羊毛、毛巾、刺绣等科。所用经费多半由发起人筹集垫付。设
校董会，董事长萨镇冰，所长邱英。黄柽主编：《中华人民共和国地方志·福建省福
州市鼓楼区教育志》，海潮摄影艺术出版社 1998 年版，第 130—131 页。

　　⑤　《雪兰莪福建会馆会议簿》（1934—1937），第 95 页。

　　⑥　同上书，第 109 页。

舍，请为劝募捐助。[①] 决议：该校远在国内，办理如何，本会馆未由得知，不便接纳，原捐册发还。[②]

第六节 贡献抗日救国

海外华侨，在抗战期间，对祖国之支持援助，不论人力、财力、物力均有伟大之贡献，而且华侨不论工商，不分男女老幼，人人对抗日救国，莫不同仇敌忾，救亡图存，人同此心，其爱国精神之表现，达到最高潮。[③]

1937 年"八·一三"上海事变的翌日，在陈嘉庚等侨领的积极倡导和组织下，南洋地区第一个由各界人士参加的统一的华侨救亡团体——"马来亚、新加坡华侨筹赈祖国伤兵难民大会委员会"（简称"新加坡筹赈会"），在新加坡宣告成立，陈嘉庚被推举为主席。[④] 1937 年 8 月 22 日，福建会馆即讨论征募捐款赈济祖国伤兵难民案。决议：向闽侨征募赈捐国币壹仟元，用本会馆名义施赈，如不敷，以上款额由本会馆补足。[⑤]

---

① 私立三山中学，前身是福州私立三山公学，1923 年 10 月创办于仓前岭下里，1916 年，改名私立中山公学，1928 年，改为私立三山中学，1933 年，迁入城内学院前国粹中学旧址，国粹中学学生全部转入，还有私立三民中学的一部分学生，因参加要求收回教育权的运动被退学的也转入该校。1938 年，因抗日战争，迁闽清等地。黄柽主编：《中华人民共和国地方志·福建省福州市鼓楼区教育志》，第 101 页。

② 《雪兰莪福建会馆会议簿》（1934—1937），第 194 页。

③ 谢作民等：《抗战与华侨》，独立出版社 1939 年版，第 10—14 页；黄珍吾：《华侨与中国革命》，台北"国防"研究院、中国文化研究所 1963 年版，第 322—334 页。

④ 萧学信：《略述陈嘉庚对抗日救亡运动和维护第二次国共合作的重大贡献》，曾讲来主编《陈嘉庚研究文选》（二），厦门大学出版社 2007 年版，第 61—62 页。

⑤ 《雪兰莪福建会馆会议簿》（1937—1941），第 13 页。

中国华洋义赈救灾总会（China International Famine Commission）是 20 世纪二三十年代中外合办的慈善救灾团体。成立于 1921 年 9 月，它在国内十余省设立分支机构，形成了完善的组织管理和救灾体系。它以"防灾胜于救灾"为基本理念，从事防灾工程建设，推广农村合作运动，倡导和实行以工代赈和农赈赈灾。30 年代成为国内规模最大、最有影响的慈善赈灾团体。① 1938 年 1 月 15 日，中国华洋义赈救灾总会请募集捐款储充经费案。决议：由本会馆捐助国币二百元。②

1936 年 7 月，蒋介石与桂系李宗仁妥协，桂系军队改编为第五路军，李任总指挥。1937 年 8 月，李宗仁被国民政府任命为第五战区司令长官，驻徐州。1938 年 2 月至 5 月，他指挥了徐州会战。其中 3、4 月间在台儿庄一带，取得歼灭日军 2 万余人的重大胜利，极大地鼓舞了全国人民的抗日热忱。③ 1938 年 3 月 25 日，第五路军来函，以前方雨雪连绵，将士缺乏雨具，请代为劝募雨衣胶鞋或采购不便亦可捐赠现款，径寄香港广西银行购办。会馆决议：（一）交正副会长、正副总理、财政协为分配征募员出发向热心爱国人士征募；（二）募得捐款交本坡雪华筹赈会代为汇解；（三）捐款收条向筹赈会接洽发给备用，并由本会馆具函答复，已接纳筹募，交本坡筹赈会代解。广东人民购机抗敌筹募委员会函请负责筹款购机以固空防案。决议：留待后来再行讨论。④

---

① 杨琪：《中国华洋义赈救灾总会述论》，马明达主编《暨南史学》（第六辑），暨南大学出版社 2009 年版，第 454—456 页。

② 《雪兰莪福建会馆会议簿》（1937—1941），第 30 页。

③ 张玉法：《中华民国史稿》，联经出版事业有限公司 2010 年版，第 393—394 页；王东溟、郭明泉：《台儿庄战役史》，山东人民出版社 1995 年版。

④ 《雪兰莪福建会馆会议簿》（1937—1941），第 47 页。

1938 年 5 月 10 日，日本侵占厦门，百姓集体逃往当时的公共租界鼓浪屿避难。厦门失陷后，旅港福建商会来电请速筹巨款救济逃港难民。

雪兰莪中华总商会转来厦门鼓浪屿国际救济会电称，鼓浪屿有难民六万余人，米粮将罄，无款续购，请速助赈，将赈款半数汇交荷兰银行摩汉士君，或华侨银行洪朝焕君，将另半数请购未救济案。17 日，会议将上述两案公决合并讨论。决议：（甲）推举洪启读、杨兆琰、林世吟、黄重吉、陈云祯、颜滂祐、洪进聪、叶养骞、叶阿守、郑部、黄和先十一人，有半数以上负责即可。向银行或其他快便之存款先借国币一万元，拨八千元汇厦门鼓浪屿国际救济会，二千元汇香港福建商会施赈，由林世吟、陈云祯二人接洽借款，并定翌日上午十一时各负责人齐集本会馆磋商进行，此款一俟将来募捐时即行清还，其寄汇款项在未另组筹赈会时决暂用"吉隆坡雪兰莪福建会馆"名义汇寄。（乙）定期五月二十二日下午一时召开雪属闽侨紧急特别大会商议扩大进行募捐救济故乡事宜。（丙）举定洪启读、黄重吉、洪进聪、叶养骞、林世吟五人协同负责通知华民护卫司，请准予募捐。（二）讨论联络全马来亚各地闽侨组织统一机关以资统汇救济省内其他战区难民案。决议：提付闽侨紧急特别大会公决。（三）临时动议。新嘉坡中华总商会递到菲律宾华侨福建救济委员会电称，拟六月五日在香港召开各属闽侨代表会议商讨关于闽南交通粮食汇款救济诸问题，并联合海外同乡统筹办法，请派负责代表赴港并盼电覆案。决议：依照乙项第二议案办理。①

---

① 《雪兰莪福建会馆会议簿》（1937—1941），第 52—54 页。

1938 年 5 月 22 日，召开各属闽侨紧急特别大会，"主席宣布开会理由略谓：今日此会意义之重大，想同乡诸君子都已明白，恕免赘述。厦门失陷，人命财产损失，不可数计。而难民流离失所，尤极凄惨，逆料将来战区扩大，难民势必日多，赈援之责，益觉繁重。兹当乡邦急难，本会馆特为召集此会，商议救乡大计，请诸同乡发挥伟见，以谋补救故乡于万一也"。报告借款国币一万元先汇寄港厦施赈难民案。林总务世吟报告：本会馆前后接到香港福建商会厦门鼓浪屿国际救济会电称：厦门沦陷，难民众多，请速助赈，经本会馆本月十七日召开董事紧急会议，决选出洪启读、杨兆琰、黄重吉、陈云祯、颜滂祜、洪进聪、叶养骞、叶阿守、郑部、黄和先诸君及本席负责先为设法垫借国币一万元以应急赈，遂于十八日向本会馆借出助币四千四百七十三元七角五占，并即日电汇国币八千元交厦门鼓浪屿国际救济会，又港币二千元交香港福建商会施赈。此款声明将来募捐时即行拨还云。

同日，会馆讨论组织救济故乡战区难民委员会案。决议：（一）名称：定名曰："雪兰莪闽侨救济故乡难民委员会"。（二）组织：公决由雪兰莪属每县区各选出委员若干人组织委员会，委员无定额，又雪属闽侨会馆社团得由委员会请其各派代表一人参加为委员。（三）委员人选如下：吉隆坡：黄重吉……（四）推举梁批云、王探、陈幹侯负责起草委员会组织简则。（五）起草委员会组织简则及委员会议暂由林世吟召集。（六）未尽事宜，概归委员会全权办理。①

1938 年 5 月，南洋各属华侨筹赈祖国难民总会在新加坡成

---

① 《雪兰莪福建会馆会议簿》（1937—1941），第 56—61 页。

立,简称"南侨总会"。目的是"组织领导机关,增筹赈济款,推销公债,以救济中国抗战中之难民,并协助政府完成建国大业"①。日军攻占广州后,桂越、滇越铁路相继被切断。大量抗日军火只能依靠滇缅公路运输。但国内驾驶人员十分短缺,不敷使用。南洋机工就是在筹赈总会的支持下顺利成立奔赴大西南滇缅公路。在接到国民政府"西南运输处"聘请华侨机工的要求后,南侨总会在各地华侨报纸上发布"第六号通告",广泛发动各地属会。② 1939 年 2 月 25 日,南侨总会委托雪兰莪福建会馆代办征募汽车司机及修机人员回国服务。决议:征募机工回国服务,本会馆当接纳承办,惟旅费为财力所限,特函商改会负责,否则本董事会向热心家劝募量力办理,待该会覆函后进行。③ 5 月 24 日,(一)举行精神总动员宣誓案。决议:1. 定名为吉隆坡雪兰莪福建会馆举行闽侨精神总动员宣誓大会;2. 定期本年五月三十日(星期二)上午十一时在本会馆大礼堂举行;3. 敦请洪会长启读为监誓人;4. 允雪属闽侨暨闽侨各会馆团体学校(学生不得参加)均可邀请参加;5. 除本会馆会员另行传单外,再登本埠华文报通告各闽侨暨闽侨各会馆团体学校知照;6. 未尽事宜由总务办理之。(二)杨兆琰等联函关于介绍华侨青年回国受训案。决议:此事由本会馆接纳办理,推洪启读、杨兆琰、黄重吉、洪进聪、叶养骞、梁披云及本会馆总务为专员,负责办理一切事宜。其回国受训费由以上专员向闽

---

① 陈嘉庚:《南侨总会成立》,氏著《南侨回忆录》,第 55 页。

② 南侨总会要求各地属会"从速进行办理,并转知贵处分支各会,协同征募,或派人往贵处机器工会,汽车工会等,鼓励应征"。参见许云樵等编《新马华人抗日史料》,新加坡文史出版私人有限公司 1984 年版,第 61 页;许钟铃《南洋筹赈总会征募机工回国服务史实》,氏著《陈嘉庚与南洋华侨论文集》,第 36—75 页。

③ 《雪兰莪福建会馆会议簿》(1937—1941),第 97 页。

侨热心家征求赞助。①

1938 年 11 月 18 日，第八路军来函，请赞助汇寄款项物品案。"决议：（一）第八路军英勇抗敌，以卫国土，本会应予以同情之援助。（二）募捐办法，本坡由会长、总务负责，外坡由各县协理负责筹募之。（三）本会捐助叻币一百元。（四）捐款汇寄问题，黄和先提汇交行政院转，旋公决交由会长、总务、财政调查妥实后，即可汇寄。"②

七七事变以后，多处青年自动奋斗各尽所能以救国，如武汉合唱团，初自他省提倡联络若干人，到诸重要区域演唱，鼓励民众抗敌救国，后来散而复招，诸团员有多省参加，迨至武汉时重新组织全团男女近三十人，故名曰"武汉合唱团"。该团由武汉来广州演唱，再来香港均属义务，川资由武汉筹备。后由香港来新加坡，在三个世界游艺场演唱三个多月。而后经由陈嘉庚介绍，到马来亚演唱，各地竞相献金，年余筹得坡币二百余万元。因荷兰殖民政府不允许去印尼演出，则解散回国。该团来到吉隆坡时，福建会馆曾出面接待。1939 年 8 月 17 日，洪进聪假福建会馆礼堂，欢宴武汉合唱团，及招待中外新闻记者，吉隆坡侨领作陪。③ 该团在吉隆坡演唱多日，华侨踊跃购买戏券。1939 年 11 月 2 日，会议纪要报告："本会馆参加本坡华侨团体联合协办武汉合唱团演唱筹赈会，得热心家踊跃赞助，售得券款计银一千一百三十五元五角正。已缴交该会，并取回

---

① 《雪兰莪福建会馆会议簿》（1937—1941），第 102 页。

② 同上书，第 71 页。

③ 叶奇思编：《赤子丹心：武汉合唱团南洋筹赈巡回演出纪实》，中国华侨出版社 2006 年版，第 524—525 页。

收据。"①

抗战爆发后不久,著名影剧两栖明星金山、王莹就参加了上海救亡演剧队二队,被公认为联袂演出《放下你的鞭子》的一对最佳搭档。1939 年,他们根据周恩来的指示,分任正、副团长,率领新中国剧团(由演剧二队改编)赴香港、新加坡、马来西亚等地向广大海外华侨进行抗日宣传,并进行募捐活动。② 1940 年 11 月 5 日,雪华筹赈会来函,举本会馆为会馆组之一负责推销新中国剧团剧券及征求献金,应如何办理。决议:"接纳定期十一月九日(星期六)下午二十召集雪属闽侨各县会馆代表暨本会董事举行联席会议,每会馆得派代表五名到会,共同讨论推销办法,俾收宏效。"③ 12 月 18 日会议,黄振秀提称:"本会馆劝售者新中国剧团义演戏券已交者固多,未交者亦为不少,其未交之各组,本会馆应如何办理,请众公决。""决议:由本会馆致函各组未交者,尽本年十二月三十一日以前缴清,以便汇缴本埠筹赈会,而资结束。"④ 新中国剧团在吉隆坡五晚(11 月 23—27 日)获献金达三万余元,其中福建会馆理事多有捐献。⑤

① 《雪兰莪福建会馆会议簿》(1937—1941),第 122 页。

② 饶良伦:《烽火文心:抗战时期文化人心路历程》,北方文艺出版社 2000 年版,第 71—72 页。

③ 《雪兰莪福建会馆会议簿》(1937—1941),第 165—166 页。

④ 同上书,第 170—171 页。

⑤ 福建会馆董事献金者,计有第一晚会长洪启读五百元,颜浥祜一百元;第四晚黄振秀一千元,黄振秀夫人五百元,黄重吉一千元,杨兆琰、洪启读夫人各一百元。购券千元者,有黄振秀,五百元者有黄重吉,二百元有洪启读、洪进聪。参见叶奇思编《赤子丹心:新中国剧团南洋筹赈巡回演出纪实》,中国华侨出版社 2009 年版,第 226—228 页。

第七节　20 世纪 30 年代雪兰莪福建会馆中国认同的发生原因

据王赓武教授的研究，从 19 世纪末期到 20 世纪中期（准确地说，应该是以第二次世界大战结束为止）以前这一段时间内，东南亚华人在政治态度和政治参与方面是分裂的，可以将东南亚华人划分为三种类型，这就是在海外华人问题研究学者中有相当大影响的"甲乙丙三个集团说"。他指出："在华人定居的每一个地区都可以发现三类华人：第一类华人十分关心中国的事务；第二类华人主要想维持海外华人社会组织的力量；第三类华人则埋头致力于在居住国争取自己的政治地位。"① 这一时期雪兰莪福建会馆对中国相当关注，这是辛亥革命以后大马半岛社会形势发展的必然结果。

中国资产阶级改革派与革命派在 19 世纪末分别兴起，两派人士皆先后向马来亚华侨寻求资助。② 革命派与改良派的种种活

---

① 王赓武：《南洋华人民族主义的限度》，《东南亚华人——王赓武教授论文选集》，姚楠译，中国友谊出版公司 1986 年版，第 200—201 页。后来，王赓武教授又在《东南亚的华人少数民族》对其理论做了一些修正，提出"第四个集团"的概念，认为"于第四个集团，这个集团由那些实际上已完全被当地居民同化的人构成，而只是有时被指出他们有中国血统。对我们所讨论的题目来说，我认为这第四个集团可以被考虑为当地人的一部分。在对本地区当代华人少数民族的任何研究中不必要把它考虑在内"。同上书，第 139 页。

② 保皇党首领康有为戊戌政变后，前往马来亚，鼓吹保皇思想，革命派之杨衢云于 1900 年初将兴中会引至马来亚，孙中山则于数日后继杨前往。1905 年，孙中山就成立了星洲书报社，以作为宣传革命的组织。宣传革命思想。参见张克宏《亡命南天的岁月：康有为在新马》，马来西亚华社研究中心 2006 年版；张少宽《孙中山和庇能会议》，槟城南洋田野研究室 2004 年版；邱思妮著《孙中山在槟榔屿》，陈耀宗译，槟城 Areca Books 2010 年版；许苏吾《新加坡华侨教育全貌》，新加坡南洋书局 1950 年版，第 90—92 页。

动，无疑大大刺激了东南亚华侨政治意识的觉醒。辛亥革命之后，许多马来亚华侨纷纷加入孙中山领导的革命组织。① 袁世凯于 1912 年宣布国民党为非法组织后，英属马来亚殖民当局迅速对国民党支部采取敌对政策，加上此时国民党忙于国内斗争，无暇他顾，导致马来半岛国民党组织的萎缩。与此相应，马来亚华侨对中国的关注大为减少。从 1913 年到 1919 年，除了 1915 年的反日经济抵制之外，马来亚华侨对中国国内的政治发展，显现相当冷淡的态度。② 1919 年的五四运动在马来半岛引起了回响，中文学校师生发起了许多反日运动。③ 国民党趁着马来亚华侨对祖国政治意识的兴起，发动新的政治攻势，以更新其在侨民中的影响。除设立书报社外，改组后的中国国民党在马来亚更设立并维持许多中文学校，到民国十四年（1925）止，共有 11 所中文学校直接隶属于中国国民党之马来亚支部；中文学校的教师也大部分为国民党党员或支持者。④ 为反制上述种种政治活动，英属马来亚殖民当局于民国十四年（1925）宣布中国国民党为非法组织。⑤ 然而，中国国民党继续在马来亚地区成长，在设立于广

① 1912 年时，马来亚地区共有 30 个支部。Png Poh-Seng, The Kuomintang in Malaya, in K. G. Tregonning ed., *Papers on Malayan History：Papers Submitted*, Singapore：Journal of Southeast Asian History, 1962, p. 215。

② 参见 Yoji Akashi（明石阳至），The Nanyang Chinese Anti-Japanese and Boycott Movement, 1908 - 1928, *Journal of South Seas Society*, Vol. 23, 1969, p. 72。

③ 在马来亚地区，华侨响应五四运动而发起的反日活动，可说是相当激烈。知识分子借着此次抵制日货的活动，一再在侨胞中，倡导倾向中国政治意识的发展。参见崔贵强《海峡殖民地华人对五四运动的反应》，《南洋学报》第 20 卷，1965 年。

④ 陈是呈：《孙中山精神在槟城的传承：以槟城阅书报社、钟灵学校纪念活动和〈光华日报〉报导评述为中心（1927—1940）》，"客家研究·槟城华人"座谈会与学术报告会，槟城韩江学院，2013 年 5 月。

⑤ Alun Jones, *Internal Security in British Malaya, 1895 - 1942*, New Haven：Yale University, Ph. D. Dissertation, 1970. p. 194.

州的南洋总支部领导下，新的中国国民党分部继续在马来亚地区增加。国民党组织的渗透，促使大马华侨进一步倾向中国。

马来亚地区的许多中文报纸，在促进马来亚华侨倾向中国之政治意识的成长中，亦扮演着重要的角色。从内容来看，不管是新闻或言论，都是"面向中国"的，中国情怀与侨民心态特别浓烈。这是华侨报业的特征，尤其是政治色彩，更加鲜明。草创期这个阶段，涵盖康有为领导的维新运动、孙中山领导的革命运动及1919年的五四运动在内，中国这些波澜壮阔的政治文化浪潮，都直接影响，甚至带动了这时期马来亚华文报刊的发展。至于在1937年爆发的抗日战争，更是直接与全面地支配了马来亚及南洋一带华文报刊的新闻与言论内容。日本入侵中国以及中国全民的坚决抗日，使得当地华侨社会，感同身受，而反映在华文报刊中的新闻与言论，甚至是文艺创作的内容，便是同仇敌忾，全力支持抗日救亡的精神。①

19世纪至20世纪初，马来亚的华文教育乃由旧式逐渐蜕变为新式。这时期英殖民政府对华校的发展是听之任之。20世纪二三十年代是华文教育蓬勃发展时期。当时不论市镇或乡村，只要有足以开办学校的学生人数，就有华文学校出现。已设立的学校规模也越来越大。除了华小迅速发展，华文中学也在各地建立起来。1919年五四运动掀起的新文化思潮对马来西亚的华文教育也产生了极大的冲击，各地华小在运动之后，

---

① 如《槟城新报》（早期）、《广时务报》、《四州七日报》等，都是偏向维新的报纸；《光华日报》是孙中山在海外领导革命而手创的革命派报纸；《益群报》则反映了浓烈的五四新文化运动的精神。参见王慷鼎《独立前华文报刊》，载林水檺、何启良、何国忠、赖观福合编《马来西亚华人史新编》第3册，马来西亚中华大会堂总会1998年版，第103页；徐艰奋《〈益群报〉初办时期的政治性质》，《亚洲文化》第21期，1997年，第153—170页。

都纷纷将课本由文言文改为白话文,教学媒介语也由方言改为华语。华文教育的蓬勃发展,使殖民政府提高了警惕,终于在1920年10月29日颁布了《1920年学校注册法令》(Registration of Schools Ordinance 1920),蓄意控制华校,阻止师生参加有关政治活动,以免危害殖民政府的利益。而中国政府则自动关注马来亚的华文学校,并进行立案、监督、指导等工作,而这里的华校偏又得不到殖民政府的支持和善待,于是转而向中国求助。教科书方面也因为当时本地条件的限制,皆仰赖中国供应。[①] 而金文泰(Sir Cecil Clementi)于1929年调来任海峡殖民地总督和马来联邦高级专员(High Commissioner)之后。进一步打压华文学校,导致许多马来亚华侨相信,金文泰政策的目的,旨在创造一个马来人的马来亚,欲将华人势力彻底消灭。这就更加重了华侨社会与殖民地政府的疏离。[②]

　　雪兰莪福建会馆对中国的认同,是上述社会潮流的直接反映,同时也是在原乡观念的基础上所形成的。20世纪初期原乡中国内受军阀摧残,外遭列强欺凌,自易激发其爱国心。1915年日本向中国提出的"二十一条款",不但引起原乡中国国内的反日情绪,也引发了一次马来亚华族的抵制日货运动。1919年的五四运动在中国本土曾引发一连串的排外事件,马来亚华侨也再度发起对日经济制裁的活动。1924年中国国民党改组后,采取支持工农运动的政策,在马来亚积极推动群众运动,更激发了马来亚华族的民族认同意识的成长。尤其是七七事变抗日

---

　　① 林水檺:《独立前华文教育》,载林水檺、何启良、何国忠、赖观福合编《马来西亚华人史新编》第2册,第215—224页。

　　② 古鸿庭:《金文泰总督(1930—34)统治下的马来亚华侨》,载氏著《东南亚华侨的认同问题:马来亚篇》,联经出版事业有限公司1994年版,第121—124页。

战争全面爆发以后，以陈嘉庚为首的新加坡华侨成立了"南洋华侨筹赈祖国难民总会"（简称南侨总会），发起筹款献捐，救济祖国难民伤兵，增加侨汇数额，救济国内侨眷；购买中国政府公债；全面抵制日本货物，招募机工回国支援抗战。这些活动，都进一步地激发了南洋华侨的爱国热忱。尤其是陈嘉庚同时身为新加坡福建会馆的主席，对东南亚众多福建籍会馆的直接影响更大。

当然，并非所有大马半岛福建籍人对中国的关注都如此之多。只有在中国出生，或求学等经历者，才对中国有千丝万缕的感情联系。但殖民地多数土生华人的认同是英国，而非中国。曾有新加坡土生华人因为英式教育，而对中国之感情相当淡薄。"说起来谁也不能相信的是：这儿有一位'同胞'，拥金数万。有这么一回，我们派'节约罐'给他，劝他为赈济祖国伤兵难民而节约，那罐子却给他使劲儿丢出，厉叱道：'你们中国快要亡了，中国人又是那么坏，死就死了，还要赈济他做甚么？——甚么祖国，祖国？谁承认是中国人，倒霉！'天乎！天乎！"① 虽然如此表现的土生华人实属罕见，但土生华人在 20 世纪 30 年代对中国感情之内心淡漠可见一斑。相比之下，吉隆坡福建人绝大多数是 1900 年以后南来的第一代华人，在中国成年以后方南来。因此，这些华人尚与福建原乡有千丝万缕的联系。郑名烈曾统计吉隆坡永春会馆最早抵达吉隆坡之会员资料，其中不少是福建会馆的董事。从这些人的出生年份，可见其为中国南来第一代。如黄重吉（1891 年出生）、颜滂祐（1880 年出生）、颜作

---

① 郑子瑜：《猿啸与鸡啼——给北慕娘的青年朋友们》，柏杨主编《新加坡共和国华文文学选集·杂文篇》，时报文化出版事业有限公司 1982 年版，第 118 页。

祐（1890 年出生）、林世希（1890 年出生）、陈群相（1884 年出生）等①。这些人在当时所持为中国国籍，在 20 世纪 30 年代正处于事业顶峰，在福建会馆中的发言权也比较大。因此，他们的意见就成为福建会馆的决策方向。福建会馆的领袖们，就是王赓武先生所论之第一种人。当然，这也和吉隆坡开埠较晚，福建人南来时间则更晚有密切关系。

结　语

20 世纪 30 年代南洋华侨掀起强烈关注中国的浪潮，雪兰莪福建会馆也是其中重要的组成部分。由于福建会馆是以福建省为会员籍贯限定，因此与福建省政府的互动就相对较多。加之会馆的领袖多来自漳泉地区，则对闽南的关注更多。同时，对影响福建的广东政局也多有关注。在 30 年代前半期，雪兰莪福建会馆与中央政府的互动较少，但是在 1937 年七七事变发生之后，则关注的范围从华南地区扩展到了整个中国的范围。这种变化，则与会馆领袖皆为中国国籍有密切关系。华侨南来只为经商赚钱，故乡还有不少亲属，不少人发家以后就回国定居，这种千丝万缕的联系，使会馆领袖无法不关注中国政局。所以华侨对中国的关注，就随着时局的变化而日渐加深。南洋华侨关注中国的浪潮，是在各方面因素下作用的结果，雪兰莪福建会馆的表现，就为我们认识 20 世纪 30 年代大马半岛中部华人会馆对中国的关注，提供了一个窗口。②

---

① 《吉隆坡永春会馆会员名册》，转引自郑名烈《海外桃源：吉隆坡永春产业群史略》，马来西亚华社研究中心 2014 年版，第 56 页。

② 本章与潘碧华博士合作，原载《南洋学报》第 68 卷，2014 年。

第 四 章

20 世纪 30 年代雪兰莪福建会馆在马来亚的社会关系

大马半岛华人会馆众多，每个会馆并非离群索居，会馆与其他会馆等社会组织之间多多少少都会产生联系，尤其是在重大事项来临时，华人会馆之间的联系就更为紧密了。这体现出会馆社会关系的多面相。

雪兰莪福建会馆早在 1885 年前即告创建。乡贤创始之日即在吉隆坡谐街七号延聘塾师，设馆授徒，名为"福建公司"，先贤则合献出吉灵街四十一号地方一段为建馆之用。1929 年兴工将原有陈旧之原馆宇拆卸重建新馆舍，迄 1930 年竣工。该会馆是雪兰莪地区福建人社团组织的中心。本章即以雪兰莪福建会馆在 20 世纪 30 年代的情况为例，来说明华人会馆的社会关系情况。

第一节　与其他社团的关系

一　与新马各福建籍会馆的关系

辛亥革命以后，马来亚侨民对籍贯地事务高度重视，福建人也不例外，侨民回国参政议政的想法非常突出。比如1930年4月，"马六甲闽侨各会馆联合会来函，备述关于呈请中央政府遴简华侨加入闽省委员会及划闽南为自治区两案，请同作一致进行，以增力量事"①。马六甲闽侨会馆联合会的目的是希望雪兰莪福建会馆能够一起来呈请中央来施压给福建省政府，以便使华侨能够进入政府的决策层。同时，由于福建省政府长期由福州人把持，闽南的漳泉两地则希望省会搬迁到厦门。当然这种想法不太现实，由此又产生了闽南划为自治区的念头。相对于马六甲福建人的高度积极，雪兰莪福建会馆对此则比较冷静，当月29日的会议决议："先函覆该联合会，至呈请中央国府电暂缓办。"② 在此类事项上，各地的福建人多有联合的念头。

"民信局"在中国邮政史上占有重要地位。自从明代兴起后，直至在清末和民国前期依然发挥着重要作用。但南京国民政府为保护中华邮政的发展，在1934年9月下令取缔。1935年元旦全国民信局正式全部停业。③ 但事实上，当时的中华邮政并未能全面覆盖福建乡村，众多华侨与福建亲属的汇兑业务仍然需要民信局来承担。但是随着政令的不断深入推行，也必定影响到南洋华侨的汇兑业务。因此1937年9月27日，霹雳福建公

---

① 《雪兰莪福建会馆会议簿》（1930—1932），第36页。

② 同上。

③ 由于邮驿系专供政府之用，传递军报文牍之类。民间信札往来亦多，既不能交驿代寄，又无他项机关传送，民办信局遂应时而起。"民信局"究起始于何时，则无可稽查。从历史推究，约在明代永乐年以后，而以宁波为其中枢。当其最盛时，全国大小信局数千家，其营业范围除国内各都会市镇外，且远及南洋群岛。民信局兴起后，与驿站并行，清末邮政兴办后乃至民国之中华邮政时期，仍继续发挥着作用。直到1934年9月国民政府下令取缔民信局，1935年元旦起全国各民信局才全部停业，历经500多年，为近代国家邮政的建立做了前期的准备。《民信局的由来》，见张小玲、王一增编《邮电知识探源》，电子科技大学出版社1996年版，第18页。

会来函请通同设法马闽汇兑办法案。决议："由本会馆召集本埠
汇兑商资讯办法，并呈请福建省政府饬属保护内地各属之民信
局，以免因时局影响致妨侨胞之寄款。"①

　　大马半岛福建籍社团的联合，在民国时期就已经开始，以
新加坡福建会馆为首发起的活动，雪兰莪福建会馆多数也会加
以支持，并积极参与。

　　1929 年陈济棠取得广东军事大权后，由于一直得到国民党
元老胡汉民和古应芬的支持，因而政治上是倾向于胡、古二人
的。胡汉民被蒋介石软禁后，古应芬托治病回到广东，陈济棠
此时正与蒋介石一派的陈铭枢较量，在这种情形下，古应芬支
持陈济棠联合桂系李宗仁、白崇禧反蒋。各反蒋派开始结盟。5
月 28 日宣布成立广州国民政府。此为"宁粤分裂"。② 此事对华
南政局影响极大，雪兰莪福建会馆也积极表态。1931 年 7 月 11
日，"本会馆对此次粤变前曾电陈济棠、古应芬等，劝其彻底拥
护中央，又电请中央和平解决粤变，又电致新嘉坡闽侨对星洲

---

　　①　《雪兰莪福建会馆会议簿》（1937—1941），第 17 页。
　　②　由于陈济棠在广东军事方面经常独断专行，不断扩充军队，与蒋介石的矛盾
也就尖锐起来。再加上陈铭枢的挑拨，使蒋介石对陈济棠非常不满。1931 年 1 月，陈
济棠到南京，蒋介石要求他裁减军队，削减军费，限制他的军饷每月不得超过 250 万
元，而当时陈每月军费是 500 多万元。这不仅遭到陈济棠的拒绝，同时还向蒋迫索
500 万欠饷，使蒋、陈之间的关系越趋紧张。胡汉民被扣后不久，蒋又电令陈济棠迅
速调兵入赣"剿共"，其意在逼陈摊牌。陈济棠权衡利害，认为此时反蒋，可在"伸
张正义"的口号下，乘机壮大势力，达到独霸广东的目的。因而决定支持古应芬在广
州树起反蒋旗帜，并以巨款接济古应芬，作为其策划反蒋活动的经费，意图把广东作
为反蒋派联合的基地。陈济棠的第一步行动，就要撵走蒋介石安在广东的一颗棋
子——广东省政府主席陈铭枢。陈早已投靠蒋介石，李济深被扣后，蒋任陈铭枢为广
东省政府主席，意在牵制陈济棠。因而两陈长期貌合神离，明争暗斗事件不断发生。
参见余炎光、[美] 陈福霖主编《南粤割据——从龙济光到陈济棠》，广东人民出版
社 1989 年版，第 291 页。

日报二周年纪念刊侮辱闽人文字交涉委员会议，请其彻底严重交涉，以雪闽耻，以上各电经本职员团多数签名后拍发"①。会议讨论《星洲日报二周年纪念刊》侮辱闽人文字案。认为其中"潘柔仲所作'两年来福建军事政治述评'一文语极丑诋，故意污蔑，凡有血气之人一阅该篇文字，莫不愤恨，期雪此耻"。决议"再召集大会响应新嘉坡委员会作其后盾，使本部闽侨多数能得明了"②。1931 年 8 月 9 日，新嘉坡闽侨对《星洲日报二周年纪念刊》交涉委员会议来函称："抗议竟未得星洲日报圆满之答复，兹特订定八月十六日下午二时在新加坡福建会馆举行马来亚各埠闽侨代表大会，请闽侨各团体各派代表（每团体代表一人至三人）准时到会共商一是。……半数以上同意派员，公推叶养骞、洪进从二君为代表本会馆参加，会馆发给旅费每人三十元。"③

1931 年 11 月 18 日，总理洪启读"报告此次马来亚闽侨联合会筹备处推举侯西反、苏君亮二君到各埠联络从事邀请闽侨团体及社会闻人共同参加为发起以求从速正式成立，日前抵步本埠时请本会馆参加。已由本会馆临时缮函征求众意，结果赞同者多数，本会馆遂亦列名参加，为该会发起人"④。

1934 年 12 月 15 日，马来亚闽侨各会馆联合会议常务委员会函称决定本月 25 日及 26 日召集马来亚闽侨各会馆联席会议第二次代表大会，俾以解决选派代表团回国向政府请愿闽南实验自治区等及其他一切前进大计，并谓（一）每一会馆（或每

---

① 《雪兰莪福建会馆会议簿》（1930—1932），第 97 页。
② 同上书，第 100 页。
③ 同上书，第 102—103 页。
④ 同上书，第 123 页。

一团体）出席大会代表额定一人；（二）代表舟车费由其团体自
理，开会期间膳宿费由大会供应。请速开会预备提案，选派代
表准于廿四日以前抵达新嘉坡以赴会期。决议：推洪启读为代
表前往参加。其提案事宜公推陈仁堰、洪启读、叶养骞、洪进
聪、颜滂祜、黄重吉等君为专员协为拟议办理。^① 该会议通过提
案：（一）闽南自治区组织大纲。（二）闽南自治实验区建设计
划分为三项：1. 交通建设，2. 生产建设，3. 教育建设。
（三）福建建设银行募股之促进。（四）充实闽侨之团结力量：
A. 未参加联席会议之闽侨团体应函请加入，B. 函请各埠闽侨各
会馆组织联席会议，C. 马来亚闽侨各会馆联席会议应分区轮流
召集开会，D. 通函未组织福建会馆之马来亚各埠闽侨从速组织
福建会馆。（五）选派代表团回国代表，额定五人，由常务委员
会选派，以人材为标准。（六）代表团权限：甲、代表团行程先
到南京或福建由代表团决定之；乙、实验区选择何县先行试办
由代表团向政府商定之；丙、实验区直隶中央或转隶政府由代
表团斟酌情形决定之；丁、代表团应请求中央准许实验区有施
政专权，福建建设银行有优先权，否则不能接受。（七）改选新
执行委员廿一人，当选者……等君，关于本会馆之提案计分五
纲共十九条：子、向政府请求实验区之条件共六条，大会议决
交常务委员会作参考；丑、闽南实验区建设计划共十条大会，
议决保留；寅、福建建设银行募股促进事一条，大会议决通过；
卯、扩大马来亚闽侨各会馆之团结力量一条，主持分区轮流召
集代表大会议决通过；辰、选派代表团回国一条，主持分区选

---

① 《雪兰莪福建会馆会议簿》（1934—1937），第 39 页。

派被大会否决。①

1935 年 5 月 12 日，马来亚闽侨各会馆联席会议常委会来函，称第二届代表会中关于前届会费，缺额五百余元一案已通过，请各埠闽侨各会馆捐助。议决：捐助五十元。②

1941 年 3 月 12 日，推派代表出席南洋各属闽侨联席会议，讨论改善闽政案。决议："（甲）事属促进闽侨团结，关系桑梓大计，应接纳推派代表出席本年四月一日至三日闽侨联会；（乙）推举洪启读、杨兆琰、叶养骞、陈云祯四位为本会馆出席代表；（丙）提案交四位代表酌情形办理；（丁）代表旅费每位额定五十元，由本会馆开支。"③ 5 月 6 日，杨兆琰报告参会内容："会议由四月一日至四日止计四天，参加团体计一百一十五，单位代表达三百余名。大会经过极为圆满。其重要这即成立南洋闽侨总会创办月刊，以沟通桑梓消息，交换各同乡各团体之救乡意见，当时出席代表曾踊跃捐助刊物及总会经费，计达四万七千六百元。本席与叶、陈二君商酌亦以本会馆名义认募叻币一千元。"叶养骞补充报告："大会曾通过赞成陈嘉庚先生倡议创办南洋华侨师范学校，以挽救华侨教育前途之危机。"④

除了上述事宜，雪兰莪福建会馆对新加坡赈济活动也非常积极。1934 年 8 月 23 日，新加坡河水山一带此次惨遭火灾，侨胞流离失所，厥状殊惨。新嘉坡已有纷纷救济，外埠亦多捐款赞助。议决："本会馆捐助二百元，交新嘉坡福建会馆救济河水

---

① 《雪兰莪福建会馆会议簿》（1934—1937），第 51 页。
② 同上书，第 78 页。
③ 《雪兰莪福建会馆会议簿》（1937—1941），第 189 页。
④ 同上书，第 192—193 页。

山火灾委员会代为施赈。"①

二　与雪兰莪其他县属会馆的关系

由于雪兰莪福建会馆是雪兰莪州福建人社群的最高籍贯组织，董事成员包含在雪兰莪的福建省各个籍贯，因此县份籍贯会馆事实上成为其下属属会，在很多事务上有指导合作的关系。

其他福建县籍会馆会请福建会馆出面摆平事件。1930 年 6 月 30 日，安溪会馆许志雄来函为叶渊因许案受押法院，请福建会馆电厦门法院请愿。决议："致电不及具函之为愈，且备函事事能说明清晰，免词意莫达之弊。"② 当然对福建籍人的请求，亦多加以援手。1936 年 4 月 13 日，吴培名来函，为在泉州建置楼店八座被黄会误指标，封六座，定期拍卖，请会馆代电并函南京侨务委员会转闽晋江高等第四法院主持公道。决议通过。③

1935 年 11 月 1 日，巴生坡闽南公所致函，请为设法营救巴生港口同乡庄市。前年庄生携眷南来住巴生港口，与印尼人比邻而居，不料其妻与印人私爱，印人竟将市妻强占，突于数月前不知因何事故，妻被刺殒命。经法庭审讯数堂，遂将市判决死刑。同人等不揣冒渎，恳同乡列位先生召集紧急会议。议决："会馆调查事实后，于法力所能逮可营救，当设法援助之。"④

1938 年 8 月 20 日，讨论（一）陈炼、陈凉相之兄陈任相被人诬控，羁押永春县政府，请为电请侨务委员会、福建省政府

---

① 《雪兰莪福建会馆会议簿》（1934—1937），第 26 页。
② 《雪兰莪福建会馆会议簿》（1930—1932），第 40 页。
③ 《雪兰莪福建会馆会议簿》（1934—1937），第 143 页。
④ 同上书，第 33 页。

暨永春县政府,迅予查明省释以申冤抑案。决议:由本会馆分别电呈侨务委员会、福建省政府暨永春县政府查明省释,电稿当众拟就呈文交会长、总务及洪进聪协为审定。(二)陈仁堎呈称其堂亲陈承宝因外汇交通阻滞,被永春县政府误为抗缴国防捐扣押,请电侨务委员会、福建省政府暨永春政府体念侨艰,迅予开释案。决议:"办法与上案同。"①

1939 年 12 月 15 日,兴安会馆来函关于王探、曾广平案。决议:"推杨兆琰、叶养骞、林世吟、刘庭前四位,先讲该会馆原函译成英文,然后向律师磋商,据情转禀参政司查明。"② 次年 1 月 7 日,主席报告:"关于前期兴安会馆来函一案,该案已无进行办理。"③

三 与雪兰莪中华大会堂的关系

雪兰莪中华大会堂是雪隆华团的联合会,1923 年由 22 个社团公会组织成立,由于地处全国政治、经济、文化、教育的首都,遂也成为各州华团领导机构的联络中心。历届中华大会堂董事都有雪兰莪福建会馆 3 个名额。④ 1934 年 1 月 31 日,雪兰莪中华大会堂来函,称会堂建筑约三个月内可告完竣,但尚差建筑整理、疏沟渠、铺地砖、水厕家俬、接水喉等费计三万元,请为捐助。会议认为雪兰莪中华大会堂为华侨最高机关,赞助

---

① 《雪兰莪福建会馆会议簿》(1937—1941),第 64—65 页。
② 同上书,第 127 页。
③ 同上书,第 129 页。
④ 《马来西亚中华大会堂联合会手册》,马来西亚中华大会堂联合会 1993 年版,第 80 页。

自当尽力而行。决议可授权新董事部核议酌夺办理。① 3 月 17 日，会议报告本会馆与雪兰莪中华大会堂代表人接洽，称拟请本会馆赞助该会堂三千元以便完成会堂之工程。会议认为本会馆经济情形，殊无此种力量。决议请国民学校、中华学校、中华女学校代为演剧筹募，募得款项不拘多寡悉归大会堂收用，演剧费用由本会馆支理。② 6 月 24 日，雪兰莪中华大会堂函称对于演剧筹款已早决定敦请最乐剧园及人镜剧社担任，请本会馆捐助现款。决议："本会馆可捐助四百五十元。"③

1934 年 10 月 14 日，雪兰莪中华大会堂来函谓按该会堂章程第四条本会馆得派代表 3 人为该会堂董事，并请会馆早日选出，并将代表姓名住址开示等。决议："该会堂章程并未附寄，会馆未得明白，所派代表之职权又未得悉，本会馆暂勿选派，可先具函该会堂索阅章程，然后核办。"④ 11 月 1 日，雪兰莪中华大会堂寄来章程，会馆投票以黄重吉、洪进聪、洪启读为大会堂理事，任期 2 年。⑤ 以后雪兰莪中华大会堂每两年会通知会馆选派理事两名。

1935 年 10 月 19 日，欢迎四州府钦差大臣汤姆斯爵士大会函称公宴日期已定本年 11 月 15 日星期五晚间八时在本埠中华大会堂举行，推本会馆正会长洪启读为代表前往参加。⑥

① 《雪兰莪福建会馆会议簿》（1932—1934），第 169—170 页。
② 同上书，第 186—187 页。
③ 《雪兰莪福建会馆会议簿》（1934—1937），第 19 页。
④ 同上书，第 28 页。
⑤ 同上书，第 35 页。
⑥ 同上书，第 100 页。

第二节 与政府部门的关系

在 1877 年 6 月 1 日，根据这一年颁布的《华人移民法令》（Chinese Immigrants Ordinance）的规定，一个直接地、全面地专门负责管理华侨、统治华侨的机构——华民护卫司署（Chinese Proectorate）在新加坡建立了。因为首任华民护卫司（Protector of Chinese）为毕麒麟（W. Piekerilig）。紧接着 1881 年槟榔屿华民护卫司署成立，以后在马来亚其他各邦也相继成立：1883 年在霹雳，1890 年在雪兰莪，1911 年在马六甲，1914 年在森美兰，1923 年在吉打，1927 年在柔佛，1938 年在彭亨。[①] 对于雪兰莪州来说，除了宗教领域的事务归苏丹来负责外，政治、经济、世俗生活皆归英殖民政府的代表华民护卫司来负责。作为事实上的世俗统治者，华人会馆必然要面对华民护卫司的政令。而当时华民护卫司也多将华人内部事务，委托给华人会馆来执行。

一 执行华民护卫司的委托政令

1930 年 12 月 13 日，总理洪启读报告去月十日承华署委办黄番之工友工银事。"本会馆接到华署来函，即登报通告黄番之各工友到本会馆领取，并由弟请叶养骞、颜潒祜、侯乌粦、陈云祯等君为监视员，于每逢星期一、星期六到本会馆监视分发，

---

① 林远辉、张应龙：《新加坡马来西亚华侨史》，广东高等教育出版社 1991 年版，第213 页。

至本月十日结束手续尚欠十一条未到领，计银一百四十一元二角正，经弟将余存之款项缴回华署，已告完结。"① 这是一次福建会馆临时代替华民护卫司署来发放工银事。

安邦（Ampang）南天宫是吉隆坡附近香火最为旺盛的华人神庙，供奉九皇大帝，19 世纪末由暹罗普吉岛分香至此。该庙由福建安溪人控制。② 参加者"闽省妇约十之七，潮籍十之一，广府则十之一，客籍则在畸零"③。此时会馆还接受华民护卫司的委托，监管南天宫（九皇爷庙），并且对其账目有权检查，对其还款收据及戏金收条也可以提出催缴。④ 1930 年 6 月 30 日讨论南天宫十八年手续未结束，九皇爷诞辰即到，难免有碍于事，会议决议："请总理等往晤华署，请其办法较为简便，亦可乘此时收束各种未结之手续。"⑤ 南天宫董事人选亦由福建会馆来干预。1930 年 9 月 5 日，洪进聪报告南天宫总理登报辞职事，并亲自拜谒华民护卫司关于该宫正总理退职有如其登报所云。遗缺已蒙面属由本会馆召集该宫董事会议解决之。至从前议决补助各学校慈善籍贯款项现因不够，宜如何支配，可俟来届本会馆解决该宫正总理时讨论办法。⑥ 福建会馆每年皆公举南天宫九皇诞辰值日监视员，到该宫监视一切。从夏历九月初一到初十每日安排两名董事为监视员。⑦ 1932 年 5 月 8 日，总理洪启读发

---

① 《雪兰莪福建会馆会议簿》（1930—1932），第 63 页。

② 《本宫九皇大帝来历及本宫宫史》，《九皇爷安邦南天宫一百卅周年纪念特刊》，吉隆坡九皇爷安邦南天宫 1992 年编印，第 21 页。

③ 《益群报》（吉隆坡），1920 年 10 月 30 日。

④ 《雪兰莪福建会馆会议簿》（1930—1932），第 32 页。

⑤ 同上书，第 39—40 页。

⑥ 同上书，第 54 页。

⑦ 同上书，第 58、114 页。

言:"南天宫自受本会馆监督后,已阅八载,成绩颇好,本会馆所能监督南天宫者,原为南天宫未受本会馆监督时该宫曾发生事故,由本会馆调处清楚,越后华民政务司嘱本会馆监督,本会馆因华署既授权本会馆监督,故历年本会馆均履行监督职务,今者该宫负责办事人颇能办理完善秩序尚好。鄙意该宫本会馆监督之责可送还华署,以卸本会馆监督之职权,兹特将此案提请在座公决,祈大众讨论。""养骞君提谓南天宫历年办事人及斋友颇能遵守秩序,不曾发生事故,本会馆监督之权可以卸责。""续谓本会馆既拟卸南天宫监督之责,可举二人谒华民政务司陈述因由,将该宫本会馆监督之责送还华署,弟意可请副会长侯金陵君及总理洪启读君偕同向华署接洽,众赞成。"①

有关华人救济之事,华民护卫司也经常转给相应属籍的会馆来处理。1934 年 1 月 18 日,华民护卫司函称,闽侨寡妇廖闩女士现年七十二岁,无儿子亲戚奉养,请为设法赈助等。决议推举四位董事查询实情,设法办理。②

二 执行华民护卫司的调停任务

早期地缘性社团也负起进行仲裁的司法性任务,这与中国传统乡村民间调解制度一脉相承。乡民之间发生纠纷,往往寻找乡里有声望的士绅来进行仲裁,轻易并不去县衙打官司。而大马的地缘性社团的领导人,主要是德高望重的社会闻人,拥有很高的公信力,受到乡亲的信任,因此,会员与会员之间,

---

① 《雪兰莪福建会馆会议簿》(1930—1932),第 170—171 页。
② 《雪兰莪福建会馆会议簿》(1932—1934),第 161 页。

会员与非会员之间以及与其他籍贯华人之间的民事纠纷，不少案件都是由社团领袖来共同进行调解和仲裁，即闽南话"做公亲"。这种情况，从马六甲青云亭到雪兰莪福建会馆概莫能外。马来亚的英殖民当局在早期懂华语的人很少，所以交由华人甲必丹自治，到后来又乐得由华人自己调停纠纷，可以减少法庭工作。因此华民护卫司经常把福建籍华人的纠纷转到福建会馆来调解。

1930 年 4 月 29 日，华民政务司来函请会馆派员协同判决刘国婆、曾瑞协等与刘甫绣一案，经会馆总理洪启读折中，"对原告刘国婆等包造刘甫绣戈里厝泥水工一百三十间工价争执未决，结果判以要间折减七十五元与刘甫绣，双方情愿，业告理直"①。1933 年 3 月 26 日，黄重吉报告："前日本会馆承华民护卫司委办调解苏查与其妻侯蔗不睦事，此事经本会馆仲裁人洪启读、颜滂祐、叶养骞、洪进聪等君及本席调处清楚。"②

华民政务司亦会按照会馆的汇报来判决。1930 年 1 月 7 日，颜垂涛与刘国远发生纠葛，请会馆为之理解。会馆即举六人排解。③ 林世炳向华署控告承造孙桂心女士水沟事，最后亦经洪启读"亲到该地履堪，将所查实情况及该工人筑造工程按价绘图标明，覆报华署后，经华署照本会馆具报情形判决，并处原告林世炳有涉妄控，应向孙桂心女士声明道歉"④。

但会馆独自调解的先决条件是双方都同意接受调解，以及事先声明接受仲裁的结果。同年 2 月 18 日，会馆收到黄姑女士

---

① 《雪兰莪福建会馆会议簿》（1930—1932），第 33 页。
② 《雪兰莪福建会馆会议簿》（1932—1934），第 53 页。
③ 《雪兰莪福建会馆会议簿》（1930—1932），第 6 页。
④ 《雪兰莪福建会馆会议簿》（1930—1932），第 33—34 页。

因其女与吴君桂碰婚姻问题发生纠缠，呈请会馆为之处理。吴到会馆后极无诚意，因此会馆决议："按本会馆对调停同侨诉讼之案件，非有双方情愿受本会馆判决，本会馆殊未便受理，今原被告既有一方不能同意受本会馆调停，本会馆不必干预。"[①] 1934 年 4 月 28 日，黄重吉报告："闽侨中或有发生事故，两造情愿受本会馆调解者，本会馆均为处理。但调停案件，照本会馆章程第二十七条：凡闽侨有争执而托本会馆调停者，当先函总理并签具甘结后，由职员团公举公亲四人，以三人为评判员，一人为公正人，公正人须将两造及各公证人之口供并判词记录于调停簿内。原各案调停多因两造急于早求得直，迫不及待，故未经董事推举公人，即由本席函请本董会数人为其调解，只恐万一案之争执，致罪董会方可处理，不特本董会诸君觉得麻烦，而两造事主亦殊疑久。"[②] 决议："本届董会可授权总理函委公人调解。"[③] 同意会馆调解的案子也并非一次调停成功，也会事后继续调解。四月八日调停刘山燕与谢俊丕为前款项纠葛事，当场调解未完结，后再由会馆公人黄必趁及林德辉在外调解清楚。[④]

如果案件已经华民护卫司判决，会馆则不予受理。原告卢华林、卢振容等呈称为建筑刘甫绣屋宇工程过期损失，请其赔偿。洪启读决议："此种原告所控情由俱未充分，且该案闻经华署判解清楚，本会馆未便受理，已由鄙人函覆原告矣。"[⑤] 1930

---

① 《雪兰莪福建会馆会议簿》（1930—1932），第 28—29 页。
② 《雪兰莪福建会馆会议簿》（1934—1937），第 5 页。
③ 同上书，第 5—6 页。
④ 同上书，第 7 页。
⑤ 《雪兰莪福建会馆会议簿》（1930—1932），第 34 页。

年 6 月 30 日，曾云须呈控其养媳黄亚娇被陈彪拐逃，此案经在古毛埠被警局侦获拿办，后华民护卫司判决陈彪无罪，黄亚娇转寄押保良局，今云祯以受屈请会馆代为转呈华民护卫司准其领回并代申冤等由。决议由总理查明核办。①

并非每次调停都顺利成功。1934 年 12 月 15 日，报告调停案件：5 月 16 日承华民护卫司函，调停林振谣与李海栏、李銮冰为泉发号补助费事，调处完结。5 月 17 日承华民护卫司函调停余春与黄市为女孩桂枝被火车撞伤事。7 月 14 日，承华民护卫司函调停黄勤与黄亚喜为家庭纠葛事，此事两造意见未洽调停无效。7 月 15 日承华民护卫司函调停黄亚闺女士与陈翰龙为婚姻纠葛事，此案双方意见未融洽，缴还华民护卫司核办。8 月 24 日再调停郑圆女士与林砖女士为家庭纠葛事。9 月 23 日承华民护卫司函调停吴恭与林向都处纠葛事。②

三　执行其他政府部门与社团的指令

此时福建会馆还接受市政当局的其他指令。1931 年 10 月 5 日，山知礼勿③来函谓本会馆暗邦街门牌九十七号店屋楼板窗户等多有损坏，限三星期修理完竣等。决议："店屋既须修整，虽

---

①　《雪兰莪福建会馆会议簿》（1930—1932），第 44 页。

②　《雪兰莪福建会馆会议簿》（1934—1937），第 44—45 页。

③　SANITARY BOARD，即卫生委员会，但当时译为"洁净局"。吉隆坡卫生委员会成立于 1890 年，第一次会议在 6 月 4 日召开。早期业务仅与卫生问题有关，直到市街发展愈来愈复杂，委员会的管理开始纳入人口、建筑、经济，乃至未来的都市规划等事项。参见张集强《英参政时期的吉隆坡》，大将出版社 2007 年版，第 103—131 页。

经济匮乏亦应设法，""请总理履堪后，雇工办理。"①

1935 年 3 月 9 日，接庆祝英皇廿五周年纪念委员会函及通告装潢信各一件，又本坡华侨庆祝英皇登极廿五周年纪念专员会劝捐数及建搭牌楼信各一件。决议：1. 建搭牌楼费捐助银五十元；2. 庆祝费捐助银一百元；3. 推定陈云祯、叶绵启、黄和先、林世吟、戴文郁、陈仁堧、洪启读、叶养骞等君为本会馆装潢专员，黄重吉为专员长，装潢费由本会馆拨支三百元，另由前大会议决贮存建置家俬款项下拨出一部分为购置电火线及电灯泡之用，以上事项交专员办理之。② 7 月 22 日，接英皇银禧永远纪念基金华人劝募会函，称本地各色人等对于英皇银禧大典为求相当纪念起见，议决筹募基金设立贫老院以收容各籍人民之老弱贫困者，请本会馆赞助，并附捐册三本，临时收条十本。又英皇佐治第五银禧永久纪念基金委员亦来函大意略同。议决：捐助二百元交英皇银禧永远纪念基金华人劝捐会，将其捐册及收条发还该会。③ 8 月 15 日，英皇佐治第五银禧永久纪念基金委员会来函，请本会馆会长加入该会为董事，决议接纳。④

1937 年 3 月 8 日，筹办庆祝英皇加冕典礼，决议："本年五月十二日为英皇加冕典礼之辰，本会馆为欲借申敬意，特推陈云祯、洪启读、颜滂祐、戴文郁、叶绵启、叶养骞、黄和先为专员，由叶养骞召集，以便筹备处庆祝事宜，费用不得超过本董会五百元之度。"⑤

---

① 《雪兰莪福建会馆会议簿》（1930—1932），第 116 页。
② 《雪兰莪福建会馆会议簿》（1934—1937），第 68 页。
③ 同上书，第 84 页。
④ 同上书，第 91 页。
⑤ 同上书，第 190 页。

结　论

华人会馆主要是面向方言群内部，协调华人事务，并且代表了方言群和地域社群的主要利益，使之成为华人社群的代表。因为华人会馆的影响力，英殖民政府通常视会馆领袖为华人社会代言人，莫不委之而为其代表，充当政府和华人民间社会的桥梁，且乐于赋予会馆及其领袖仲裁之类的自治权力，以协助政府维持华人社会内部的安定与秩序。可以这么说，会馆曾经是华人社会的枢纽，各个华人方言群体的"自成一格"以及群体与群体之间的分合聚散，皆由此而致。在过去的一两百年间，确立了今日马来西亚华人社会的雏形。

第 五 章

20 世纪 30 年代吉隆坡
福建人的籍贯分布

——以吉隆坡福建义山收据为中心的考察

　　众所周知，19 世纪以来马来半岛境内的锡苗陆续被开掘，其中雪兰莪是重要的开采地之一。1857 年在安邦（Ampang）发现锡苗，吸引了矿家和矿工前来开采。随着矿山不断被开掘，聚集到吉隆坡附近的商家、矿家和矿工越来越多，其中华人数量也随之持续增长。在吉隆坡的矿工多来自中国闽粤两省，因叶亚来的关系，其中尤以客家人居多。1884 年，英殖民政府为了引进更多资本进入吉隆坡，改变原来客家人一支独大的现状，有意将原来客家人独享的饷码（Farming revenue）承包权转让予来自槟城的福建人。在遭到客家和广府人的反对后，即让福建、客家和广府人一起承包。[①] 承包权的转让，连带吸引许多福建和广府人来到吉隆坡，逐渐改变了原来客家人居绝大多数的局面。到 20 世纪 30 年代，福建籍人数虽然未能

---

① 　 J. M. Gullick, *A Hsitory of Kuala Lumpur 1857 - 1939*, Kuala Lumpur: Malaysia Branch of the Royal Asiatic Soceity, 2000, p.79.

达到与客家、广府平分秋色的程度，但亦毫无争议地成为吉隆坡华人第三大社群。

　　长期以来，对马来半岛各地华人史的研究，多集中于各方言社群及其发展变迁上，而对社群内部的微观研究，则尚不多见。这主要是因为原始资料保存相对较少，尤其是日本入侵大马半岛，对华人史料造成难以挽回的损失，这就使得1941年以前的华人史长期处于模糊不清的状态。比如对20世纪上半叶吉隆坡华人就只有方言群人数的大概认知。这就为有关方言群的籍贯分布和人口结构的微观研究造成阻碍，唯有另辟蹊径，方能得出一定的参考结论。

　　雪隆福建会馆保存有20世纪30年代福建义山的葬地收据，虽然并不完整，年份也并不完全连贯，但因收据记载姓名、年龄、性别、籍贯等信息比较全面，可以为我们认识福建人社群内部信息提供一些基本依据。本章选择20世纪30年代，即1930—1939年为研究时段。这些收据的时间、人数情况为：1930年4、5、12月共19人；1931年1—12月119人；1932年1—12月144人；1933年2、5、7—11月61人；1934年1—12月182人；1936年1—12月179人；1939年1—12月231人，共计935人。由于义山收据所反映的死亡者具有偶然性，在概率论上具有随机性，因此我们可以通过对其籍贯的分析，作为进一步认识30年代吉隆坡福建人内部情况的一个依据。笔者以之为分析文本，对20世纪30年代吉隆坡福建人的籍贯分布做些许分析，以就教于方家。

第一节 20世纪30年代吉隆坡福建人的
府（州）籍贯分布

"籍贯"是一个家族族群认定的某一时期的某一位祖先的出生地或曾祖父及以上父系祖先的长久居住地或出生地。对于吉隆坡华人来说，很多人都是在中国出生长大之后南渡，因此籍贯就带有出发时的时代色彩。"籍贯"带有强烈的层次感，在不同的环境适用不同的层次，体现出一种地域上的"差序格局"观。"差序格局"指中国社会结构是以人伦为基石，以己为中心，推出与自己产生社会关系的人群所发生的一轮轮波纹的差序。就像石子投入水中一般，愈推愈远，也愈推愈薄。被圈子的波纹所推及的就发生关系，每个人在不同时间、地点所动用的圈子也是不同的。[①] 在传统的亲属关系之外，同族、同乡、同姓、同窗，乃至门生故旧以及同业等都是重要的社会关系。"差序格局"超越规则的束缚和一切制度化的秩序，成为人们处理社会关系的根本准则。其中南来大马的华人多数单枪匹马，最容易依据的认同层次就是建立在共同方言基础上的"同乡"。[②] 由于方言群在语言和风俗上有诸多差异，在缺乏了解和无法沟通的情况下，他们以方言群为划分方式，组成各自的群体。[③] 作

---

① 费孝通：《乡土中国·生育制度》，北京大学出版社1988年版，第24页。

② ［澳］颜清湟：《新马华人社会史》，粟明鲜等译，中国华侨出版公司1991年版，第148页。

③ 吉隆坡原本就没有土著社会，没有既存的社会结构，所有人都是新进移民，因此个人自我的社群归属，是以语言作为认同根据。而这种以方言作为人群辨异的标准，是新马华人社群分类的基本结构。参见麦留芳《方言群认同：早期星马华人的分类法则》，"中央研究院"民族学研究所1987年版，第108页。

为重要的地缘因素，建立在不同层次的"籍贯"观念上的"同乡"就成为人际交往和获取心理归属感的重要途径。在"福建人"的地域认同里，籍贯可以分为府（州）、县、都（或乡）、社（或村）等层次。本书主要处理府（州）、县两个层次。

福建省在1800年以后属闽浙总督管辖，下设福建巡抚，驻福州府，光绪元年（1875）移驻台湾府，十一年（1885）改福建台湾巡抚，其福建巡抚事务归闽浙总督监管。下设布政司，驻福州府。省下设四"道"：福宁粮储道，驻福州，领福州府、福宁府；兴泉永道，驻泉州府，领泉州府、兴化府、永春州；延建邵道，驻延平府，领延平府、建宁府、邵武府；汀漳龙道，驻漳州府，领汀州府、漳州府、龙岩州。民国元年（1912）全省划分为四个道，民国十四年（1925）废除道制，实行省、县两级制。1934年又将全省划分为10个行政督察区公署，后改为7个。

但次级行政区划和方言区又有某种程度上的重合。福建分为七个方言区，闽东方言分布于福州府、福宁府。莆仙方言分布在清代的兴化府下辖的莆田和仙游二县。闽南方言分布在清代的泉州、漳州二府和永春、龙岩二州，其中分南、北两个方言片，又恰好和泉州、漳州两地重合。龙岩州二县受到客方言的影响成为西片口音，后起的厦门则集南北片的漳、泉口音成为全区代表方言。闽北方言大致分布在西北的建宁府，闽赣方言大致在西北的邵武府，闽中方言即大致分布于延平府。闽客方言则分布在汀州。① 由于方言对大马华人分类有重要影响，下

————

① 福建省地方志编纂委员会：《福建省志·方言志》，方志出版社1998年版，第7页。

面首先在府（州）层面对 20 世纪 30 年代的吉隆坡福建人籍贯分布做些许分析。1925 年实行省、县两级制，1934 年以后实行的行政督察区公署以阿拉伯数字排序，为了方便统计，笔者采取清末福建行政区划来作为分析依据。

在上述义山收据统计的 935 人中，没有籍贯记载的有 5 人，因此有效分析样本为 930 人。依照府（州）来划分：

表 5—1　　义山收据所见 20 世纪 30 年代吉隆坡福建人府

（州）籍贯分布比例

方言区	府州	人数 （%）	方言区人数 （%）	所占比例 （%）
闽南	漳州府	56	777	83.55
	泉州府	605		
	永春州	115		
	龙岩州	1		
莆仙	兴化府	80	80	8.60
闽东	福州府	62	62	6.67
闽客	汀州	3	3	0.32
闽中	延平府	2	2	0.22
其他	外省	3	6	0.32
	不明	3		0.32

从该表可以清楚地发现，闽南人以 83.55% 的高比例占据了 20 世纪 30 年代吉隆坡福建人的绝大多数，相应地，闽南方言就是吉隆坡福建人的主要使用语言，所以英国殖民政府在人口统计中，径直将使用闽南方言者称为福建人。使用莆仙方言的兴化人和使用闽东方言的福州人分别仅有 8.60% 和 6.67% 而已。其余使用闽客方言和闽中方言的人数寥寥。闽北方言使用人群

未有显示。值得注意的是，此时少数外省籍人士，死后也埋葬
到福建义山。如紧邻广西的湖南永州东阳县有 2 人，以及河南
省上蔡县有 1 人，所以说福建义山埋葬者全部为福建籍人，并
不准确。① 这些闽粤桂三省之外籍贯者，会有不同的葬地选择。

在一般意义上的闽南方言社群里，也有着很明显的地域差
别。泉州（包括厦门）籍占闽南方言群的 77.84%，近 4/5。永
春州占 14.82%。漳州仅占 7.21%。而龙岩则仅有 1 人显示。可
见泉州籍在吉隆坡福建人里也占压倒性的人数优势。

从整个福建籍来看，泉州人也占福建人总人数的 65%。
另外永春和漳州人、兴化人和福州人也占了一定的比例。因此
说 20 世纪 30 年代吉隆坡福建人中泉州人居多数地位，永春、
漳州、兴化、福州人维持一定分布，当属事实。总的来看，泉
州人善于经商，漳州人善于经营土地，② 而在吉隆坡这个以城
市为中心的区域，没有多少土地可以提供漳州人垦殖，而善于
经商的泉州人就长袖善舞了。所以吉隆坡的福建籍人中，漳州
人就不占优势了。值得关注的是，福建籍的客家人也非常少。
永定只有 1 人，有客家人的诏安县也只有 10 人，其中也不一
定全是客家。可以得出一个结论：即吉隆坡客家主要是广东籍

---

① 当然为何会选择埋葬到福建义山，而非广东义山或广西义山，尤其是东阳县
紧邻广西，其中缘由还需进一步田调来解决。

② 据台湾学者林再复的研究："泉州人来台经商较早，依清代台湾商业经营资
料、东南亚华侨资料、台湾垦务资料，及作者平日对泉州乡亲之观察看来，经商仍
以泉州人为主，大商人多为泉人；漳州人在垦务上有较大的成就，大地主多为漳
人。"见氏著《闽南人》，三民书局 1984 年初版，1988 年增订第 4 版，第 2 页。另
林衡道亦指出："居住于都市的泉人，善于经营商业；居住于乡间的漳人，长于掌
握土地。"参见氏著《台湾世居住民的祖籍与姓氏》，载《中华民国宗亲谱系学会
年刊》（民国六十九年），台湾成文出版社有限公司 1981 年版，第 35 页。

的惠州客和大埔客，所反映的客家次生文化也主要是集中于这两地，与福建籍客家关系不大。[①]

通过义山埋葬收据来分析吉隆坡福建人的籍贯比例，总是感觉和事实有很大距离。幸运的是，英国殖民当局从 19 世纪末期开始，每隔 10 年会进行一次人口普查，留下了宝贵的人口数据。虽然多数都只是大的地域社群的人口数字，但已经为我们提供了关键性的证据。其中 1931 年有关福建籍的数据如表 5—2 所示。

表 5—2　　　　　　　　　　1931 年吉隆坡福建籍华人人口数据[②]

福建籍社群	人数	M（男）	F（女）
福建人（Hokkien）	22041	13915	8126
福清人（Hok Chhia）	499	426	73
福州人（Hok Chiu）	1120	768	352
总人数	126536	79695	46841

英国殖民当局所做的调查里，福建人（Hokkien）就是指的闽南方言社群。福清方言其实和福州方言都属于闽东方言，所以可以合并认为是福州府人。而福建人、福清人、福州人的总和，占吉隆坡总人口约 19%。表 5—1 中的闽南人 777，福州人为 62 人，闽南人人数为福州人的 12.53 倍。表 5—2 福建人（闽南人）人数为福州人（福清 + 福州）的 13.61 倍。两个结论

①　客家文化并非铁板一块，共同性之外也存在相当的差异性。比如在民居、饮食、山歌方面都有较为明显的不同。参见陈义彬《粤闽赣边客家文化地域差异与旅游合作》，《人文地理》2008 年第 4 期。

②　C. A. Vlieland, *A Report on the 1931 Census and on Certain Problems of Vital Statistics*, London：Crown Agents for the Colonies, 1932, p. 185.

比较接近。说明在没有详细的人口调查数据的情况下，通过义山收据所得出的籍贯比例是可以用来大致反映实际情况的。

第二节　20世纪30年代吉隆坡福建人的
县级籍贯分布

民国福建省的行政级别有一些变化。1934年末，废除道的制度，成为省、县两级制；同时设10个行政督察专员区。这是福建划分专区的开始。经过一段试行，又改划为7个行政督察区，基本上和清朝的府州行政区划重合。[①]

县份与清朝末年相比，大致相同，仅有一些小的变动。与本书有关的是，1912年4月，析同安县设思明县，1914年8月，析思明县设金门县。闽县和侯官县原同治福州城内，1913年合并为闽侯县。1933年改思明县为厦门市。因此在县份上使用民国时期的名称。而行政督察区以数字排序，无法体现出具体的行政区划的印象，故而依然沿用清末府（州）名称来作为地区分类标准。其中永春州在民国初废除，下辖永春与德化两县划入同为闽南方言区的泉州，故一并以泉州作为行政区划来对待。在保存有详细籍贯地的930人中，除了外省3人和未知地区的3人外，有效样本为924人，以之为分析依据。

我们先看县份在各自区域内的比重。从表5—3可知，泉州下辖诸县，安溪县以41.94%的比例独占鳌头。南安县以21.67%随其后，最后永春县以15.83%的人数居第三。惠安、

[①]　行政督察专员区作为第二级行政区，为虚级，属于准行政区，由行政督察专员公署管理，其行政长官为行政督察专员。参见翁有为《行政督察专员区公署制研究》，社会科学文献出版社2012年版。

同安、思明（厦门）三县也有一定比例的分布。

表 5—3　　　　　义山收据所见 20 世纪 30 年代吉隆坡福建人
县份籍贯分布比例

府（州）	县份	人数（%）	地区比例（%）	总比例（%）
泉州 720	惠安	41	5.69	4.44
	思明	34	4.72	3.68
	晋江	12	1.67	1.3
	南安	156	21.67	16.88
	安溪	302	41.94	32.68
	同安	39	5.42	4.22
	金门	3	0.42	0.33
	永春	114	15.83	12.34
	德化	1	0.14	0.11
	未知 1	18	2.5	1.95
漳州 56	龙溪	4	7.14	0.43
	海澄	34	60.71	3.68
	诏安	10	17.86	1.09
	漳浦	1	1.79	0.11
	未知 2	7	12.5	0.76
兴化府 80	莆田	52	65	5.63
	仙游	28	35	3.03
福州 62	闽侯	34	54.84	3.68
	福清	12	19.36	1.3
	长乐	3	4.84	0.33
	闽清	2	3.23	0.22
	古田	1	1.61	0.11
	未知 3	10	16.13	1.09
汀州 3	永定	3	100	0.33
龙岩州 1	龙岩	1	100	0.11
延平府 2	将乐	2	100	0.22

漳州属下诸县，海澄县以 60.71% 独占 3/5 的大多数。诏安县 17.86% 居第二，龙溪县只有 7.14%。除了漳浦县有 1 人出现，漳州下辖其他诸县未见。事实上其他诸县也应该人数极少，以至于在义山收据中皆未出现。

福州地区，闽侯县以 54.84% 占二分之一强，福清县以 19.36% 随其后。长乐、闽清、古田县也有少量分布。

兴化地区，莆田占有多数的 65%，仙游 35%，前者是后者人数的近两倍。汀州仅有永定县的 3 人，龙岩地区仅有龙岩县的 1 人，延平地区仅有将乐县的 2 人。事实上，这三个地区的人数也很少。最后我们看福建省内县份的籍贯分布情况。

从表 5—3 可见，20 世纪 30 年代福建省籍者，以安溪县为最多，独占 32.68%，近 1/3；南安人以 16.88% 居其次，永春人以 12.34% 居第三。以表 5—4 数据为依据，20 世纪 30 年代吉隆坡福建籍人总数约为 26395 人，通过下列县份所占总比例，推测出 30 年代福建省各县份在吉隆坡的大约人数。

表 5—4　　20 世纪 30 年代吉隆坡福建人县份籍贯大约人数一览

府（州）	县份	义山收据人数（名）	总比例（%）	大约人数（名）
泉州	惠安	41	4.44	1171
	思明	34	3.68	971
	晋江	12	1.3	342
	南安	156	16.88	4454
	安溪	302	32.68	8623
	同安	39	4.22	1113
	金门	3	0.33	87
	永春	114	12.34	3255
	德化	1	0.11	29
	未知 1	18	1.95	514

续表

府（州）	县份	义山收据人数（名）	总比例（%）	大约人数（名）
漳州	龙溪	4	0.43	113
	海澄	34	3.68	971
	诏安	10	1.09	288
	漳浦	1	0.11	29
	未知 2	7	0.76	201
兴化府	莆田	52	5.63	1485
	仙游	28	3.03	799
福州	闽侯	34	3.68	971
	福清	12	1.3	343
	长乐	3	0.33	87
	闽清	2	0.22	58
	古田	1	0.11	29
	未知 3	10	1.09	288
汀州	永定	3	0.33	87
龙岩州	龙岩	1	0.11	29
延平府	将乐	2	0.22	58

由于英国殖民当局的人口调查数据并未深入县份，甚至连大概府（州）情况都非常模糊。且义山基本上是按照省份来埋葬，客家福建籍也埋在此处。而人口调查按照传统的方言群来计算，并未按照省份统计，客家是和广东人、福建人并列。加之受到世界经济危机的影响，1930 年 7 月 31 日，马来亚英国殖民政府颁布《限制移民法令》（Immigration Restriction Ordinance），从 8 月 1 日起限制男性中国人移居马来亚三个月，[①]

---

① 规定时势如果改善，则三月期满后，宣布取消。如无改善，则再继续。因三月后时势没有改善，因此于 11 月 1 日和 2 月 1 日继续实行限制，并且 5 月 1 日继续施行三个月。《限制华工入口暂行例五月一日起继续施行三月》，《叻报》1930 年 4 月 30 日，第 6 页。

并将"医生认为不适宜劳动"的华工遣送回国。但并不限制中国女性和儿童入境。① 因此1931年有大量华工被遣送回国。② 1933年，国际市场上橡胶和锡的价格上涨，马来亚出现劳工严重短缺，③ 殖民政府只好放宽华侨入境的限制，因此再次出现华人移民马来亚的浪潮。④ 当时南来和回国的华人变动不居，最终很难得到十分准确的华人人口数字。因此，笔者力图通过义山收据来反映20世纪30年代吉隆坡福建人的籍贯分布和各县份的大概人数，也只能是提供了一份可供参考的数据而已。

第三节 20世纪30年代吉隆坡福建人 籍贯分布特点的形成原因

由以上分析可知，20世纪30年代吉隆坡福建人内部以安溪、南安、永春三县为县级籍贯居于前三位者，尤其以安溪县人为众。除了省级的福建会馆，地区级的仅有福州会馆和兴安

---

① Straits Settlements, *Report of the Protector of Chinese*, *1930*, Singapore: Government Press, p. 65.

② 彼时引起华人回国浪潮的原因，尚有华人失业后无法从事农业生产。陈嘉庚曾回忆："马来亚各处地面，虽多山岗不似安南暹罗多平地水田可以种稻，然卑湿田地亦属不少。民二十九年不景气流行，男女失业日众，尤以华侨劳工界为最。当地政府为土人设想，改良水利，资助种稻，提倡粮食自足，竭力劝勉鼓励。然土人性怠志短，无甚效果。……土人既获水田权利，而华人则不能。……而华侨失业日多，除自有旅费自动回梓者外，其他月以万数，由政府资遣回国，足见其排斥华侨之深意矣。"氏著《南侨回忆录》，福州集美校友会1950年印，第24—25页。

③ Straits Settlements, *Report of the Immigration Department*, *1933*, Singapore: Government Press, p. 32.

④ Swee-Hock Saw, *The population of Peninsular Malaysia*, Kent Ridge: Singapore University Press, pp. 15 – 17.

会馆。[①] 上述三县之会馆则为雪兰莪福建籍县份会馆之最早成立者。永春会馆成立于 1924 年，安溪会馆成立于 1929 年，南安会馆成立于 1939 年。三县方言相同，皆属于闽南语北片，因此三县籍人士相处比较简单。

一　19 世纪下半叶三县籍人较多，形成基数优势

三县籍贯者何时开始南来马来亚已不可考。但南来皆与当时福建本县社会经济状况有关。闽南地瘠民稠，闽中戴云山之东南至海，多为丘陵山地，除漳州平原外，多为赤土黄沙。南宋真德秀就曾说："福与兴、泉，土产素薄，虽当上熟，仅及半年，全仰南北之商，转贩以给。"[②] 因此闽南生存空间狭迫，民以海为田，赁海为市。多数人不能以农业为生。因此闽南沿海人尚贾，十家而七，或坐地列市，谋求微利，或贩运货物，通内地与海外。[③] 宋元以来，泉州地区的海外贸易一直处于比较发达的状态，官方、民间的贸易活动非常频繁。尤其是私商经营海外贸易的形式在宋元时期是相当普遍的，政府极力鼓励这种商贸活动。[④] 因为航海活动频繁，民间信仰中的祈风习俗非常盛

　　① 雪兰莪福建会馆 1885 年成立，作为府州级的福州会馆 1912 年成立，兴安会馆于 1935 年成立。

　　② （宋）真德秀：《奏乞拨平江百万仓米赈粜福建四州状》，《西山集》卷十五，文渊阁《四库全书》本。

　　③ 庄国土：《福建人的特质、局限与成就——以闽南人为例》，林忠强、李萍主编《传统与现代相遇》，雪兰莪暨吉隆坡福建会馆 2013 年版，第 4—7 页。

　　④ 庄景辉：《论宋代泉州的海外贸易》，《海外交通史迹研究》，厦门大学出版社 1996 年版，第 79—82 页。

行，说明当时泉州海外贸易在社会经济中占有极其重要的地位。① 悠久的海外贸易传统，是漳、泉二州籍人南来马来亚的历史根源。

在 1800 年前，马六甲就已经有南安和永春人活动的痕迹。三宝山现存最早的南安人墓碑为 1763 年李门黄捷娘。② 青云亭第三任亭主陈金声（1805—1864）是马六甲土生华人（即峇峇），其祖父即从永春南来为"水客"。③ 安溪人最早何时南来已不可知。据父老传说，在咸丰三年（1853）安溪地方，大遭饥荒，五谷不登，人民以草根糠糊充饥，鹄形菜色，极度穷困，遂有出乡谋生之起因。到了清末民初，除了经济上的压力，当时农村的治安情况，使农民更为痛苦，土匪为非作歹，扰乱社会治安。加之地方上时常有水灾、旱灾、瘟疫，更是无法阻挡，致使只身南来者不绝如缕。

由泉厦而至南洋群岛，当时新加坡岛开辟未久，只有马六甲为马来亚最早之古城，往来交通，都沿海岸线小船穿行，华侨最先集中点，然后为新加坡及马六甲、槟榔屿，后至中马西海岸的雪兰莪州巴生，再开拓到巴生河上游 20 余里的吉隆坡。这条南来之路线是福建籍人南来的必经之途。随着吉隆坡的开埠及叶亚来与继承人之经营，华人南来者与日俱增。彼时到来者甚众，因未著声誉，故无从引述。但基本上是有成功的前贤，

---

① 方豪：《宋泉州等地之祈风》，《宋史研究集》第一辑，"国立"编译馆中华丛书编审委员会 1958 年版；李玉昆：《试论宋元时期的祈风与祭海》，《海交史研究》1983 年第 5 期。

② 黄文斌：《马六甲三宝山墓碑集录（1614—1820）》，马来西亚华社研究中心 2013 年版，第 96 页。

③ 洪文洛：《永春侨汇史略》，中国人民政治协商会议福建省永春县委员会文史资料工作组编《永春文史资料》1985 年第 1 辑。

出于方言认同和老乡观念，会在自己的矿山和橡胶园中雇用与自己同籍贯的华工，形成人口基数的优势。[1]

安溪邑侨最先在雪州开垦立业之第一人，为名盛一时之刘祖禁先生，安溪县蓬莱乡人氏。在 19 世纪 80 年代，刘祖禁已经声名远播，他旅居雪州前后数十年，经营锡矿业，工友数以千计，范围遍及雪州远近，如加影锡米山之闻名，亦由是起，邑人亦多为他工作。当时他置有帆船，川行苏门答腊、日里、石叻（即新加坡）、马六甲海线，当时运输，由巴生河直达河之上游，而至吉隆坡，内陆交通，多用牛车及马车。刘祖禁往来故乡凡十余次，由最早期之帆船，而至初期通行星厦航线之轮船，与通行内陆之火车铁路，前后数十年，正在文明锐进之初期，他亦开旅居雪州安溪同乡创业致富之第一人。当时刘氏资产百万，屡次回乡光宗耀祖建设乡里，河渡施渡，购买田园，建筑大厦，由是益增邑侨南渡谋生之决心。约十余年后，乡人相率南来，既成如水就下之趋势，至是可说渐入繁盛。加之新加坡、香港、厦门，轮船定期航线，有英国、荷兰及华商丰远、丰庆、丰华等轮船，相继在 1890 年至 1900 年开航，尤以 1920 年第一次欧洲大战结束后，有列强轮船畅行亚欧航线。而南来旅客，又不受入境限制，故轮船如过江之鲫，载来盈千累万之谋生者，接踵而至，来来往往。[2]

在吉隆坡北部的叻思（Rasa），早在 19 世纪末叶，就以丰

①　马来西亚华人锡矿业的发展，可参见 Wong Lin Ken, *The Malayan tin industry to 1914*, Tucson：The University of Arizona Press，1965，pp. 60 - 64。马来西亚马来亚华人矿务总会编《马来西亚华人锡矿工业的发展与没落》，马来亚华人矿务总会 2002 年版，第 19—22 页。

②　刘永建：《邑侨南迁简志于雪兰莪州初期发展摘略》，《雪兰莪安溪会馆成立廿五周年银禧纪念特刊》，雪兰莪安溪会馆 1954 年编印，第 232—236 页。

富的锡藏吸引大批矿工前来淘锡。当年，叻思与古毛、双文丹，同为雪州北部乌雪县锡产重镇。在 20 世纪初十年，叻思就已是一个热闹和繁华之地，形成了一个 3000—4000 人的聚落，有穿行马来联邦的巴士服务，以及通往彭亨州的火车服务。前来采锡的多为客家人和少数福建人。全盛时期，单是露天锡矿场，就超过 20 个，还有 5 艘采锡铁船。安溪人陈文晟即发迹于此。他 1892 年生于安溪蓬莱镇，幼年随父侨居马来亚，父亲在叻思当矿工，后来成了小矿主。陈文晟则青出于蓝，一手打造自己的矿业帝国。起初，他在叻思垦山填泽种植树胶，后在雪兰莪、彭亨、吡叻经营锡矿，两项事业都迅速发展，拥有资金甚多，成为有名富商。经过数十年奋斗，陈文晟成为矿业巨子，陈家通过承丰矿业、承基铁船，经营 17 个矿场，成为全马最大及最成功的沙泵矿场。① 他也是雪兰莪安溪会馆的创始人之一。②

　　陈文晟矿场所雇用的安溪人中，也多有发迹者。如林再致，19 岁至槟城，很快来到吉隆坡。四年后移于汝音，初任陈文晟矿职，约三四年，便自为矿业、种植业、胶店业，才二十年便成为巨富。③ 当时安溪人矿主中，还有刘肇得，壮年在双文丹开设锡矿加工厂，规模浩大，资财繁兴。④ 早年锡矿业和橡胶业主多雇用同籍贯人做矿工，因此大量安溪籍矿工的涌入，是安溪籍人口在发展基数上要远远高于其他诸县的主要原因。

---

①　《叻思——繁华锡业成追思》，《雪州时报》2011 年 9 月 23 日第 6 版。

②　［马来西亚］吴华：《马来西亚华族会馆史略》，新加坡东南亚研究所 1980 年版，第 65 页。

③　南洋民史纂修馆编纂：《南洋名人集传》第五册，新加坡耐明印务局 1941 年版，第 388 页。

④　泉州市华侨志编纂委员会编：《泉州市华侨志》，中国社会出版社 1996 年版，第 36 页。

安溪人经营行业比较复杂，有五金、建筑、木材、茶庄、卡车运输、进出口贸易等。经营杂业虽可谋生，但终不可成巨富，最后终要通过树胶业或锡矿业来发达。[①] 如先贤刘治国，为安溪县宗善里彭城魁美乡人，父亲在乡营商。光绪三年（1877）生于里社。7 岁始就学，家贫佐父贸易，弱冠更兼务农。清末生活日渐艰难，乃南渡巴生，转入双文丹，代其叔父打理面食店，后三年乃舍去至吉隆坡，居市场贩菜蔬为业，数年后归里省亲娶妻。28 岁，始卜居加影。初营酒业，兼售食品，稍稍治锡矿、树胶，积资累殖，因而致富。[②]

清末南来吉隆坡的南安人，亦有经营矿业发达者。南安刘林乡的侯三来先生，出生农家。19 岁南来新加坡为石工，不久来吉隆坡，与人合资开店。盈利后，复开矿取锡，工人七八百，巨矿也。[③] 但是成功也并不容易。南安华美乡的黄国安先生，年十八即南来吉隆坡，贸易锡米，利亏杂见。后其移居槟城方才发达。[④] 安溪蓬莱乡的刘庭前先生，十四五岁南来吉隆坡，初任某锡廊役，十余年后，自业矿起家，矿号建德隆，另组有集成铁厂为辅业。[⑤]

在 19 世纪末期，永春人也开始在吉隆坡立足，并且形成部

---

① 马来西亚华人树胶业的发展，可参见骆静山《大马半岛华人经济的发展》，林水檺、骆静山主编《马来西亚华人史》，马来西亚留台校友总会 1984 年版，第 247—252 页。

② 《雪兰莪安溪会馆成立廿五周年银禧纪念特刊》，第 36 页。

③ 南洋民史纂修馆编纂：《南洋名人集传》第二集下册，槟城点石斋印刷有限公司 1928 年印，第 358 页。

④ 南洋民史纂修馆编纂：《南洋名人集传》第一集，槟城 1922 年印，第 146 页。

⑤ 南洋民史纂修馆编纂：《南洋名人集传》第五册，第 369 页。

分聚居区。20 世纪初，当时在吉隆坡甘榜巴鲁一带的惹兰禧（Jalan Hale）、惹兰甘文丁（Jalan Kamanting）、惹兰叶亚沙（Jalan Yap Ah Shek）和惹兰多拉三美（Jalan Doraisamy），这 4 条街道，住有一百多户永春人，在当时就有"新永春"之称。而同乡陈日墙、陈澎相等人，在吉隆坡已相当活跃。至 20 年代初期，已有很多同乡从事商业活动，如树胶、锡矿、杂货、布庄、房产，而其中以经营布庄及树胶为主。①

二　20 世纪前期福建省地方形势不断恶化，促使南来人口持续增长

进入 20 世纪，闽南地区的南渡人口不仅未降，反而持续上扬。这除了当地经济低迷之外，匪患横行危害人身安全也是重要因素。安溪全县林密山深，素有积匪为地方害。该匪聚众肆扰，派兵前往堵御，随即入深山。从清末开始，匪患垂三十年。② 致使农村经济，几濒破产。在性命都无法保障的情况下，举家迁居大马者，与随乡亲南来谋生的安溪人为数众多。③ 毗邻安溪的南安县也未能免于匪患。④ 永春县的情况同样也非常糟

---

① 《吉隆坡永春会馆简史》，蔡维衍主编《吉隆坡永春会馆新厦落成开幕成立七十五周年暨青年团廿周年纪念特刊》（1924—1999），吉隆坡永春会馆 1999 年编印，第 38 页。

② 《孙道仁关于派队剿办安溪土匪情形电（1912 年 7 月）》，中国第二历史档案馆等编《民国时期泉州地区档案资料选编》，出版社不详，1995 年，第 64 页；《李厚基报告已从护法粤军手中"收复"安溪永春等县密电（1921 年 7 月 30 日）》，同上书，第 175 页。

③ 陈克振：《安溪华侨志》，厦门大学出版社 1994 年版，第 18—19 页。

④ 《李厚基为"防剿"南安等县"匪徒"情形并请奖在事出力人员密电（1918 年 3 月 13 日）》，中国第二历史档案馆等编《民国时期泉州地区档案资料选编》，第 170 页。

糕,十几年兵匪不断。^① 甚至吉隆坡永春会馆都需要上书国民政府以求纾缓乡民。

> 吾永不幸,十余年迭遭匪祸,壮者散于四方,弱者转乎沟壑,田园荒芜,厝宅倾塌,所有留存偷安于桑园者,大都良善乡民与无法逃生等少数同胞而已。其境遇之凄惨,真目不忍睹耳不忍闻。加以连年兵灾匪患,其痛苦更非笔墨所能形容也。自陈匪国辉占据以后,护勒丛生,今春既洗劫五峰社,近日再焚杀湖洋镇,凶电传来,日必数起。噫!永人何辜,处此青天白日之下,无异乱世难民。兹已逃生无门,惟有泣告南洋同侨赈济,并乞上峰查办而已。敝会以情关桑梓,除一方设法筹赈外,仍恳钧座对陈匪国辉彻底查办,或召往前线杀敌,另派劲旅填防,以苏民困,不然永人恐无孑遗矣。爰开董事紧急会议,议决将情迫切陈闻,请赐鉴纳。永民幸甚!国家幸甚!^②

---

① 李家耀先生曾回忆 1922 年之后的情形:"当时华南各地,皆有土匪横行,到处杀害无辜,鱼肉乡民,永春诸乡在土匪的恐吓勒索和苛捐杂税的迫害下,原已生活困苦,后来土匪更藉接受省政府安抚之便,名为改变为民军、护法军、靖国军……实则变本加厉,公然强迫栽种罂粟,就地征取粮饷,在诸乡设立自卫团,筹款购置枪械,乡民若不从命,轻易便被杀害,当时泉州城南大榕树上,经常挂着人头示众,情况异常恐怖,更兼各处发生瘟疫,天灾人祸,诸乡人民生活艰苦凄凉的程度,远非笔墨所能形容于万一。"其父彼时被土匪杀害,他只好流亡厦门三年,1926 年偕同家人抵达新加坡。参见李家耀《马来西亚永春联合会前身——南洋永春同乡总会》,载《马来西亚永春联合会银禧纪念特刊》,马来西亚永春联合会 1982 年编印,第 98 页。

② 《吉隆坡永春会馆董事为永春惨遭陈国辉洗劫请将其查办或调离函(1930 年8 月 2 日)》,《民国时期泉州地区档案资料选编》,第 355 页。而事实上吉隆坡永春会馆在民国十七年(1928)七月十五日下午二时特别大会就已经"议救济故乡匪祸",因新加坡永春会馆来函问联合捐三万元请某张师长剿办。参见《吉隆坡永春会馆会议簿》第 1 册,第 9—11 页。

据民国学者陈达的研究，当时因"经济压迫"南来者占 70% 的比例。包括个人因无业或失业，以至难以谋生，因此冒险出洋，或者家庭财产缺乏，收入细微，人口众多难以维持，是逼迫许多人家迁移海外的一种重要的原动力。另外近 20% 的人是南洋已经有家族生意，或者是已经有亲戚、朋友或同乡已在南洋从事各种业务，引起家乡的有志青年，对于迁移南洋的欲望。[①] 南洋的华侨，有从事于经商的，有从事于劳工的，有从事于农业的。但生活的中心，多在生意上面。光景很穷的工人，愿意每天辛苦，赚低微的工资。但他们竭力节省，陆续的储蓄，希望将来有一日，遇着好运气，能开一个小店铺。光景较好的人们，在儿童时代，由父母供给入学费，希望读书之后，能算能写，将来成一个有技能的商人。多数成年的男子，总把希望和光明，搁在商业里。所以南洋华侨生活的中心，是在经商。[②] 以经商为主业的闽南人，也延续着这一传统。

当时安溪人移居马来西亚，尤其以雪兰莪州为最多，并比较集中居住于吉隆坡。但是南来安溪人能够如刘治国先生由菜贩成功变为上层商人也并非易事。尤其是 20 世纪 20 年代以后橡胶和锡矿价格发生了大幅度波动后，很多经营橡胶园和锡矿的华商破产，胶工和矿工也纷纷失业。因此民国年间南来者的职业选择就发生比较大的变化。如 1901 年出生的李可继先生，出生于安溪县横坑乡，17 岁离乡，远渡重洋来到星洲，曾任什

---

① 陈达：《南洋华侨与闽粤社会》，商务印书馆 1938 年初版，1939 年再版，第 48—49 页。20 世纪 60 年代末期，黄枝莲于新加坡选择 347 户年老居民，做过同样的调查，其结果移民南洋原因中，"经济困难"有 61.2%，亦为最重要的移民因素。参见氏著《马华社会史导论》，新加坡万里文化企业公司 1972 年版，第 12 页表 3。

② 陈达：《南洋华侨与闽粤社会》，第 63 页。

役、店员、小贩乃至小本生意。27 岁思母回乡结婚,目睹家乡乱象,不数月再度只身南来星洲。正值世界经济大萧条的 30 年代,岛国难以谋生,几度辗转抵达吉隆坡,从事汽车机电工作,由学徒而至自创机工事业。[①] 1916 年出生的黄朝宗先生,祖籍安溪兴二里科明乡,16 岁买舟南渡,任职店东什役,然后转往峇冬加里新村割树坭年余,再往吉隆坡任职店员。稍有储蓄转途收买珍袋旧货。然后经营旧五金于谐街,又转业生鱼蔬菜兼在吉隆坡中华巷、甲洞售卖鸡鸭。[②] 1922 年出生的叶正道先生,祖籍安溪县洋内乡,18 岁南渡,追随叔父经营中央公市菜档,后其叔父返乡,他自行经营。二战后经营生果档。[③] 1927 年出生的叶国权先生,为吉隆坡侨生,年长随父在吉隆坡中央公市经营海产。[④]

贩卖菜蔬确实是非常简单、稳定的谋生手段,所以除了锡矿做工、树胶园做胶工之外,贩卖菜蔬在安溪人的职业选择中也比较常见。如 1932 年去世的苏奈（46 岁）就在四岩未种菜,林珠（52 岁）在安邦口菜园,而林金全、王册去世地也分别为文良港和望加兰的菜园,姚门陈氏专业地为板底菜园,黄坠专业地为安邦律菜园。在 302 名安溪人中,共有 22 名去世地点在菜园,说明至少有 7.29% 安溪人的职业选择为菜贩或种菜。而福建义山埋葬的 230 名 15 岁以上的安溪人中,职业为工人的也有 76 人,占有 33% 的比例。证明在 20 世纪 20—30 年代,安溪

---

① 叶山河等编:《九皇爷安邦南天宫一百卅周年纪念特刊》,吉隆坡九皇爷安邦南天宫 1992 年编印,第 287 页。

② 同上书,第 244 页。

③ 同上书,第 268 页。

④ 同上书,第 296 页。

人选择做矿工或胶工者比例依然很大，延续了19世纪末的传统。而事实上，在吉隆坡南安人中，选择种菜者也不在少数。在156名南安人中，有13人去世地点在菜园或职业是种菜，说明亦有8.33%的职业选择是如此。有矿工也转而经营小买卖和其他行业。

南安人旅居雪兰莪州者，早在殖民地时期则已渐众多。南来的原因和安溪县大同小异。既有乡亲南来致富的吸引，也与有亲人在此有关。如1914年出生的刘甫园先生，祖籍南安林马头乡，年20岁南渡任职矿什工，后任小贩及猪肉贩。[①] 1918年出生的黄清谈先生，11岁南渡，自幼在建筑工场工作，后集资自行呈报各项建筑。[②] 刘西蝶先生1903年出生，自小孤苦，由其嫂氏抚养长大，年13决然南渡，抵星洲后，即在族人商肆中做学徒，嗣后辗转吉隆坡，投身建筑界。居隆十年，罄其所有作为建筑商资本，不就进而为承包商，业务日震。[③] 亦有由缅甸等地迁居吉隆坡者。尤人俊先生之曾祖父，光绪元年（1875）之后只身到缅甸之丹佬，以打鱼为业，十数年方才自立门户。祖父瑞越老先生即诞生于此地。在家道日昌后，深感丹佬地域偏狭，遂在30岁时举家迁至吉隆坡。时当第一次世界大战之初，矿务繁兴，瑞越老先生把握机会，倾其所有，从事于锡矿之开采，业务日益兴盛。[④] 侯西木先生，16岁南下吉隆坡为商

①　叶山河等编：《九皇爷安邦南天宫一百卅周年纪念特刊》，吉隆坡九皇爷安邦南天宫1992年编印，第271页。

②　叶山河等编：《九皇爷安邦南天宫一百卅周年纪念特刊》，第272页。

③　《雪兰莪南安会馆三十五周年纪念特刊暨南安历代文献及邑贤创业史》，雪兰莪南安会馆1972年编印，第297页。

④　同上书，第295页。

店练习生，才四年便知商法，于是自启泰记板柴厂。① 黄和县先生年 21 南来吉隆坡，初为雇工七八年，后乃自立门户专以包工料为人建筑屋宇。②

吉隆坡永春人从商的范围从建筑发展商、工程承包商、布庄、小杂货店、电影院，以及橡胶买卖等不同领域的行业。不论是在吉隆坡或者雪兰莪境内的地区，皆可看出，经商仍是本区域的永春人最普遍的谋生手段。即便是在农耕作业非常发达的沙白安和瓜拉雪兰莪，经商仍是当地永春人的重要活动。但是在义山收据的 114 名永春人中，2 人去世地点是在菜园，仅占 1.75%，证明永春人的职业选择中种菜或者菜贩并不占主流。114 名永春人中，20 岁以上者 76 名，其中 17 名为商人，17 名工人，一名柴工，其余不明，当然不能因此认为只有 17 名商人，因为雪兰莪福建会馆、永春会馆主席陈日墙名字亦在其中，但并未写职业。

早期南来永春人，也不免涉足锡矿业的潮流。不过由于锡矿业为客家、广东人，以及福建安溪人垄断，吉隆坡永春人少有大矿主。因而涉足其他的行业较多。陈承丕，少读书，于 15 岁辍学，南来石叻坡，凡住三年，至 18 岁回国结婚。21 岁重来，此来适有可发展之机。曾在吉隆坡属地方开锡矿，胶田，年 28 复回国。未几重渡，谋启号振昌，贸易以海屿货杂土产及诸驵货（俗称九八郊）埠内外顾客。③ 陈日墙，其父为水客商，他 16 岁弃书经商。随后南渡新加坡，开展树胶、布匹生意。经

---

① 南洋民史纂修馆编纂：《南洋名人集传》第五集，第 365 页。
② 同上书，第 369 页。
③ 同上书，第 98 页。

过20年，后居吉隆坡，经营树胶园数百亩。① 陈石相，永春小岵人，成童之年，南来吉隆坡蕉赖。未几，启万泉什货店，嗣在吉隆坡，又募股启南泉公司，财源两面，发达愈丞。② 黄世积，永春坑黄人，年13，便南到吉隆属之间津埠，始则或耘或耔，以农为本，嗣乃兼启瑞祥号脚车店，数十年之老职业也。③ 黄振秀，永春卿园乡人。父重池翁，以农为业，间尝为商。16岁始南来吉隆坡。初在商店任职，约七八年，后在距坡数里远之荒僻处，经营商业，既稍有积聚，乃回国结婚。无何再来，仍受职于吉隆坡商店，历四五年，素劝俭，晓储蓄，微有余资，乃与人合股开张瑞泰公司，业唐洋杂货，及中外布匹。营业虽发达，惜未几折股，己而向四州府森林局请领林地，雇工采割日落洞胶，直扩充至暹罗、吉礁、柔佛等处。另设黄振秀日落洞胶制造厂于吉隆坡新街场路。继开锡矿，至左右逢吉，益种植胶树，及建置屋宇，寖成巨富，称吉隆坡之殷实家矣。④ 另一永春闻人黄重吉，亦为卿园人。南来雪兰莪之吉隆坡，初在父肆习为商。年18，自营板柴，遂以次推广买卖树胶业、创设油米较。向政府申请芭地，割日落洞胶。十余年间，资产亿万。⑤ 上述成功商人的企业中，所雇用者，也多为同乡。

在20世纪30年代，安溪、南安、永春三县籍贯者占据了吉隆坡福建籍3/5的人数。但从福建会馆的理事名单中来分析

---

① 南洋民史纂修馆编纂：《南洋名人集传》第二集下册，第156—157页。

② 南洋民史纂修馆编纂：《南洋名人集传》第五集，第342页。

③ 同上书，第356页。

④ 同上书，第79页。

⑤ 南洋民史纂修馆编纂：《南洋名人集传》第二集下册，第373页；第四集，1939年，第140页。

安溪、南安和永春人的人数比例，是与上述分析相左的。永春人在福建会馆的活跃程度要远远高于安溪人和南安人，给人一种永春人在当时吉隆坡福建人中占人口主流的大致印象。事实上，吉隆坡安溪人对福建会馆的热情并不高，不少闻人并未参与其中。前述安溪人大矿主陈文晟是 1929 年安溪会馆的创始人，但他并未参与福建会馆。更甚者，第一、二届安溪会馆正副会长、正副总理也皆未参与福建会馆。[①] 而福建会馆民国十九年（1930）职员当选者 25 人、候补者 10 人名单中，也是永春人和南安人居多数。[②] 如果据此认为当时吉隆坡福建人中安溪人非常少，则与事实大相径庭了。而南安人虽然有侯金陵、洪启读、叶养骞、叶阿守、黄和先等任福建会馆理事，且洪启读 1936 年任会长，但南安会馆迟至 1939 年方成立。笔者试着剖析下原因。雪兰莪福建会馆长期由永春人陈日墙任会长。且每次召开理事会，出席者也多为同时身兼永春会馆理事的永春人，说明决策层为永春人所把持。其间虽然南安人侯金陵也曾于 1933 年任正会长，但是他很快就去世了，继续由陈日墙任会长。次年陈日墙去世后，才由洪启读任正会长，直至 20 世纪 60 年代。但理事中永春人占多数的局面并无改变。面对永春人的无形压力，洪启读也需要有同乡会馆作为其背后的支持。所以当时成立南安会馆的原因是同乡"鲜有集聚机会，虽属闾里，亦犹路人，形若一盘散沙，临事乏人照应。故咸认为有倡组乡会之必要，藉以联络同乡感情，从而互通声气，共谋福利。抑当

---

① 民国十八年（1929）、十九年（1930）第一、二届雪兰莪安溪会馆正会长傅侯专、副会长李榜、正总理许志雄、副总理温绍耕。《雪兰莪安溪会馆成立廿五周年银禧纪念特刊》，第 61 页。

② 《雪兰莪福建会馆议事簿》（1930—1932），第 8—9 页。

时倡组是项乡会之另一需要，乃在方便邑人之向驻地中国领事馆申请出入国护照，得有一同乡机构为其证明身份"①。县份会馆出现得越早，越说明个体力量的弱小。永春会馆的前身永春公司，在 1892 年就已经成立。恰好证明永春人在当时三县籍中居于少数，所以最早需要同乡会馆的照应。

结　论

经过数十年的发展，吉隆坡由一个小城逐渐变成雪兰莪州的首府，来自中国的福建人的人数也逐渐增长。虽然并未能如广府人和客家人的数量之多，但也最终成为吉隆坡第三大方言社群。通过分析 20 世纪 30 年代福建义山收据，可以发现闽南方言群以 83.54% 的比例占福建籍人的八成以上。而其中泉州下辖的安溪、南安、永春三县又分别以 32.68%、16.88%、12.34% 成为其中占人数前三位的县份社群。

福建人具有经商的才能，这可以从他们很早以来就一直从事商业经营，以及福建籍华人在新加坡、槟榔屿和马六甲等地的商业占据着优势地位得到证明。另外，也有不少福建籍华人居住柔佛、雪兰莪和霹雳等州从事着商业和农业经营。② 在吉隆坡的福建人也延续着这一传统才能。与海峡殖民地早已就有福建人存在不同，吉隆坡的福建人以"新客"为主。这种以中国南来的"新客"占多数的地域华人社群，就构成了大马

---

① 《雪兰莪南安会馆会史》，《雪兰莪南安会馆三十五周年纪念特刊暨南安历代文献及邑贤创业史》，第 21 页。

② Victor Purcell, *The Chinese in Southeast Asia*, London and New York: Oxford University Press, 1951, p. 271.

半岛较具特色的现象。进一步说，20世纪上半叶三县籍的成功"新客"就对吉隆坡福建人社群的形成和发展带来深远的影响。①

---

① 本章与潘碧华博士合作，原刊《南洋问题研究》2014年第3期。

第 六 章

认同规则、核心组织与神庙网络

——1957 年马来亚独立前吉隆坡安溪人社群的形塑途径

自从 1857 年吉隆坡开埠，以叶亚来为首的惠州客家和叶观盛为首的广府（台山赤溪）客家成为主要华人社群。1884 年，英殖民政府为了引进更多资本进入吉隆坡，改变原来客家人一支独大的现状，有意将原来客家人独享的饷码（Farming revenue）承包权转让予来自槟城的福建人。在遭到客家和广府人的反对后，即让福建、客家和广府人一起承包。[①] 福建人随之大量进入吉隆坡，并很快成为第三大社群。

时至今日，大马半岛称闽南话为福建话，操闽南话者则称为福建人。而吉隆坡则不仅操闽南话者，操莆田话、福清话、福州话等福建省方言群体也为数不少，就形成了吉隆坡的福建人则专指福建省人，行政区划在这里比方言更具有现实意义。这与早期马六甲和槟城华人社会的方言认同有很大不同。形成这种情形的主要因素，在于客家人和广府人在人数上占华人总

---

① M. Gullick, *A Hsitory of Kuala Lumpur* (*1857 – 1939*), Kuala Lumpur：Malaysian Branch of the Royal Asiatic Society, 2000, p. 79.

人数的绝大部分，福建省人仅占19%左右，是处于吉隆坡较为弱势的华人次生社群。而客家和广府为首的次生社群，通过吉隆坡广东义山将潮州人、海南人纳入广东省人社群内，并成功以此为基础在1939年形成雪兰莪广东会馆。相对于广东省为社群界限的广东人，雪兰莪福建会馆就成为最早成立的省级会馆，通过行政区划的区别，福建省人形成相对于广东省人和广西省人的一个省级社群。

众所周知，自从麦留芳先生于20世纪80年代提出"方言群认同"的观点后，近30年来的大马华人研究基本上在这个框架下来进行的，并且取得很大成绩。学者多关注方言群，福建、广府、客家、潮州、海南五大方言群，形成对新马华人的基本认知。但随着英殖民政府对大马半岛腹地的殖民统治不断深入，华人也大量进入，新的聚居区如雨后春笋般涌现。由于不同聚居点方言群人数的多寡，这些新的地域性的华人社会的形塑过程和模式千差万别，远非方言群认同一种模式可以解释的。而这些恰恰是现代新马华人研究所忽视的薄弱环节。因此，加强对方言群内部华人次生社群的研究，方能理解为何在进入20世纪后，方言群认同逐渐让位给行政区划所代表的籍贯认同。在吉隆坡福建省人中，以县份籍贯来计，安溪人的人数在20世纪30年代居于吉隆坡福建人各县份的首位。[①] 由于1957年马来亚独立，对大马半岛华人政治认同产生深刻的影响，故本章以吉隆坡福建省人中人数最多的安溪人社群为例，来透视19世纪末到1957年吉隆坡县份社群的形塑途径，为大马华人移民社会建构途径的研究提供个案经验。

----

① 参见本书第五章。

第一节 乡里意识:吉隆坡安溪人的认同规则

一个人到异地他乡,用什么方式去寻找群体的力量和保护?一般认为早期皆以方言群作为认同依据,而形成团体以获得保护。这已经成为基本共识。社会学认为:"共同的风俗和共同的信仰,它们渗透在一族人民的成员之中,对其生活的统一和和平至关重要。"① 在早期华人人数相对较少的情况下,同一方言的人群容易有亲近感,且易沟通。相比之下,非同一方言的人群,则往往难以有效交流。但是随着时代的发展,大马半岛不同地域的华人人数逐渐增多,同一方言群内部也因地域不同而有口音的差异,这一认同规则就逐渐让位于籍贯认同。

这种籍贯认同,是建立在行政区划的基础之上的。面对不同人群,华人所采取的认同标准是社会学家费孝通所讲的"差序格局"。"差序格局"指中国社会结构是以人伦为基石,以己为中心,推出与自己产生社会关系的人群所发生的一轮轮波纹的差序。就像石子投入水中一般,愈推愈远,也愈推愈薄。被圈子的波纹所推及的就发生关系,每个人在不同时间、地点所动用的圈子也是不同的。② "差序格局"超越规则的束缚和一切制度化的秩序,成为人们处理社会关系的根本准则。其中南来马来亚的华人多数单枪匹马,最容易依据的认同层次就是建立

---

① [德]费迪南·滕尼斯:《共同体与社会》,林荣远译,商务印书馆1999年版,第75页。

② 费孝通:《乡土中国·生育制度》,北京大学出版社1988年版,第24页。

在共同方言基础上的"同乡"。① 由于方言群在语言和风俗上有诸多差异，在缺乏了解和无法沟通的情况下，他们以方言群为划分方式，组成各自的群体。② 正因于此，籍贯意识是中国人头脑中根深蒂固的观念，它因人口流动而加深加固。那些远离故土的南洋华人，更因远离故土，而愈加巩固籍贯意识。作为重要的地缘因素，建立在不同层次的"籍贯"观念上的"同乡"就成为人际交往和获取心理归属感的重要途径。"籍贯"带有强烈的层次感，在不同的环境适用不同的层次，体现出一种地域上的"差序格局"观。安溪人的"差序格局"观如图6—1所示。

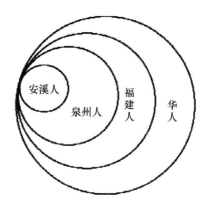

图6—1　安溪人的"差序格局"观

因籍贯意识的影响，由"省→府（州）→县"行政区划，再到"乡→都（里）→村（社）"等不同层次的赋役组织，安溪人

---

① ［澳］颜清湟：《新马华人社会史》，粟明鲜等译，中国华侨出版公司1991年版，第148页。

② 吉隆坡原本就没有华人社会和既存的社会结构，所有人都是新进移民，因此个人自我的社群归属，是以方言作为认同根据。而这种以方言作为人群辨异的标准，是新马华人社群分类的基本结构。参见麦留芳《方言群认同：早期星马华人的分类法则》，"中央研究院"民族学研究所1987年版，第108页。

在不同情境下又可以从乡里意识出发形成或大或小的次生社群。

在安溪人的立场来看，面对马来人和印度人的时候，他们所持身份是"华人"；在面对潮州人、广府人或海南人的时候，他们的身份是"福建人"；面对漳州、福州或兴化人的时候，他们的身份是"泉州人"；在面对南安人、晋江人的时候，他们的身份才是"安溪人"。这就是上图所凸显出来的安溪人面对不同人群时认同的层次性。而这种层次性，皆基于由行政区划到赋役组织所形成的"乡里意识"。

在福建，山岭重叠、河流交错的复杂地形，在古代交通不便造成的闭塞，从而形成了不同的文化社区，如福建复杂的方言片和民俗中常见的"十里不同风，五里不同俗"的现象。不仅闽粤之间有很大的文化差别，同为"福佬人"的泉州和漳州府，乃至同为泉州府中的晋江、南安、安溪、同安诸县，以及同为漳州府中的龙溪、南靖、平和、诏安诸县，都有一定的文化差异。[1] 比如永春、泉州、漳州虽然都属于闽南语系，但是各有自己的发音特色。而同属于泉州内部县份，闽南语也有差异。甚至在安溪县内，安溪方言也形成两大区域。安溪地域大，境内多山。闽中戴云山支脉延伸到县西北部，成为晋江和九龙江的分水岭。这对本县方言区域的形成，起着决定性的作用。晋江水系区域的方言接近于泉州话；九龙江水系的方言则接近于漳州话。据此，本县可分为两大水系方言区。但各方言区又有所差异，大体可分为八片。[2] 不仅是方言，也是民俗文化的不

---

① 刘登翰：《跨越海峡的文化记忆——中华文化与闽台社会》，海峡学术出版社2010年版，第178—179页。

② 安溪县地方志编纂委员会编：《安溪县志》（下册），新华出版社1994年版，第1168页。

同,而不同县份信仰的神灵也有差异,比如安溪县祭祀清水祖师,这与永春县祭祀法主公,南安县多祭祀广泽尊王是大不相同的,这种差异是和籍贯紧密相连的。如今从马来半岛华人庙宇祭祀的主神,也可以反映出早期建庙信众的某些籍贯特征。

在马来西亚泉州社群内部并未有明显的次生县份社群的冲突,这主要在于泉州社群相比之下比较抱团。但事实上,这种区域内部的认同差异也是存在的。王明珂在研究羌族的过程中,发现"一截骂一截"的族群结构。在一个外来者的观点,这每一"截"的村寨人群在经济生业、聚落形式、宗教信仰、风俗习惯等方面,都十分的类似,但是在当地人眼中,却呈现出"汉"与"藏"之间一截一截的连续过渡变化。每一"截"之间的微小不同,都成为区分彼此认同的出发点。[①] 与此类似,安溪人虽然属于闽南语系的泉州所辖,但是在泉州内部,晋江、惠安和南安通称为"三邑人",又被称为"顶郊人",原因在于三县都和泉州府城紧密相连。与府城没有接壤的同安、安溪人却是被排斥的。这种泉州内部的县份社群冲突在晚清资源紧张的台北艋舺地区表现出来。[②] 所幸马来西亚各地华人聚居的情况千差万别,泉州人居主流的地区并不多见,泉州下辖的晋江、惠安等社群在马来半岛又不占主流,加之安溪人和永春人等在行业上又没有类似艋舺地区那样的竞争,所以泉州内部社群没有表现出那么激烈的械斗,但"一截骂一截"的内部歧视认同依然存在,这也成为安溪人自我认同的一个方面。

---

① 王明珂:《羌在汉藏之间:一个华夏边缘的历史人类学研究》,联经出版事业股份有限公司 2003 年版,第 86 页。

② 叶肃科:《日落台北城:日治时代台北都市发展与台人日常生活(1895—1945)》,台北自立晚报社文化出版部 1993 年版,第 67 页。

　　饮食文化是地域文化的重要组成部分，安溪县的名产，就是安溪县人津津乐道的乡里文化符号。清溪老酒、安溪铁观音茶、县内暗香、尾寮冬瓜子、后埯柿粿、后刈番薯、虞都白菜、湖头米糕、内山冬笋、莲兜尾豆干等，是安溪县境内典型的地方物产。对于常年侨居南洋的安溪人来说，"邑侨随时随地，都会想念'故乡食物好'的思想，倘侨生们听父兄讲述'食物在祖国'的故事，大可以鼓励他们对故乡的观念，和爱护故乡的一切"①。安溪的风景，在安溪人心目中，也是最美好的。尤其是经过文人之手总结的"清溪八景"，成为第一代南来吉隆坡的安溪人文化记忆中的"地景"（Landscapes）符号②。时人有云"凤麓春阴，葛盘坐钓，南市酒家，芦濑行舟，龙津夜月，薛坂晓霞，东臬鱼舍，阆岩夕照，为清溪之八景者，犹时时荡漾我脑海，舒展我眼帘"③。20 世纪上半叶侨居雪兰莪的安溪人，多为在故乡长大后南来的第一代，安溪县的方言、食物、景物，塑造了他们的童年记忆，成为形塑安溪人社群"乡里意识"的基础。

---

　　①　静子：《故乡名产（食品）琐谈》，雪兰莪安溪会馆特刊编委会《雪兰莪安溪会馆廿五周年银禧纪念特刊》，雪兰莪安溪会馆 1954 年编印，第 73—76 页。

　　②　D. W. 迈尼希（D. W. Meinig）认为地景（landscapes）是文化的，包含在我们日常环境中可以看到的事物，这些事物都已经经人之手调整过，所以地景只具有物质面和可视面而已，它是相当具有象征意义的。我们可以将所有的地景都看成象征的、文化价值的表现，也是在一段时间中个人在特定位置的表现。在地景研究中，最常用的比喻是将地景视为一个需要被解码的讯息，当地景由符号的多样性组成，它亦包含意义的多样性，有看到的意义以及经过深层剖析的底层象征意义。参见氏著 Reading the landscape：an appreciation of W. G. Hoskins and J. B. Jackson, edt. by D. W. Meinig, *The Interpretation of Ordinary Landscapes*, London：Oxford University Press, 1979, pp. 195 – 244。

　　③　吴吟世：《故乡之安溪》，雪兰莪安溪会馆特刊编委会《雪兰莪安溪会馆廿五周年银禧纪念特刊》，第 79 页。

第二节　雪兰莪安溪会馆：吉隆坡
安溪人的核心组织

　　会馆是中国传统籍贯观念的体现。著名史家何炳棣先生认为："会馆是同乡人士在京师和其他异乡城市所建立，专为同乡停留聚会或推进业务的场所。狭义的会馆指同乡所公立的建筑，广义的会馆指同乡组织。"[①] 指明了会馆的同籍贯特征。顾名思义，雪兰莪安溪会馆就是雪兰莪安溪县籍贯乡亲的同乡组织。

　　早期雪兰莪州安溪人的人数到底有多少，这是无从查考的。原因在于安溪人操闽南语，就是所谓福建话，英国人的人口数据调查里，安溪人是作为福建人（Hokkien）的一部分而统计的。据英殖民者统计，1891 年雪兰莪州仅有福建人 4524 人，但到了 1901 年则激增为 30507 人。[②] 19 世纪末至 20 世纪初的二十年内，雪兰莪州的福建人的数量是急剧增长。到 1911 年的时候，仅吉隆坡就有福建人（即操闽南话者）12448 人，兴化人有 3554 人，福州人有 1383 人。[③] 安溪人的数量无从查考。幸运的是，管理吉隆坡福建义山的雪隆福建会馆，还保留有 20 世纪 30 年代的义山收据，对其中 1930—1939 年的义山收据加以统计，安溪人占 32.68%；南安人占 16.88%；永春人占 12.34%。[④] 这是在吉隆坡福建人占前三位的县份社群。

---

　　① ［美］何炳棣：《中国会馆史论》，学生书局 1966 年版，第 11 页。

　　② *General Remarks on the Census*, Federated Malay States, 1901, p. 114, 118.

　　③ *Review of the Census Pperations and Results*, Federated Malay States, 1911, p. 112.

　　④ 参见本书第五章。

人数居于吉隆坡福建人第三位的永春人，由于经商于吉隆坡甘榜峇鲁一带的惹兰禧（Jalan Hale），惹兰甘文丁（Jalan Kamunting），惹兰叶亚沙（Jalan Yap Ah Shek）和惹兰多拉三美（Jalan Doraisamy），这四条街道住有一百多户永春人，当时就有新永春之称。[①] 而雪兰莪福建会馆早期会长皆为永春人，而董事也多永春人，没有安溪人董事。笔者推测这是因为在吉隆坡地区，安溪人多数分布在东北的安邦（Ampang）和东南的加影（Kajang），各自在当地经营，而未能进入吉隆坡城区发展，这就造成雪兰莪福建会馆早期没有安溪人的董事。

雪兰莪安溪会馆的建立缘起，"发轫于民国十八年（1929）秋，其时我邑侨旅居于马来亚者，为数众多，仅就中马一隅而论，有数万人；因缺乏组织，致彼此无由联络，感情疏远，偶有相遇，竟同陌路，遑论亲爱互助之表现。吉隆坡邑贤许志雄，温绍耕，官国淼，胡天来，傅侯专等有鉴及此，乃发起组织本会，设筹备处于吧刹口，土产俱乐部。创立规模，僦居馆舍，请准立案，遂成告立，命名为雪兰莪安溪会馆"。在"二战"以前，"凡吾邑侨出入境手续，或因婚姻，田产，债务等纠纷，或于同侨间发生争执，向本馆申请协助者，无不乐于接受。仲裁委员会，处事力求公平，毋枉毋纵，在双方礼让之下，以大事化小事，小事化无事，维护邑侨情感，消除争执意见，节省精神物质，服务邑侨，收获甚大"[②]。由此可知，雪兰莪安溪会馆成立的宗旨，即团结同乡，互相扶助，化解纠纷，这是早期海

---

① 《吉隆坡永春会馆简史》，《吉隆坡永春会馆新厦落成开幕成立七十五周年暨青年团廿周年纪念特刊》，吉隆坡永春会馆 1999 年编印。

② 谢传集：《本会馆史略》，雪兰莪安溪会馆特刊编委会《雪兰莪安溪会馆廿五周年银禧纪念特刊》，第 60 页。

外华人会馆所共有的功能。

理论上，只要是居住在雪兰莪州的安溪人皆可以加入雪兰莪安溪会馆，成为会员，《雪兰莪安溪会馆章程》规定："入会资格：凡旅居马来亚之安溪邑侨部分性别年龄在十六岁以上者品行端正职业正当，赞成本会馆章程，均得加入本会馆为会员。"① 但事实上，并非全部安溪人都加入雪兰莪安溪会馆成为会员。在雪兰莪安溪会馆创建 25 年后，会员也才仅二千名以上。不仅雪兰莪州内的安溪人加入会馆，远在马六甲，柔佛州的麻坡、居銮，森美兰州的芙蓉，彭亨州文冬、劳勿、立卑、文德甲、直凉等处，甚至新加坡也有安溪邑侨加入。但从其1954 年的会员名录中的职业来看，不仅各种行业的商人加入，教员、农民、司机、工人，甚至做家务的妇女也加入为会员。可见会馆会员覆盖职业之普遍。

会馆的重要作用，在于会馆领袖的集群作用。这些会馆领袖多为事业有成的商人，在当时南洋社会以财富为社会地位标志的时代，这些商人被日本人称为"有力者"，也就是说掌握着社会资源和社会权力。第一、二任会长傅侯专的事迹，笔者无缘见到。第三、六任会长刘治国，在国内长大后，与邻里下南洋来到吉隆坡，先是做店佣，而后自立丰美号于吉隆坡之加影（Kajang），开锡矿，种树胶，创建加影育华学校，加影福建公所和义山，吉隆坡实业公所和加影商务公所皆为总理。② 但是他始终未进入雪兰莪福建会馆。第七任会长官光厚，1865 年生于

① 《雪兰莪安溪会馆章程》，雪兰莪安溪会馆特刊编委会：《雪兰莪安溪会馆廿五周年银禧纪念特刊》，第 237 页。

② 吴亚农编：《南洋名人集传》第二集下册，槟城点石斋印刷有限公司 1928 年版，第 249 页。

安溪县。"时值清末，国家衰败，民生凋敝。先生三岁丧父，家贫莫能学，相长则事耕耘。曾学艺冶铁，辨色而兴，丙夜方寝。作肩挑小贩往来于安泉之间，肩百六十钧，日走百余里，博微利以养母。年三十（1904）南渡至马来亚吉隆坡为锡矿工，继当垦殖园园工，因勤奋诚实屡冠侪辈，得主人嘉勉并厚其酬，乃积资市园五亩于加影，事业渐兴。遂种蔬果、置牛车、佣工办矿场、建房屋铁路，获利益丰。始植橡树，启山林，辟榛莽，露宿星行，极人世艰辛无不尝，因得橡园千余亩，得以赀殖雄于马来半岛。"① 可见早期南来安溪人多阶层低下，从底层艰辛奋斗而致富，但由于吉隆坡附近锡矿多在安邦和加影，这就使早期安溪人多在安邦和加影经营，而无由进入市区，也无实力进入福建会馆。但在 1929 年安溪会馆建立后，安溪会馆领袖就逐渐进入吉隆坡的华人社会的中心，成为吉隆坡福建人的重要组成部分。

第三节　精神依归：吉隆坡安溪人的神庙网络

早期南来华人皆依神庙而生存，神庙是华人的精神寄托的载体。因此很多会馆和公所是在神庙的基础上发展起来的。但对于吉隆坡安溪人来说，安溪会馆并非从安溪人的神庙基础上发展而来的。

安溪人的神庙，最早的是安邦的南天宫，该庙是由林庵从

---

①　官明琦供稿、苏忠琴整理：《赤子怀乡曲　丹心报国恩——记热爱家乡教育事业的官光厚先生》，中国人民政治协商会议安溪县委员会文史资料工作组编《安溪文史资料》1986 年第 1 辑（总第 3 辑）。

暹罗普吉岛（Phuket Island）之内杼（Kathu）带香火分炉于安邦本宫，初号斗母宫，与内杼斗母宫名称相同，继而称万寿宫，后称南天宫到现在。林庵为乩童。那时安邦地区荒芜未开发，印度籍商人名三美者开采锡矿于此，林庵任其工作，并在宿舍设坛。因气候不良，水土不服，交通不便，医药缺乏，造成疾病向工友侵袭，林庵恳请九皇降乩，结果九皇爷以灵符或示处方及其他方法治病，灵验非常，活人无数。三美之子亦染病医治无效，后来由林庵降乩九皇指示良方痊愈，三美感激其德，将锡矿宿舍及地奉送于九皇大帝为庙址。①

安邦南天宫在 20 世纪初成立了董事会，尽管事实上为福建人的神庙，但与雪兰莪福建会馆本来没有隶属关系。但是在民国十三年（1924）九皇诞时曾发生事故，因此雪兰莪州的华民护卫司就请雪兰莪福建会馆来暂时监督每年的九皇诞，并且对其账目有权检查，对其还款收据及戏金收条也可以提出催缴。②之后南天宫董事人选亦由福建会馆来干预。民国十九年（1930）9 月 5 日，福建会馆总理洪进聪报告南天宫总理登报辞职事，并亲自拜谒华民护卫司知会该宫正总理退职事，有如其登报所云。"遗缺已蒙面属由本会馆召集该宫董事会议解决之。至从前议决补助各学校慈善籍贯款项现因不够，宜如何支配，可俟来届本会馆解决该宫正总理时讨论办法。"③ 福建会馆每年皆公举南天宫九皇诞辰值日监视员，到该宫监视一切。从

---

① 《本宫九皇大帝来历及本宫宫史》，《九皇爷安邦南天宫一百卅周年纪念特刊一九九二年》，吉隆坡九皇爷安邦南天宫 1992 年编印，第 21 页。

② 《雪兰莪福建会馆会议簿》（1930—1932），第 32 页。

③ 同上书，第 54 页。

夏历九月初一到初十每日安排两名董事为监视员。① 民国二十一年（1932）5月8日雪兰莪福建会馆举行董事会议，总理洪启读发言："南天宫自受本会馆监督后，已阅八载，成绩颇好，本会馆所能监督南天宫者，原为南天宫未受本会馆监督时该宫曾发生事故，由本会馆调处清楚，越后华民政务司嘱本会馆监督，本会馆因华署既授权本会馆监督，故历年本会馆均履行监督职务，今者该宫负责办事人颇能办理完善秩序尚好。鄙意该宫本会馆监督之责可送还华署，以卸本会馆监督之职权，兹特将此案提请在座公决，祈大众讨论。""（叶）养骞君提谓南天宫历年办事人及斋友颇能遵守秩序，不曾发生事故，本会馆监督之权可以卸责。""续谓本会馆既拟卸南天宫监督之责，可举二人谒华民政务司陈述因由，将该宫本会馆监督之责送还华署，弟意可请副会长侯金陵君及总理洪启读君偕同向华署接洽，众赞成。"②

当时报纸和雪兰莪福建会馆会议纪要皆载南天宫为福建人神庙，但从1992年的特刊对现任董事籍贯的记载可以看出，60位现任董事、职员中，籍贯安溪县占60%，如果除去福州3人、仙游1人，籍贯泉州者占绝大多数。而在故去的35位董事中，籍贯安溪的有32位，比例更高。可知早期南天宫董事、职员以安溪人为主体确实是事实。在2013年12月南天宫的田调中，也了解到早期南天宫的董事多为安溪人。可知南天宫是由安溪人为主管理的神庙，独立于雪兰莪福建会馆之外。

---

① 《雪兰莪福建会馆会议簿》（1930—1932），第58、114页。
② 同上书，第170—171页。

表 6—1　　　　　　1992 年在任南天宫董事、职员籍贯统计一览①

祖籍	安溪	永春	福州	晋江	漳州	仙游	同安	惠安	南安
董事、职员人数	36	6	3	2	1	1	5	1	5

表 6—2　　　　　　1992 年前南天宫故去董事籍贯统计一览

祖籍	安溪	福州	同安	永春
董事人数	32	1	1	1

　　在南天宫 20 世纪 50 年代的重修碑上，有四座庙宇参与了重修，即"聚仙庙、镇南庙、石马宫、兴义殿"，这四座庙宇应皆为福建人神庙，吉隆坡的南安人围绕着吉隆坡冼都巴刹（KL Sentul Pasar）石马宫展开活动，尤其是南安刘氏在庙宇周围聚族而居。② 鹅唛路（Jalan Gombak）聚仙庙主神供奉关帝，是由安溪人控制的另一重要庙宇。在旧巴生路（Old Klang Road）的镇南庙也供奉关帝，则是由福建安溪人控制的第三家重要庙宇。③ 现在兴义殿已不可知，可能后来已经衰败消失。统计 1992 年现任董事、职员在神庙中的职位，南天宫 43 位董事和候补董事中，16 位非安溪人的董事和候补董事，皆只有南天宫董事或职位，而其他 27 位安溪籍董事和候补董事，只有 9 位只是南天宫董事，别无神庙董事职位，而有 6 位分别各兼有聚仙庙或镇南庙董事职位，剩下的 12 位在南天宫之外，皆兼有聚仙庙和镇南庙的相应职位。

---

　　① 表 6—1、6—2 资料来自《九皇爷安邦南天宫一百卅周年纪念特刊一九九二年》。

　　② 2014 年 1 月 5 日拜访石马宫，与财政刘建兴先生访谈所得。

　　③ 2014 年 1 月 18、19 日吉隆坡田调所得。

表6—3　　　　1992年南天宫安溪籍董事兼镇南庙、聚仙庙职务一览

姓名	南天宫职务	镇南庙职务	聚仙庙职务
林遵笑	副主席	总务	董事（前任主席）
叶山河	总务	主席	董事（发起人）
苏文双	副财政	副主席	董事
李顺发	秘书	财政	董事
叶长鹏	调查	副总务	财政
李永志	交际	财政	副总务
苏咨	查账	董事	董事
胡林发	查账	查账	查账
叶江水	候补董事	总务	董事
林文治	候补董事	董事	董事
黄朝宗	候补董事	副财政	董事
黄源林	诞期售卖货底主任	董事	董事

　　身兼南天宫、聚仙庙和镇南庙三庙职务者总共有13人，除了陈鼎山为南安人外，其余12人皆为安溪人。据田调可知，镇南庙和聚仙庙董事中，安溪籍的比例更高。安溪人就通过三座庙宇，建立了一个吉隆坡附近安溪人的网络。而作为1957年前后吉隆坡安溪人的闻人，曾任聚仙庙、镇南庙主席柯火炼太平局绅①，同时也是南天宫的董事，还是雪兰莪安溪会馆主席、雪兰莪福建会馆的产业受托人；镇南庙主席林景聪，亦是南天宫的副总务，同时还是雪兰莪福建会馆的董事和建设科长，雪兰莪安溪会馆副主席，他们都身兼数职，但是我们可以从他们的职务上发现，18位南天宫的董事，将南天宫与聚仙庙、镇南庙形成安溪人的神庙网络，而柯火炼、林景聪等人，则将安溪人的神庙、雪兰莪安溪会馆都放在雪兰莪福建会馆的关系网络上，

---

① 太平局绅，即勋衔 Justice of the Peace 的汉译，简写为 JP。

吉隆坡安溪人就成为吉隆坡福建人的有机组成部分。而这一福建人的关系网络，则是通过地缘、神缘等因素所建立起来的，形成了吉隆坡福建人社群之下次生社群的存在生态。

第四节　吉隆坡华人社群形塑途径的比较分析

通过对安溪县社群这一次生社群的考察，可以发现吉隆坡华人社群形塑的不同类型。同为吉隆坡福建人中三大县份籍贯者，南安人与永春人亦有自己的形塑途径。吉隆坡的南安人围绕着吉隆坡冼都巴刹石马宫展开活动，石马宫 1895 年建立，主神供奉林府大元帅，与福建南安县梅山乡石马宫一脉相承。尤其是刘氏在庙宇周围聚族而居。1949 年 8 月 27 日，马来西亚刘氏在吉隆坡成立"大马南安刘氏公会"，会址在吉隆坡市节士街 17 号，成为南安刘氏的社群组织。由此在南安人地域社群内部，依姓氏而成立了更次一级的血缘组织。

雪兰莪最早开埠的城市是巴生（Klang），在 18 世纪时就已经成为雪兰莪苏丹的皇城。福建人大量进入巴生，其中以永春、金门人为多。雪兰莪永春人的组织——雪兰莪永春公司于 1892 年就已经在巴生建立，1915 年改组为永春公所，1992 年改名"雪兰莪永春会馆"。[①] 1857 年吉隆坡开埠，永春人来吉隆坡市区比较早，在 1885 年的时候就组织了雪兰莪福建会馆，并长期居会馆领导地位。坐落于吉隆坡市区的马哈拉惹里拉路（Jalan

---

① 《巴生雪兰莪永春公所简史》，《巴生福建会馆：志略·文献》，巴生福建会馆 1982 年编印，第 114 页；《雪兰莪永春公所开冬季恳亲大会》，《益群报》（吉隆坡）1934 年 10 月 6 日增刊。

Maharajalela）道路旁的威镇宫观音寺就是由早期吉隆坡福建人建立的。据雪兰莪福建会馆 1952 年的文件记载："本坡美芝律威镇宫（即观音亭）为福建人拜神地，原由福建会馆及全体福建人向政府讨取人情而获批准，作为福建人拜神地，归福建会馆管理，其间将近百年之历史，当时政府批准为福建人拜神地，福建会馆曾付出巨款建筑庙宇，及委派人员携款专程前往中国雕塑佛身，迎来美芝律新建庙内，以为福建人崇拜并命名为威镇宫，系以菜公菜婆及其家人掌管庙内香火事务，而福建会馆亦雇用一人专司巡查该庙宇及庙内所有建设与物件之责任。"美芝律即如今的马哈拉惹里拉路，可知在福建会馆设立之初，就已经向政府申请建庙。基于福建会馆和福建人的要求，英殖民当局于 1919 年 3 月 15 日发布政府宪报颁布：这座庙宇是福建人的寺庙，由雪兰莪福建会馆管理。① 如今威镇宫全称是"威镇宫观音寺"，供奉了佛教的佛祖释迦牟尼、药师琉璃光如来佛、地藏王菩萨、阿弥陀佛、观世音菩萨、韦驮尊天菩萨、弥勒佛等，属于地方神祇的是注生娘娘和法主公张公圣君。而后者恰恰是永春人的信仰。据说，在 1898 年前，威镇宫后面是一座义山，守墓者是一位来自福建永春的老人，他供奉了一尊张公圣君的神像，但是雪兰莪福建会馆重建后，主事者就将会馆里的观音像移到庙里，因此，和尚供奉观音，守墓者供奉张公圣君。当第一位主持，来自福州鼓山的广通和尚来主持庙务时，守墓者便离开了。② 威镇宫便佛教化了，被称为"威镇宫观音寺"。菩

---

① 《吉隆坡威镇宫观音寺沿革》，《雪兰莪暨吉隆坡福建会馆 125 周年纪念特刊》，雪隆福建会馆 2010 年编印，第 145 页。

② 《雪兰莪福建会馆 120 周年纪念特刊 1885—2005》，雪兰莪福建会馆 2005 年编印，第 107—108 页。

萨是华人普遍信仰的对象，法主公张公圣君则是来源于福建永春的信仰。从福建会馆早期的领袖多为永春人来看，可以推测19世纪末吉隆坡市区的福建人以永春人为主，故而在威镇宫中才会专门有法主公的崇拜。威镇宫不仅是福建人的庙宇，也是永春人的庙宇。

吉隆坡福建义山由雪兰莪福建会馆单独管理和经营，这种管理模式一直持续到今天。福建义山能够由福建会馆单独管理，缘于在义山出现时属于福建人社群的会馆只有福建会馆。早期福建义山就是由福建会馆单独管理。迟至有详细文献记载的1926年，福建会馆的管理层多为南来的永春人。1930年的正会长陈日墙是永春籍，同时他又是永春会馆的重要领导人，且永春会馆董事陈仁堧、颜滂祐、陈澎相、洪进聪、林世吟、陈云祯等多位同时又兼福建会馆董事。[①] 虽然当时正总理洪启读和理事黄重吉等多人是南安人，但南安会馆直至1939年方成立。[②] 说明其他福建籍人数和凝聚力在1920年以前低于永春籍，这就造成永春籍长期担任福建会馆的主要领导职务，[③] 并且福建义山开放给福建省籍者，故而福建会馆长期独自管理福建义山的局面并未改变。

我们将吉隆坡福建社群与广东社群做一比较，更可发现华人社群形塑途径的差异。广东省社群的形塑起源于广东义山，广东义山能够早在1895年就已获得宪报确认，这与广东族群在

---

① 《雪兰莪福建会馆会议簿》（1930—1932），第18页；《雪兰莪永春会馆会议簿》第1册，第26—27页。

② 《雪兰莪南安会馆三十五周年纪念特刊暨南安历代文献及邑贤创业史》，雪兰莪南安会馆1972年编印，第43页。

③ 其他在1941年日本南侵之前建立的吉隆坡福建籍会馆分别为：福州会馆（1912）、龙岩会馆（1918）、安溪会馆（1929）、南安会馆（1939）。资料来自［马来西亚］吴华《马来西亚华族会馆史略》，新加坡东南亚研究所1980年版，第31页。

吉隆坡一开始就占压倒性多数有密切关系，尤其是吉隆坡的数位甲必丹皆为广东人（包括刘壬光、叶亚来、叶致英、叶观盛）。早年参加吉隆坡建设的多为惠州客家人，1864 年叶亚来就建立了"惠州公司"，以安置刚由中国家乡抵达之同乡及供贫病之同乡食宿。及后由叶致英和萧邦荣建议改名"惠州会馆"。惠州籍人之外，其次是茶阳与嘉应州邑人，而后成立的会馆是茶阳会馆。广东人地缘性组织建立的比较早，相应广东义山组织的成形就较早。[①] 但是与福建义山的管理单独归福建会馆不同，广东义山是由几个广东籍会馆共同管理。这可能与早年没有单独的广东会馆有关。[②] 广东义山先后是由数个粤籍地域性会馆组成义山董事会来加以管理。[③] 大致可知 1937 年后广东义山

---

① 在第二次世界大战以前成立的其他广东籍会馆分别为：茶阳会馆（1878）、吉隆坡广肇会馆（1886）、琼州会馆（1889）、雪隆潮州八邑会馆（1891）、嘉应会馆（1907）、会宁公会（1924）、三水会馆（1926）、番禺会馆（1927）、中山同乡会（1929）、广东会馆（1940）。资料来源吴华《马来西亚华族会馆史略》，第 31 页。

② 雪隆广东会馆于 1939 年方成立。缘于在 30 年代，吉隆坡粤籍华人已达三十万之多，但各地域性会馆已经存在，遂因 1939 年 7 月 15 日雪兰莪粤侨救乡会议结束时，为联络梓里，团结乡情，赞助公益慈善，促进教育文化，应设永远同乡机构，遂一致通过组织广东会馆，成立筹委会。次年得政府批准，照章选出职员。参见《雪兰莪广东会馆纪念刊》，雪兰莪广东会馆 1960 年编印，第 31 页。很明显雪兰莪广东会馆与广东义山无关，因此在雪兰莪广东会馆章程中没有义山的内容。

③ 1916 年 12 月，吉隆坡广东义山募捐，计广肇会馆献捐 4000 元、海南会馆1000 元、潮州八邑会馆 600 元、惠州会馆 480 元、赤溪会馆 280 元。其中赤溪为台山县下属乡镇，为叶观盛之籍贯。从中可以发现广肇会馆贡献最大。但是到 1937 年时赤溪会馆已经离开广东义山决策层，嘉应会馆和茶阳会馆加入。据 1937 年广东义山董事会章程，董事会设董事若干人，由下列会馆选出代表组织：广肇会馆六名，惠州会馆三名，嘉应会馆三名，琼州会馆三名，潮州八邑会馆三名，茶阳会馆一名。以后如有府属会馆成立，得由该府属会馆加选三名为董事，如有县份会馆成立而无府会馆包含该会馆者，得选一名为本会董事。产业受托员六名，广肇会馆二名，其余各一名，茶阳会馆除外。见《吉隆坡广东义山八十三周年纪念特刊》，广东义山特刊编辑委员会 1978 年编印，第 174—176 页。

的决策层里,广肇籍占几近三分之一的席位,而惠州、嘉应、琼州和潮州八邑基本上平分秋色,茶阳即大埔县,属于潮州管辖之县,在雪兰莪潮州会馆之外单独活动,故而在广东义山决策层里发言权最小。除了广东义山由各会馆联合管理,仙四师爷庙从建立起便是广东省社群联合管理。① 围绕着广东义山和仙四师爷庙,将广东省籍的会馆聚集起来,形成广东省人社群,直至 20 世纪 30 年代成立了各地域会馆组成的广东会馆。即"次生社群会馆→广东义山(仙四师爷庙)→广东会馆",换句话说,就是先有地域次生社群的意识,最后才形成省级社群的意识,显示出一种集聚性的趋势。

相比之下,关于福建义山的章程长期都设在福建会馆章程的最后一部分,而广东会馆章程则没有义山部分,广东义山理事会是独立于广东会馆之外的。因此说福建省人社群意识的形成要早于广东社群,但是随着社群人数的逐渐增加,则开始渐次产生次生社群意识与次生社群组织,显示出一种裂变性的趋势,与广东人社群的形塑途径恰好相反,但最终都形成了建立在地域性社群基础上的省级社群的认同。在福建人社群的裂变过程中,人数多的县份成立县份会馆,人数较少的则成立府级会馆(如兴安人和福州人),作为人数较多的安溪人的社群意识之形塑过程,就是这一裂变链条上的一环。

需要指出的是,在这个形塑过程中,吉隆坡客家方言社群被纳入省级行政区划内,永定客家归入福建人,葬入福建义山,嘉应、惠州客家归入广东人,葬入广东义山。吉隆坡的客家方

---

① 当然在 1910 年以后,为了华人社群内部的和平共处,雪兰莪华民护卫司命仙四师爷庙开放董事名额给福建人和广西人。

言社群在 1857 年吉隆坡开埠时进驻的时候，就以惠州、赤溪、茶阳和嘉应等州府、县、乡等行政区划性的地域社群为各自的身份标识，尽管都属于客家社群，但未能最终形成独有的客家方言群势力。而是通过广东义山理事会，和潮州、琼州、广肇等行政区划性的地域社群联合起来，成为广东省社群的组成部分。综上所述，我们所常认为的早期华人社群的方言认同，在 20 世纪初的吉隆坡，福建人和广东人社群殊途同归，都让位给了以行政区划为特征的籍贯认同。

结　论

上述通过乡里意识、社群核心及精神依归三个方面简略叙述了吉隆坡安溪人社群的形塑途径，所着眼的是从心理认同的规则到现实物质载体的神庙等维度。这反映了作为吉隆坡福建省人中的次生社群，是如何在福建省人内部建立自己的认同规则和潜在的认同边界。并通过与广东人社群形塑路径的比较，看到福建人社群与之相反的裂变轨迹和方向。

当然，安溪人社群的形塑并非如上述几个方面静态的形成，而是一个动态的过程。历史尽管表现为诸多进入史册的大事，但是更多的在民众日常生活中。郑振满先生曾提出历史学研究要重视个人的生活体验，每个人都不一样。[①] 研究吉隆坡华人史，不仅要看到大人物、大事件，更要看到小人物的方方面面。对省级社群的研究往往离不开对次生社群的细致分析，甚至于

————————

① 引自郑振满教授于 2014 年 11 月江西师范大学"中国社会史学会第十五届年会暨中国历史上的生命、生计与生态"国际学术研讨会之主题报告。

对次生社群内部个人心理的揣摩也是非常有必要的。安溪县这一福建次生社群的形塑过程，是福建省人内部籍贯认同的层级性的反映，对认识大马华人认同内部的层级性有一定的参考价值。

第 七 章

生命回归：东南亚华人籍贯与
乡土认同演变

—— 以吉隆坡福建义山墓碑资料为考察中心

　　"籍贯"一词的本义为个人或群体自身出生或祖居的地方。恰因如此，人们初识的大千世界即是个人或群体的社会意识形成打上"胎记"的祖根之地，也恰是对"一方水土"及"同风共俗"的认同。由此唤起人们信任、共存、共护的良知初识，形成难以割舍的人际维系纽带；并由此更派生出政治亲和力、社会凝聚力、个人群体信任力等诸多影响社会经济、政治、文化、生活发展的潜在因素。正因于此，籍贯意识是中国人头脑中根深蒂固的观念，它因人口流动而加深加固。那些远离故土的南洋华人，更因远离故土，而愈加巩固籍贯意识。

　　"认同"一词是一个心理学范畴，最早由弗洛伊德提出，指个人与他人、群体或者模仿人物在感情上心理上的趋同过程，后来在心理学上一般指个人在社会生活中与某些人联系起来并与其他一些人区分开来的自我意识。这一概念引入社会科学领域后，使用范围日益扩大，包括社会认同、文化认同和民族认同等。代表性的族群认同理论,如原生性理论(Primordial Ties)认为族群的情感纽带是"原生的",甚至是"自然的"。基于语言、宗教、种族、族属性和领土性的"原生纽带"是族群成员互相联系的因素,强调上述纽带是整个人类历史上最基本的社会组织原则,对族群成员来说,原生性的纽带和情感是根深蒂固的和非理性的、下意识的。① 而东南亚华人对籍贯认同所表现出来的乡土意识,则是基于从原乡生活环境中所产生的领土性的生活意识在海外的自然反应。

本章主要处理吉隆坡福建义山墓碑上的籍贯,以之为分析文本,来略窥20世纪大马半岛福建人的籍贯意识。吉隆坡福建义山分A—G共7个区,马来亚大学林德顺博士带领中文系的学生分两次对义山墓碑做了大范围的调查,2013年整理了D和G区1315座墓碑,2014年整理了B区1814座墓碑。除了四个墓碑时间在1900年之前,绝大多数时间集中在1900年迄今。因为福建义山的坟墓并非按照年代顺序排列,而是混合埋葬,因此具有分析文本的典型性。很多华人都是在中国出生长大之后南渡,吉隆坡华人也是如此,因此其籍贯就带有出发时的时代色彩。而在"福建人"的地域认同里,只有面对福建省外籍贯人时,才会产生省级的籍贯认同。因此,葬于吉隆坡福建义山,则需要的只是福建省内部的籍贯认同了。因此"籍贯"是固定的,但是不同的人会有不同层级的籍贯表达。笔者将上述马来亚大学所整理的样本按照县份做了初步的归类整理,以之作为分析对象。

---

① 罗柳宁:《族群研究综述》,《西南民族大学学报》2004年第4期。

第一节　清末民初福建省的地方
行政体制和乡里组织

由于南来吉隆坡的福建省人集中在沿海几个州府，所以本文只列出与本研究密切相关的县份行政变动：永春县，本旧永春直隶州，1913 年 3 月废州改县。治所即今福建省永春县驻地桃城镇。原永春州所辖的永春、德化、大田下，属南路道。闽侯县，本旧福州府附廓闽县、侯官两首县，1913 年 3 月裁府并县，并改名。取闽、侯官两县首字为名。治所即今福建省福州市。思明县，本旧厦门厅，1913 年 3 月废厅改县，并改名。1935 年撤思明县，设立厦门市。马巷厅，治马家巷（今福建省厦门市同安区驻地大同镇东南马巷镇）。1912 年废厅，裁入同安县。①

清代乡里组织较明代更为复杂，其称谓也更为多样。清代乡里组织的构成，"多沿明代之旧。县之下，一般是乡都图三级制，但各地名称极不划一，有的叫乡都村，有的叫乡都里，还有的地方不是三级制，而是二级制，或叫里甲，或叫镇保等等"②。但事实上，清代福建乡里组织的复杂性，要远远超出人们的想象。不仅名称上各不相同，甚至连层级上也大相径庭，这就为我们的研究带来许多不便。下面针对和本文研究有关的几个府州的县份做些简略陈述，为避免政区变换带来的不便，下面依然以清代政区为叙述单位。

---

① 郑宝恒：《民国时期政区沿革》，湖北教育出版社 2000 年版，第 77、78、79 页。

② 白钢：《中国农民问题研究》，人民出版社 1993 年版，第 139 页。

泉州府　作为"府（州）"一级的行政区，下辖自然是县。但是在府城，一般则有比较独特的乡里组织名称。泉州旧城即晋江县城，清代城内共4隅，初分36铺，道光初增2铺，共38铺。每铺下分设一境至数境。[①] 城外仍设47都，但是都所辖的层级和名称各不一样。一都到三十三都、四十七都皆下辖数量不等的图，各包括若干乡。三十四都辖3图，共5铺，38乡，三十六至四十一都同。三十五都则统图3，下辖29乡和3铺2社。四十二三四都统图1，下辖14社，领90乡，四十五六都同。[②] 可见一县之内层级划分也不一致。

惠安县城内明代原设30都300班，清代康熙二年（1662）改为68铺。其中城内7铺，城外的16铺则各领乡若干。[③] 民国十七年（1928）设立区署和保甲机构，下辖乡镇。南安县城内分5坊，辖城内4铺城外4铺。城外设46都，各领乡若干。[④] 安溪县在清代分为18里，里各领乡若干。[⑤] 一直沿用到民国二十二年（1933）全县设立区公所，下辖乡镇公所，才取消里的建置。[⑥] 同安县在清末时候是3乡9里21都，都下辖数量不等的图，图则下辖数量不等的自然村。民国初实行保甲制，裁撤

---

①　泉州市地方志编纂委员会：《泉州市志》，中国社会科学出版社2000年版，第181页。

②　（清）蔡琛纂：《晋江县志》卷一《都里》，乾隆三十年（1765）纂修，成文出版社有限公司1967年版。

③　（清）吴裕仁纂修：《惠安县志》卷四《铺乡》，嘉庆八年（1803）纂修，福建省惠安县地方志编纂委员会办公室1985年依1936年排印版重印本。

④　戴希珠总纂：《南安县志》卷一《舆地志》，民国四年（1915）纂修，南安县志编纂委员会整理1989年排印本。

⑤　（清）庄成修：《安溪县志》卷三《坊乡》，乾隆二十二年（1757）纂修，福建省安溪县地方志编纂委员会整理，厦门大学出版社2011年版。

⑥　泉州市地方志编纂委员会：《泉州市志》，第205页。

图，故下辖 3 乡 11 里 27 都 224 保，保下辖村。①

永春州　永春县在康熙二十九年（1690）后设 5 乡，辖 17
里，每里领 1—2 都，共 25 都。② 德化县康熙十八年（1679）设
8 里 39 社，咸丰年后存 40 社。③ 民国二十三年（1934）推行保
甲制，二十五年全县划为 4 区，下辖 15 个乡镇。

漳州府　清代漳州府城即龙溪县城，城区有东北、西、南 3
隅，东、南 2 厢，城外部分则分十一都、十二三都、二十一都、
二十二都、二十三四都、二十五都、二十六都、二十七都、二
十八都、二十九和三十都，共 10 都，其中城内 3 隅下辖图 2—3
不等，东、南 2 厢则各辖图 1，10 保和 6 保。10 都分别辖 5—11
图，5—23 保不等。图的面积并非比保大，二十八都统图 9，辖
保五，说明一个保可能包含两个图。④ 长泰县城区有 22 坊、7 圩
市，城外则 8 里，各辖图 1，村社 43—78 不等。民国则辖镇 1，
乡 6，57 保，717 甲，319 社。诏安县分东西南北 4 路，计辖都
4、图 22、保 109、县城 1、关 4、村 583，附云、青 2 澳 14 村，
共 597 村。海澄县析分龙溪县和漳浦县的都、图，城外分东南
西北 4 路，共辖保甲 103，社 703。⑤

---

① 吴锡璜纂：《同安县志》卷六《都里》，民国十八年（1929），《中国地方志
集成·福建府县志辑》第 4 辑，上海书店出版社 2000 年版，第 42—44 页。

② 郑翘松纂：《永春县志》卷六《城市志》，民国十九年（1930），《中国地方
志集成·福建府县志辑》第 26 辑，上海书店出版社 2000 年版，第 553—554 页。

③ （清）黄任纂：《永春州志》卷四《城池》，永春县地方志编纂办公室整理，
厦门大学出版社 1994 年版，第 23—24 页。

④ （清）黄惠、李畴纂：《龙溪县志》卷一《乡都》，乾隆二十七年（1762），
《中国地方志集成·福建府县志辑》第 30 辑，上海书店出版社 2000 年版，第 19—20
页。

⑤ 漳州市地方志编纂委员会：《漳州市志》第 1 卷，中国社会科学出版社 1999
年版，第 121 页。

兴化府 清代康熙后莆田县分 7 区、30 里、110 图,兴化府府城即莆田县城,城内即莆田县一区,辖东、南、左、右 4 厢,1 里,计 19 图。比如东厢领 6 街、2 市、26 巷、1 堤、3 村,计 8 图。其他的区则辖里若干,村若干,分属若干图。比如二区辖 6 里,计 13 图。每里下辖村若干。如二区尊贤里,领 11 村,计 2 图。①仙游县清代为 4 乡 14 里,各里又领邬(村)若干。②

福州府 清代雍正十三年(1735)后,闽县辖 12 乡、4 坊、34 里。清末撤开乡、里,建区,区下辖村。清代,侯官县辖 4 坊、61 都,统 114 图。清雍正十三年(1735),分出 12 个都归大湖县丞管辖,侯官县辖 4 坊、49 都,都下辖图,图下辖村。清末废乡、都,建区。连江县清代设 5 乡、4 都,共辖 42 图。都与乡平级,下辖图。长乐县,明代以 4 乡统 2 隅、2 里、22 都、109 图。清代乡、隅、里、都仍旧,增 8 图,共 117 图。民国十七年(1928),设第一至第六区,共辖 89 个村里。民国十九年(1930),将村里改为乡镇。③

本书不是为了罗列福建州府下属的行政层级,而是说明在清代福建不同的州府,下属的行政层级不尽相同,可以说各具特点,这就使得体现在马来西亚乃至东南亚华人的籍贯认知,也就体现出自己原乡的行政层级的特色。

---

① 莆田县地方志编纂委员会:《莆田县志》,中华书局 1994 年版,第 73—76 页。

② (清)叶和侃等纂:《仙游县志》卷二《地舆》,乾隆三十六年(1771)修,《中国地方志集成·福建府县志辑》第 18 辑,上海书店出版社 2000 年版,第 65 页。

③ 福州市地方志编纂委员会:《福州市志》(第一册),方志出版社 1998 年版,第 144、145、150、164 页。

第二节　吉隆坡福建义山墓碑所反映的
村(社)籍贯意识

自 17 世纪开始福建人就不断移居大马，目的地主要是马六甲，18 世纪末又大量移居槟城。19 世纪中叶以后，新的锡矿区的发现，吸引华人大批涌入，劳动力的激增，同时也带来了新的生产技术。促进半岛锡矿业大大向前发展，大规模开矿活动先后在雪兰莪、霹雳、森美兰等州展开。[①] 1874 年，英国人在邦咯条约 (Pangkor Treaty) 之后，先后在霹雳、雪兰莪、彭亨和森美兰四个马来州属推行参政司 (Resident System)。1895 年，英政府成立马来联邦 (Federated Malay States) (华人称为四州府)。这四州归为被英国保护的马来王朝。此后，土邦的社会在一定程度上较为稳定。开采锡矿业和树胶业受到英国人的重视，经济的发展，迫切需要大批的劳动力，于是，华人受到鼓励，大批移入。早期南来者主要属于只身南来的低下层阶级，单身者非常多，他们大多数无法衣锦还乡，客死异乡者更是不计其数。他们不仅无能力购买葬地，有许多也无亲属协助料理后事。[②] 在华人"入土为安"的观念底下，社会上的富裕阶级和各种地缘或血缘团体便会集资买地，供下层移民安葬使用，这样的行为成为社会上传颂的义举，故而坟山就多被称为"义山"。在有华人聚集的市镇或村落，可以没有会馆，但必定会设置义

---

①　马来西亚马来亚华人矿务总会编著:《马来西亚华人锡矿工业的发展与没落》，马来亚华人矿务总会 2002 年版，第 13—24 页。

②　杨松年:《战前新马文学所反映的华工生活》，新加坡全国职总奋斗报 1986 年版，第 19—58 页。

山。1885 年雪兰莪福建会馆在吉隆坡成立，吉隆坡福建义山就是属于雪兰莪福建会馆所管辖的福建籍葬地。

村或社是南来华人在福建本地最底层的乡村组织。作为传统中国的农民，很多人一生都可能身处其中，对其影响最深的也就是村落。他们可能不知道知县的名字和模样，但起码知道负责收税的里长和维持治安的保长。他们生于斯、长于斯，户籍上所书写的就是村落的名字，村落就是他们最直接的籍贯印象。他们离开家乡时，所能记得的最基本的家乡的名字，就是村（社）。这在他们的墓碑上是可以体现出来的。

墓碑上仅有村（社）的名字，这类情况在早期大马半岛华人墓碑上比较常见。黄文斌曾调查马六甲三宝山早期华人墓碑，124 座可以确定为乾隆时期的古墓中，80 座有明确的籍贯，其中只有 21 座是以县份为墓碑籍贯，其余皆为村（社）名称。嘉庆时期 68 座墓碑上，只有 15 座是县份籍贯，其余皆为村（社）名称。[①] 使用村（社）名称作为墓碑籍贯的比例，前者有 73.75%，后者有 77.94%，比例之高超乎想象。由于村（社）名称太过微小，难以用谷歌地图等手段查找，因此非常容易出现籍贯张冠李戴的情况。[②] 使用村（社）名称比例如此之高，可能跟当时南来华文的文化水平不高，他们对行政区划的辨识能力也不强。他们在中国家乡埋葬时不用以籍贯作标识，而到马六甲，为了凸显自己籍贯的独特性，所以使用了村（社）这类微小且独特的籍贯。

---

① 黄文斌：《马六甲三宝山墓碑集录（1614—1820）》，马来西亚华社研究中心 2013 年版，第 56—62、76—79 页。

② 宋燕鹏：《开辟早期马六甲华人史研究的新局面——〈马六甲三宝山墓碑集录（1614—1820）〉读后》，《马来西亚华人研究学刊》第 16 期，2013 年。

　　而在吉隆坡福建义山墓碑的整理资料中,只有84人单独使用村(社)来作为墓碑籍贯,比例只有2.69%。很明显,这在当时已经微乎其微了。这些人坚持使用村(社),在为笔者辨别具体籍贯带来不便外,却也使笔者进一步思考为何在20世纪很长一段时间,他们依然会坚持使用村(社)的籍贯。这些使用村(社)籍贯的墓主,其中有21位来自"新江",即"新江社",这是一个非常有名的村(社)。"新江社"为清代漳州府海澄县管辖,今属于龙海市新垵村。19世纪槟城五大姓中大名鼎鼎的"邱氏龙山堂"之邱氏即籍贯此地。吉隆坡福建义山调查数据中就有邱于壬(1900)、涂绣绸(女、1918)、邱怡领(1919)、邱富贵(1919,无子嗣)、邱谢丹(娘)(1931)、尤英莲(女,1932)、邱思界(1933)、王荫理(女、1938)、陈香娘(女、1938)、王秀英(女、1941)、邱武仲(1942,新安)、邱门杨氏微微(女、1961)、邱武泰(1967)、邱武墨(1967)、邱屋(武?)续(1971)、王阴(?)理(1986)等人。从上述男性墓主和子孙的名字,以及女性墓主子孙的名字,我们可以发现一些有趣的现象。见表7—1。

表7—1　　　　吉隆坡福建义山墓碑所见部分新江邱氏成员一览

第一代	第二代	第三代	第四代	第五代
	涂绣绸 (女、1918)	孝男:邱武泰,邱武记		
		王秀英(女、1941)	孝男:鼎寿,鼎福,鼎发,鼎财	
		邱武泰(1967)	男:鼎辉,鼎福,鼎源,鼎城,鼎寿	孙:甲庆,甲顺,甲仁,甲德,甲丰,甲富
		王阴(?)理 (女、1986)		

第一代	第二代	第三代	第四代	第五代
邱谢丹（娘）（1931）	男：怡英，怡晴，怡礼，怡领	孙：武义，武麦，耀辉，武杰，武汉	曾孙：鼎福，鼎才，鼎发，鼎寿	
		邱武墨（1967）应为上格之耀辉	孝男：鼎寿，鼎福，鼎发，鼎财	
	丘怡领（1919）			
	陈红緞（女，1943）	孝男：丘武义，丘武麦，丘武杰，丘武汉	男孙：（鼎）发，（鼎）才，（鼎）福，（鼎）隆，（鼎）泰，（鼎）万，（鼎）缘	
邱思界（1933）	男：耀坤，清河	孙：武城，武昌，武湖		
	尤英莲（女，1932）	男：武城，武昌，武湖		
陈香娘（女，1938）		孙：武□，武崇，武仲，武职，武貌，武昂，武派，武毅，武备，武生	曾孙：鼎盛，鼎宽，鼎在，鼎运，鼎前，鼎裕，鼎联，鼎福，鼎岷，鼎岬，鼎兴，鼎隆，鼎西，鼎幼，鼎崧，鼎力，鼎洲，鼎岂，鼎招，鼎峼，鼎崔，鼎和	玄孙：甲炎，甲基，甲成，甲尚
		邱武仲（1942）	孝男：鼎前，鼎运，鼎联，鼎兴	
		王荫理（女、1938）	孝男：鼎辉，鼎雯	
		邱门杨氏微微（1961）	孝男：鼎商	
		邱屋绫（1971）	孝男：鼎中	

　　从这些邱氏成员可以看出，他们是集中在吉隆坡的新江邱氏一个家族或者宗族者，并且多数还保持着行辈的次序，如第

一代男性以姓名中间"思"字，第二代可能家谱上以"怡"排行，第三代以"武"字，第四代以"鼎"字，第五代以"甲"字排行。行辈字号是行辈命名法的具体表现。使用行辈字号的目的，主要是标志出宗族中每一个男性成员的世代位置（有时也包括女性），以及同一世代成员之间的长幼顺序排列关系。[1]邱氏成为漳州府来南洋比较大的宗族团体，和这种南迁以家族宗族团体来进行的形式有关，也因此邱氏以"新江"籍贯为自己的荣光。所以我们在吉隆坡福建义山的墓碑上，所见到的一直保持以村（社）为籍贯的墓碑里，集中了 21 个以"新江"为籍贯认同者。

另外，还有"东园"也是比较引人注目的，有林文生（1919）、林国章（1938）。"东园"与"新江"二社同为海澄县所属。在海澄县，二姓经常通婚。如邱昭忠在 1878 年接任荷兰亚沙汉甲必丹职，其父邱清临殁于 1853 年，葬在峇都兰章福建公冢之原。墓志刻云："府君（指邱清临）字敦厚，漳洲海澄之新安社人。生于嘉庆十三年（1808）岁次戊辰八月廿七日酉时，卒于咸丰三年（1853）岁次癸丑九月三日酉时。葬此地名吉祥呈瑞。公在籍娶东园社林香翁长女，生长子布政、次子光中、长女誉娘。在屿娶峰山羍雨水翁次女。生三子昭义、四昭仲、五昭信、六昭保、次女娇媚。"[2] 1917 年去世的林德如夫人墓志云："吾闽海澄县东园社林母邱夫人名红缎，新江社邱两湖先生之长女也，生于望族，娴于闺训，一十八岁归林，顺姑意，和

---

① 钱杭：《血缘与地缘之间：中国历史上的联宗与联宗组织》，上海社会科学院出版社 2001 年版，第 221 页。

② ［马来西亚］张少宽：《槟榔屿华人史话续编》，槟城南洋田野研究室 2003 年版，第 232 页。

妯娌，结婚一年，其夫林如德君南渡，谋实业于英属，家中事悉夫人任之，代夫济以供子职，俾其夫远适异国，无内顾忧，辛卯年随夫南来，赞助夫君育成子女，遂家于槟榔屿焉。"① 从上述两则材料可知，东园社林氏和新江社邱氏，在海澄县当地就已经是望族，因此两家互为婚姻。这就反映到了墓碑上，以"东园"作为和其他林氏相区别的标志。而1941年去世的月照林门尤氏，则标注籍贯"吾贯"，这个林氏则是著名的槟城五大姓的"林公司"的籍贯，出身于这个籍贯，也是与有荣焉。

与此类似的，还有"武陵田边社"作为墓碑籍贯者，黄修心（女，1939），龚再顺（1987）。黄修心的夫婿姓龚，从墓碑上落款题"SON KEONG TEONG POH"可知。据说龚姓自晋朝至南宋，世居湖南武陵，人丁兴旺，在当地影响力大，故其郡望为"武陵"。② "田边社"为今漳州市角美镇属地。当然是否所有的村（社）籍贯为上述之著名望族不能一概而论，使用者的情况也必定是千差万别，但是这部分墓碑籍贯总能给我们一些启发。

第三节　吉隆坡福建义山墓碑所
反映的县份籍贯意识

在大马华人义山上，如今最常见的墓碑籍贯格式是县份籍贯。县份籍贯不仅可以清楚地划定墓主籍贯之间的无形边界，

---

① ［马来西亚］张少宽：《孙中山与庇能会议》，槟城南洋田野研究室2004年版，第299页。

② 政协福建省龙海市委员会：《龙海姓氏》，2008年，第98页。

也可以为“乡里意识”提供源泉。在福建省籍的社群内部，次生社群的形成靠方言和籍贯来划分。不同籍贯的人埋葬在同一座义山的时候，唯有依靠墓碑上的文字，来表达墓主生前所具有的地域身份与所被接纳的社群边界。

首先，“县份+村社”是墓碑上的县份籍贯的主要格式。上述马来亚大学所进行的两次调查，总共产生3129个有效样本，其中安溪县有878人，占总数的28.06%，在数量上有可代表性。体现在墓碑上的安溪县籍贯，以“安溪”“安邑”来出现。第一部分已经说明，安溪县基层组织是“里+乡+村”，因此体现在吉隆坡福建义山墓碑的籍贯多为“乡”名或“村”名。其中以“安溪（安邑）+乡（或村）”为籍贯标识的有624人，占总数的71.1%。在人数居于吉隆坡福建人三分之一的安溪县人看来，附带上乡名，是非常有必要的。“安溪”或“安邑”无形中划定了与福建省其他县份的界限，而附带“乡”名，则是划定了安溪县内的籍贯界限。设定村名，则又划定了该姓氏的房支。

表7—2　　吉隆坡福建义山安溪县“县+乡”籍贯名称举例

埋葬时间	墓主	墓碑籍贯	全称
1919	叶汝□	安邑洋内	安溪县兴二里洋内乡
1919	叶燕进	安溪参内	安溪县长泰里参内乡
1919	周茂娘	安溪榜头	安溪县依仁里榜头乡
1919	林巽隅	安邑新春乡	安溪县兴一里新春乡
1919	张滑	安溪溪尾	安溪县崇善里溪尾乡
1920	林瑞新	安邑龙居乡	安溪县兴一里龙居乡
1921	唐门区氏	安溪汤泉	安溪县兴一里汤泉乡
1925	朱氏姤（娘）	安溪科名	安溪县兴二里科名乡
1927	李配	安邑陈坂洋乡	安溪县兴一里陈坂洋乡

续表

埋葬时间	墓主	墓碑籍贯	全称
1928	陈门谢氏	安溪兴一里尤俊乡	安溪县兴一里尤俊乡
1928	苏定性	安溪岭头	安溪县还一里岭头乡
1928	吴赞	安溪福山	安溪县感化里福山乡
1933	许清知	安溪光德	安溪县光德里

安溪县在清末民初，全县分上六里（包括在坊、永安、光德、长泰、依仁、新溪），中六里（包括新康、崇善、兴一、兴二、来苏、感化），下六里（还一、还二、龙涓、崇信、感德、常乐），总共 18 里。从全部的数据来看，可知墓碑上的籍贯中，安溪县名之下多数为乡名，并非自然村。只有罕见的几例是"县＋里"的籍贯显示。

但是也有一小部分是以"县＋村"的籍贯模式显示。如 1920 年黄某，墓碑籍贯是安溪坑墘，坑墘村在清末属于哪个乡，笔者暂时无法对应，但是今属龙门镇所辖，可确定其为村名无疑。1923 年林文相，墓碑籍贯是"安溪凤山"，属崇善里魁斗乡凤山村。1928 年林致对，墓碑籍贯是"安溪大墘"，今属蓬莱镇大墘村。1931 年林三多的墓碑籍贯亦是"安溪大墘"。如今蓬莱镇大墘村包括联中、联盟、蓬新三个行政村，村民中林姓约占 60％，居住海外的华侨人数早已超过本土。[①]"大墘"就是此地林姓最好的身份标识。通过不同的村落籍贯的限定，林姓也能够彼此区别开来。

其次，单独以县名为墓碑籍贯者，各县皆有，但人数较多

---

① 郑炳山主编：《在缅甸的泉州乡亲》，中国广播电视出版社 2002 年版，第 188 页。

的各县比例却很有意思。统计超过一百人以上的县份，见表7—3。

表7—3　　　　　　　　墓碑籍贯单独县份比例（人数过百）

县份	总数	单独县份籍贯	比例（%）
安溪	877	254	28.96
南安	787	234	29.73
永春	435	131	30.12
同安	103	53	51.46
惠安	178	92	51.69
莆田	149	64①	42.95%

　　安溪、南安、永春，三县是吉隆坡福建人社群中所占比例最高者，这个高比例从20世纪30年代就已经奠定了。我们可以看出三县的单独县份籍贯的比例分别是28.96%、29.73%、30.11%，相差无几，非常接近。或者说人数越多的县份人群，其使用单独县份籍贯的比例就越低，越倾向于在自身社群内部标明更为具体的身份。反而同安、惠安两县的比例非常接近，达到51%多，莆田也超过40%。我们是否可以据此猜测，人数较少的县份人群，更倾向于对外暗示自己的次生社群的边界？见表7—4。

表7—4　　　　　　　　墓碑籍贯单独县份比例表（人数不过百）

县份	总数	单独县份籍贯	比例（%）
厦门	53	49	92.45
晋江	32	26	81.25
金门	23	12	52.17

① 统计包括"福建莆田""兴化莆田""莆田兴化"等。

县份	总数	单独县份籍贯	比例（%）
仙游	44	22	50
诏安	21	15	71.43
龙岩	16	15	93.75

表格中的单独县份籍贯的比例，各县都在50%以上。尤其是厦门和龙岩二县的单独县份比例都超过90%，对这些吉隆坡福建人中的少数次生社群来说，团结要比内部再划出界限越发显得重要，也因此墓碑籍贯上再附加上乡村之名，意义就不是很大了。还有一个原因，就是尽管附加上乡村之名，县份之外的人或许根本就不明白到底是在指何处了。

还有一小部分是以州府和"福建"为墓碑籍贯，甚至还有一小部分外省，甚至广东省籍者亦埋葬在福建义山，而没有埋葬到相邻的广东义山。这也是非常有意思的话题，因本书篇幅所限，只好留待另文再加讨论。

第四节　不同时代使用墓碑籍贯
标注形式比例之分析

在马来亚大学福建义山小组的调查数据里，时间最早的是光绪十六年（1890）叶发的墓碑，上面的籍贯写"永邑"，即墓主为永春人。最晚为2014年安溪人王婷（娘）的墓碑，籍贯写"安溪渊兜"。下面以1920年以前、1921—1950年、1951—1980年、1980年至今等几个阶段来分析，数据见表7—5。

表 7—5   马来亚大学福建义山小组调查数据年代分布一览

数据年代	1920 年前	1921—1950 年	1951—1980 年	1980 年以后	总数据
2013 年调查数据 [数量及占比（%）]	29/ 2.21	630/ 47.9	375/ 28.5	281/ 21.37	1315
2014 年调查数据 [数量及占比（%）]	144/ 7.94	950/ 52.37	316/ 17.42	404/ 22.27	1814
总数据 [数量及占比（%）]	173/ 5.53	1577/ 50.4	691/ 22.08	685/ 21.89	3129

    首先从数据上看，1920 年以前埋葬者比较少，这应该和早期福建人人数比较少有关。1921—1950 年是南来华人的高峰期。1951—1980 年，和 1980 年以后的人数相对比较平缓，没有大起大落。分析不同时间段吉隆坡福建义山墓碑调查数据，则可见籍贯意识的深刻表现。因为单独使用县份的墓碑籍贯，显示的是和其他县份社群边界，而使用"县份 + 籍贯"的形式，则不仅和其他县份显示边界，同时还在县份社群内部加以区别。以吉隆坡占人数前三位的安溪、南安和永春为例来统计。安溪人有详细埋葬时间的墓碑有 801 块，统计墓碑籍贯为"安溪或安邑"和"安溪（安邑） + 乡（社）"模式，不同时间数据如表 7—6 所示。

表 7—6   马来亚大学福建义山小组调查数据安溪籍贯分布时间一览

籍贯类别 数据时间	安溪（安邑）	安溪（安邑） + 乡（社）
1920 年以前 [数量及占比（%）]	16/50	16/50
1921—1950 年 [数量及占比（%）]	73/40.78	106/59.22
1951—1980 年 [数量及占比（%）]	66/23.4	216/76.6
1981 年至今	77/25	231/75

从表格可见，在 1920 年以前的时候，由于在吉隆坡的安溪人人数较少，选择县份的墓碑和"县份 + 乡（社）"的墓碑基本持平。而到下一个三十年的时候，选择"县份 + 乡（社）"模式的墓碑就占了 60% 的优势，表现的是这个阶段安溪人南来吉隆坡的人数成比例增加。墓碑上除了县份之外，加上"乡（社）"，就意味着要和别的安溪人区别开。1951—1980 年，标注"乡（社）"的安溪人占到了 76.6%，有了明显的增加。1981 年至今，也有 75% 的标注比例。南安人是什么情况呢？明确使用"南安（南邑）"或"南安（南邑）+ 乡（社）"的墓碑籍贯有 695 块，各个时间使用的比例如表 7—7。

表 7—7　马来亚大学福建义山小组调查数据南安籍贯分布时间一览

籍贯类别 数据时间	南安（南邑）	南安（南邑）+ 乡（社）
1920 年以前〔数量及占比（%）〕	14/48.28	15/51.72
1921—1950 年〔数量及占比（%）〕	47/34.3	90/65.7
1951—1980 年〔数量及占比（%）〕	64/28.07	164/71.93
1981 年至今	90/29.9	211/70.1

在 1920 年以前，南安人墓碑籍贯使用单独县份和"南安 + 乡（社）"的比例，差不多也是一半一半。而后在进入 1920 年后的三十年内，使用"县份 + 乡（社）"模式的墓碑籍贯，就明显多了起来，达到 65.7%，这个比例比安溪人略高一些。在 1951—1980 年，这个使用"县份 + 乡（社）"模式的墓碑籍贯达到 71.93%，仅仅比安溪人的比例略低。1981 年以后，使用"县份 + 乡（社）"模式的墓碑籍贯也达到了 73.42%，与安溪人基本持平。我们再看吉隆坡福建人人数比例排第三位的永春人的情况。

明确使用"永春(永邑)"或"永春(永邑)＋乡(社)"的墓碑籍贯有 695 块,各个时间使用的比例如表 7—8 所示。

表 7—8　　马来亚大学福建义山小组调查数据永春籍贯分布时间一览

籍贯类别　　数据时间	永春(永邑)	永春(永邑)＋乡(社)
1920 年以前 [数量及占比(%)]	10/45.45	12/54.55
1921—1950 年 [数量及占比(%)]	27/28.42	68/71.58
1951—1980 年 [数量及占比(%)]	20/17.54	94/82.46
1981 年至今	56/39.72	85/60.28

通过数据可知,1920 年以前,吉隆坡永春人墓碑籍贯使用单独县份和"南安＋乡(社)"的比例,基本也是一半一半。而在 1921—1950 年,使用"县份＋乡(社)"模式者也是增加到 71.58%,这要比安溪人和南安人的使用比例更高一些。在 1951—1980 年,使用"县份＋乡(社)"模式者居然达到了 82.46%,比安溪人和南安人都要高。这反映了吉隆坡永春人强烈的内部标注籍贯以示区别的意愿。而在 1981 年至今,永春人使用"县份＋乡(社)"的比例相比安溪人和南安人要有所下降。不过也维持了 60.28% 的使用优势。

通过上述吉隆坡安溪、南安、永春三个社群墓碑籍贯所使用的情况,我们大约可以做出以下推论:(一)1920 年以前,吉隆坡福建人人数较少,具体到各个县份的人数更少,因此每个籍贯只写到县份,便可以形成自己的社群边界意识;但如果埋葬者属同一个县份的时候,便加上乡以示区别。(二)1921—1950 年,随着各个县份移民的增加,使用"县份＋乡(社)"

便成为占据主流的墓碑籍贯标注形式，所反映的是强烈的内部区别的意愿；（三）1951—1980 年，使用"县份＋乡（社）"的墓碑籍贯标注形式比例继续增加，所反映的是县份内部区别的意愿愈加强烈；（四）1980 年以后，使用"县份＋乡（社）"模式的墓碑籍贯标注形式比例有所降低，反映的是内部区别的意愿有所缓和，但是依然保持在一个比较高的比例。

第五节　吉隆坡福建义山墓碑籍贯的历史记忆

对于大马华人墓葬来说，没有墓志铭是普遍现象，那墓碑就成为重要的文字记录。从顾颉刚先生"层累的历史"观点来看，义山的墓碑，就是在一段时间内累积起来的华人史的缩影。墓碑所带给我们的信息是非常多的，对历史学者来说，墓碑文字就是最主要的材料来源。早期华人虽然集中于华南地区，但来源复杂，因此墓碑标明籍贯，以彰显自己的原乡认同。墓碑就可以给我们提供了这方面的资料。

墓碑籍贯除了告诉外人墓主的出生地或者祖籍地外，还有很多值得玩味的地方。对于那些华南长大后南来的人来说，籍贯就是童年的故乡，南来后就成为记忆里的守望。每一个人都有一个童年，有生养他（她）的父母，有养育他（她）的故乡，有属于他（她）的独特的心理事件和喜怒哀乐等，这一切构成了他（她）的最初的生活环境和人生遭际，形成了他（她）的短短的却是重要的经历。[①] 他死后墓碑上的籍贯，正是

---

① 童庆炳：《作家的童年经验及其对创作的影响》，《文学评论》1993 年第 4 期。

延续了他对故乡的追忆与怀念。无论是 1957 年之前，还是马来亚联邦独立之后。

事实上，籍贯记忆不随着政权更迭而变，1949 年以后在大马本地出生的华人，尽管从未到过祖籍地，但是记忆并未随着 1957 年马来亚独立和 1963 年马来西亚的成立而更改。

墓碑籍贯对子孙来说，也是进一步深化他们对祖籍地意识的很好文本。清明节扫墓的时候，子孙阅读墓碑上的文字，总是能够不断地重复这个家庭或家族的来源记忆。尤其是那些出生在大马的华人后裔，对故国的历史记忆非常淡薄，但是籍贯却是能够牢牢记得的，尽管他们并没有回去寻根的念头。加之，由于 1949 年大马与中国没有外交关系，人员往来极其困难，寻根更是毫无希望。那些籍贯地的生活经验，在第一代华人的日常谈话中，才逐渐形塑了下一代华人的故乡印象。这种印象，包括日常饮食、节日风俗、神庙拜神、祖先祭祀等不同方面，全面而立体。可想而知，这种印象一代比一代淡薄，但墓碑籍贯就变成一代代传下来的历史符号，让后人不至忘记自己从哪里来。虽然 1974 年马来西亚与中国已经建交，但直至 90 年代后方才人员往来简便化，进入 21 世纪，新一代的大马华人子弟才有不断回中国大陆寻根的行动。百年来的历史，并未能将祖籍地与大马华人的血缘关系拉得太远，更多的人都有亲属在那边。风筝虽然飘得很远很高，但籍贯就是那条扯不断的线，虽然大马华人与祖籍地的亲属关系并不显得那么牢固，但寻根之行，却依然是具血缘之亲。

作为地缘性的华人社团，会馆以籍贯为加入者的身份标志，而籍贯又以中国原乡为依据。因此，会馆的会员身份，本身就是籍贯意识的外在体现。会馆多管理华人义山，而义山又多以籍贯为埋葬者的身份依据。上述方面处处体现出籍贯作为重要的身份认同的标志，对回答华人"我是谁？""我从哪里来？"有着非常重要的作用。

与中国原乡行政区划具有层级性相对应，籍贯认同也是具有层次性，大者省份，小者村（社），华人面对不同华人社群时，所秉持着具有弹性的籍贯认同。这种籍贯认同方式，是中国乡土社会中"差序格局"在海外的具体反映。并且由于不同籍贯华人的共处，使得上述带有差别性的籍贯认同在现实社会中有更加清晰的体现。在1949年以前，籍贯是南来华人实际的"根"，而之后，则是南来华人精神上的"根"。

结　论

籍贯是研究东南亚华人史必须面对的问题。从华人南来之际，就带有籍贯的印记，这从马六甲三宝山的墓碑就可知，无论籍贯认同的层次是州府，县份，或是村社，都是原乡的历史记忆。从籍贯问题连带出来地域认同问题，华人会馆就是主要表现。20世纪50年代以来东南亚不同国家的华人社会内部都经过了再造、磨合的过程，伴随着中国政治局势的变迁，华人的国家认同也出现重大转变。在80年代方言认同逐渐减弱的时候，籍贯认同却依然保持下来，成为一种身份的标志。因此，籍贯就成为我们透视东南亚华人历史变迁的绝好角度。从这个意义来看，整个东南亚华人的籍贯认同，在东南亚各国内部，都经历了一个功能转化的过程，即从一种身份标志变化为一种精神纽带。

事实上，墓碑籍贯所反映的历史事实却是非常丰富和具体的，比如宗族关系、不同籍贯内部人口的数量差异、性别比例等，如果能够结合更多的田野调查和访谈，将更加深化对吉隆坡福建社群内部状况的研究。①

图1　吉隆坡福建义山一瞥（2019年8月3日，蓝姵錂摄）

图2　吉隆坡福建义山大伯公庙之聚福阁（2019年8月2日，朱广耀摄）

---

① 本章与潘碧丝博士合作，原载《哲学与文化》（台北）2017年第5期。

图3 吉隆坡福建义山山福州先贤纪念碑（2019年8月2日，朱广耀摄）

图4　吉隆坡福建义山内"族魂"林连玉夫妇墓(2019年8月2日,宋广辉摄)

图 5   吉隆坡福建义山凤山寺内景（2019 年 8 月 3 日，蓝姵錂摄）

图 6   吉隆坡福建义山凤山寺主祀神明（2019 年 8 月 3 日，蓝姵錂摄）

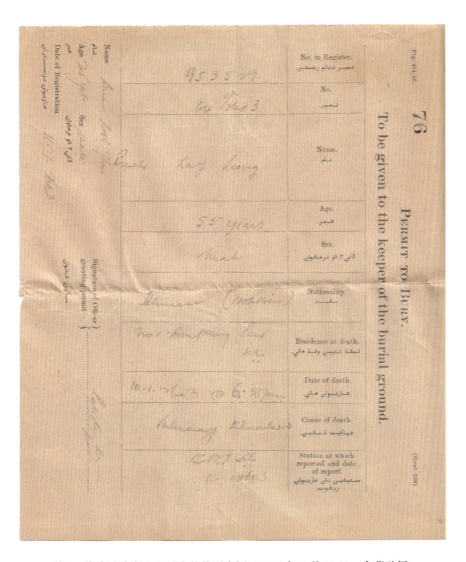

图 7　英殖民政府生死局出具的死亡证（2013 年 8 月 12 日，宋燕鹏摄）

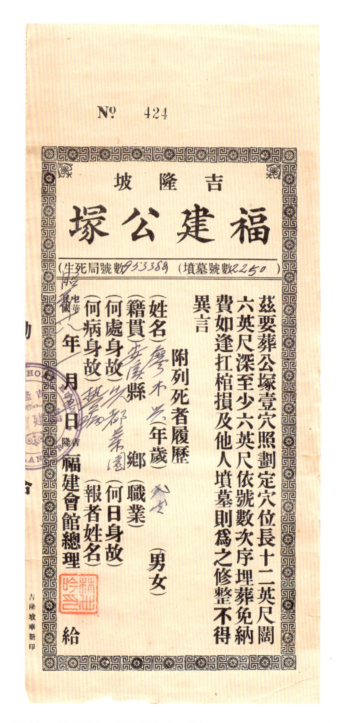

图8 日据时期雪兰莪福建会馆出具的葬地收据（2013年8月12日，宋燕鹏摄）

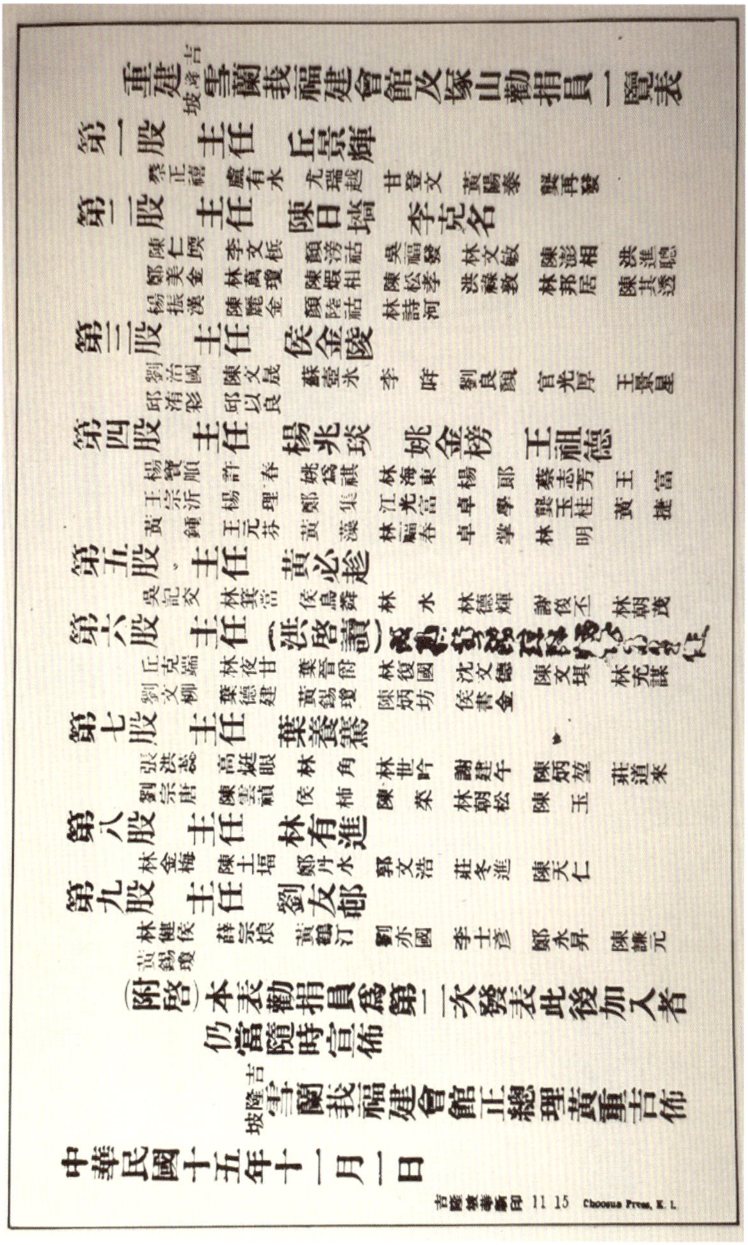
重建雪蘭莪福建會館及冢山勸捐員一覽表（吉隆坡）

第一股　主任　丘景輝

第二股　主任　陳日墙

第三股　主任　侯金陵

第四股　主任　楊兆琰　姚金榜　王祖德

第五股　主任　黄必趁

第六股　主任　洪啓讀

第七股　主任　葉養驥

第八股　主任　林有進

第九股　主任　劉友邨

（附啓）本表勸捐員爲第一次發表此後加入者仍當隨時宣佈

吉隆坡雪蘭莪福建會館正總理黄重吉佈

中華民國十五年十一月一日

11 15 Choosus Press, K. L.

图9　1926年重建雪兰莪福建会馆及冢山劝捐员一览表

（图片来源：《雪兰莪福建会馆百年纪念特刊》，1985年，第23页）

图10 1931 年吉隆坡永春会馆落成开幕典礼摄影纪念

（图片来源：郑名烈：《海外桃源：吉隆坡永春社群史略》，华社研究中心 2014 年版）

图11　1952年雪兰莪福建会馆六十六周年纪念日全体董事合影

（图片来源：《雪兰莪福建会馆百年纪念特刊》，1985年，第141页）

图 12　1955 年雪兰莪中华中学初中第十三届毕业班全学暨师长全体合影

（图片来源:《雪兰莪中华中学初中第十三届毕业刊》,1955 年,第 23 页）

图 13　1897 年的吉隆坡

（图片来源：Manjit S. Sidhu, *Kuala Lumpur and Its Population*, Kuala Lumpur: University of Malaya Press, 1978, p. 38.）

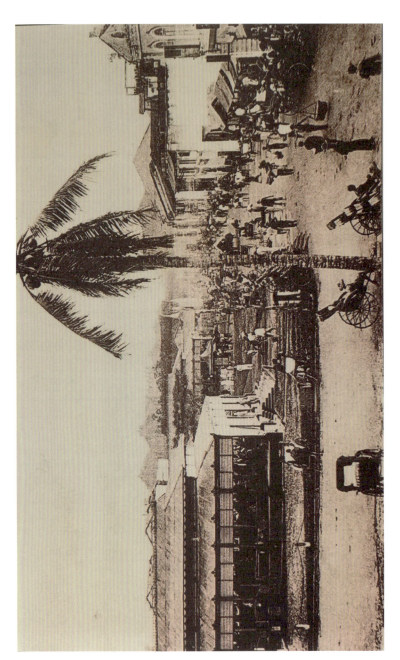

图14 20世纪初吉隆坡中央市场前方

（图片来源：徐威雄等编：《移山图鉴》（上册），第48页）

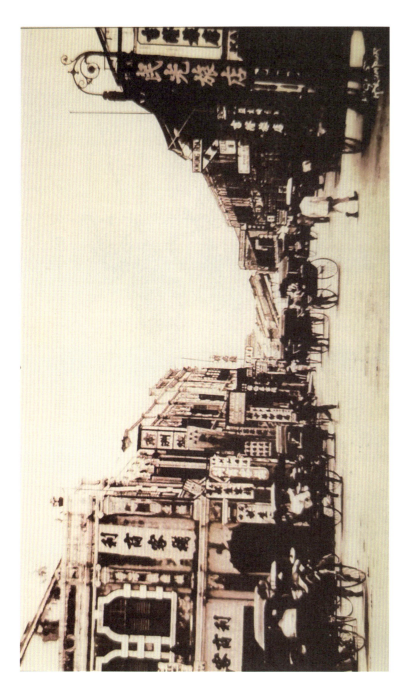

图 15　20 世纪初古隆坡商业活动最活跃的街道——谐街

（图片来源：徐威雄等编：《移山图鉴》（上册），第 108 页）

图 16 20 世纪 50 年代的吉隆坡旧市场广场

（图片来源：Manjit S. Sidhu, *Kuala Lumpur and Its Population*, Kuala Lumpur：University of Malaya Press, 1978, p. 41.）

塑造"本土化"的东南亚华人宗教、文化研究

——苏庆华教授学术研究刍议

在 20 世纪 50 年代以后，东南亚华人经历了全面"本土化"的过程，相应地东南亚华人研究也逐渐实现"本土化"，从"南洋研究"走向"华人研究"。[①] 马来西亚华人学者在这个时代潮流的指引下，不断取得新成果。马来亚大学中文系退休副教授苏庆华博士就是其中成就突出的一位。

苏庆华博士（Dr. Soo Khin Wah）祖籍中国福建省龙岩，1957 年出生于马来西亚槟城乔治市。1980 年考获文学士一等荣誉学位，1987 年获马来亚大学文学硕士学位，1997 年考获加拿大不列颠哥伦比亚大学（UBC）哲学博士（亚洲研究专业）学位。1989 年 9 月起，受聘马来亚大学中文系，曾任马来亚大学中文系系主任、副教授，中英文国际双语学报——《汉学研究学刊》主编。他曾任马来西亚华人大会堂联合总会（华总）

---

① 廖文辉：《马新史学 80 年——从"南洋研究"到华人研究（1930—2009）》，上海三联书店 2011 年版。

"文化委员会"总执行长。目前,他兼任的职务包括:中国华侨大学客座教授、天津社科院特约研究员、潮汕历史文化研究中心特约研究员兼学术委员会顾问、马来西亚孔学研究会学术顾问、香港科技大学华南研究中心暨广州中山大学出版国际学报——《历史人类学学刊》东南亚区域代表,台湾《汉学研究通讯》马、新区域通讯员,香港孔子学院兼任研究员等。

苏教授对海外华人历史、民俗和民间宗教都有深入的研究,曾出版有关海外华人民俗和宗教文化等课题的专著、译著多种。专著主要有:《节令、民俗与宗教》①、《普世价值的实践:马来西亚创价学会的和平、文化与教育运动》②、《代天巡狩:马六甲勇全殿池王爷与王船》③、《马新华人研究——苏庆华论文选集》(1—5卷)④、《东南亚华人宗教与历史论丛》⑤ 等,译著有《马、新德教会之发展及其分布研究》⑥,主编《马来西亚天后宫大观》(第一、二辑)⑦ 以及学术研讨会论文集多种。

笔者曾于 2012 年 11 月至 2014 年 1 月在马来亚大学中文系任客座研究员,联系导师即为苏教授,在与苏教授日常交流的过程中,对其学术渊源与学术旨趣有比较多的了解。因此下面就以上述著述为中心,略述苏教授之学术研究。

---

① 马来西亚华社资料研究中心 1994 年版。

② 与濮文起合著,天津社会科学院出版社 2003 年版。

③ 马六甲怡力勇全殿 2005 年版。

④ 第 1 卷由马来西亚创价学会出版,2004 年;第 2 卷、第 3 卷由联营出版(马)有限公司先后于 2009 年、2010 年出版;第 4 卷《过番歌研究》、第 5 卷,分别由商务印书馆(马)有限公司 2014 年、2016 年出版。

⑤ 新加坡青年书局 2013 年版。

⑥ 原著陈志明,吉隆坡代理员文摘(马)有限出版公司 1991 年版。

⑦ 与刘崇汉合编,雪隆海南会馆(天后宫)妈祖文化研究中心先后于 2007 年、2008 年出版。

一 苏庆华教授有关东南亚华人民间宗教的研究

苏教授进入东南亚华人研究的学术领域，主要是受到德国汉学家傅吾康教授（Prof. Wolfgang Franke，1912—2007）的深刻影响。傅教授是战后汉堡学派的主要代表人物，汉堡大学中国语言文化系荣休教授，精通中、英、德文，一生潜心研究明史。自20世纪60年代马来亚大学中文系创立时起，就受聘马来亚大学中文系担任客座教授，退休以后又在吉隆坡居住多年，直至2000年方回德国。他在马来西亚期间致力于系统整理东南亚华人碑刻文献。[①] 作为马来亚大学70年代后期中文系学生，苏教授在傅吾康教授的门下学会如何凭借田野调查获取的第一手史料，特别是碑铭、民间文书等原始历史文献，用以研究华人宗教等海外华人历史文化现象。

对苏教授的海外华人民间宗教研究的学术方向影响甚大的另一名学者，是他的硕士导师陈志明教授（Prof. Tan Chee-Beng）。陈志明教授曾先后任教于马来亚大学中文系和香港中文大学人类学系，现为中山大学人类学系特聘教授。他是以研究东南亚本土华人而闻名学界的文化人类学家，他于海外华人宗教与信仰的人类学研究，对苏庆华教授的学术研究方向产生了深刻的影响。苏教授的硕士学位论文即以马来半岛的妈祖信仰为题，[②]他其后长期孜孜于华人宗教之研究，由此可见一斑。

苏教授的民间信仰的研究成果，主要集中在他的数本论文

---

① 傅吾康（Wolfgang Franke）：《为中国着迷：一位汉学家的自传》，欧阳甦译，社会科学文献出版社2013年版。

② 《大马半岛妈祖崇祀研究》，硕士学位论文，马来亚大学，1988年。

自选集之中。可以分为几个大类：首先是对大马半岛妈祖信仰的研究。苏教授通过整理和总结现阶段马新两地已进行的妈祖研究学术成果和出版，用以说明两国妈祖文化研究之不足，由此切入并针对此课题未来的研究方向和内容加以探讨。① 妈祖信仰在大马半岛和新加坡两地的发展轨迹，构成了马、新华族早期移民史、经济发展史和宗教信仰史的重要组成部分，同时也呈现了 21 世纪当今华族民间信仰的精神面貌及其为适应现代生活所做出的调适性改变。② 2007 年、2008 年，《马来西亚天后宫大观》第一、二辑先后出版，其中收录了 46 间大马天后宫的详细资料。苏教授通过这些资料中所见各类型天后宫，重点介绍大马天后宫庙群所呈现的"一体多面"性特色，与此同时亦凸显各类型天后宫于应对在地环境变化时所做出的调适性改变。③ 苏教授还以槟城海南会馆天后宫于 2004 年举行的"庆祝天后圣母千秋宝诞暨（妈祖）灵身巡幸槟威海陆大典"为例，探讨了此一机制运作下的妈祖巡幸大典如何带动地方社会结合槟城海南会馆天后宫暨州内 36 个超越帮群在地妈祖庙宇、林氏宗祠及乡团等组织力量，主办此项前所未有的大型巡幸海、陆宗教庆典活动。④ 此外，他还运用了包括口头传说之流传和经卷文本刊

---

① 《从妈祖崇祀到妈祖文化研究——以马、新两国为例》，《马新华人研究——苏庆华论文选集》第一卷，第 81—102 页。

② 《大马半岛与新加坡的妈祖崇祀：过去与现在》，《马新华人研究——苏庆华论文选集》第一卷，第 103—132 页。

③ 《马来西亚华人的妈祖信仰——以〈马来西亚天后宫大观〉为探讨中心》，《马新华人研究——苏庆华论文选集》第二卷，第 74—102 页。

④ 《妈祖与地方社会——以"2004 年庆祝天后圣母千秋宝诞暨（妈祖）灵身巡幸槟威海陆大典"为例》，《马新华人研究——苏庆华论文选集》第二卷，第 103—128 页。

印、流通等资料论证妈祖文化传播的过程。由此展现了妈祖信仰在海外得以超越时空的局限流获得保留和传承下来，并在民间信仰上保持旺盛的活力、不断地发展和更新。①

其次是对其他华人神灵信仰的研究，如：针对在东马砂捞越古晋兴化人兴建的"皇麟庙诚应堂"及大马半岛吉兰丹境内布赖村客家人建立的"水月宫"的两个案例，研讨了临水夫人（陈靖姑）信仰在大马的现况。②又如：以马六甲湖海殿案例为中心，探讨了保生大帝信仰在当地如何由过去的乡土神祇和医药神逐渐转化为护佑全境的区域守护神。③最近他对田都元帅也进行了专门研究。④

再次，便是他对神明信仰圈的研究。如：以马六甲勇全殿池王爷与"五府王爷"崇祀为例，分析了与在地（朱、温、池、李、白王爷）"祭祀圈"与民间社会的关系；⑤并且从两份历史文献看马六甲王舡游行盛典之盛况。⑥又，以新加坡"联合庙"为中心探讨了该国庙宇在国家经济发展、土地被征用的情况下面临迫迁，而不得不由数庙宇重新整合、共同觅址构为新形

---

①　《妈祖信仰在马、新两国的传播和发展——以民间灵异传说、善书和妈祖经典为探讨焦点》，《东南亚华人宗教与历史论丛》，第105—124页。

②　《临水夫人信仰在海外——以马来西亚为例》，《东南亚华人宗教与历史论丛》，第59—85页；《马新华人研究——苏庆华论文选集》第五卷，第142—176页。

③　《保生大帝信仰与马六甲华人社会——以板底街"湖海殿"为例》，《马新华人研究——苏庆华论文选集》第二卷，第189—218页。

④　《田都元帅信仰在马来西亚——以雪兰莪州内三间田都元帅庙为例》，《马新华人研究——苏庆华论文选集》第五卷，第177—207页。

⑤　《"祭祀圈"与民间社会——以马六甲勇全殿池王爷与"五府王爷"崇祀为例》，《马新华人研究——苏庆华论文选集》第二卷，第167—188页。亦可参见氏著《代天巡狩：马六甲勇全殿池王爷与王船》。

⑥　《从两份史料文献看马六甲王舡游行盛典之盛况》，《马新华人研究——苏庆华论文选集》第一卷，第51—64页。

式的"联合"庙宇;与此同时,伴随着当下信众灵验和获利的追求,各庙宇竞相增益神祇与宗教仪式以迎合此需求之举措,在显示华人信仰"世俗功利"与"神力认同"的现实面。[1]复以铭刻资料与历史文献探讨了雪兰莪吧生五条路观音亭的历史,指出此观音亭的价值,在于见证了吧生自开埠以来迄今的发展历程。更重要的是,它于百年来不间断地发扬做好事、行善举的菩萨慈悲、济世精神。[2]

苏教授的另一位恩师,乃其博士学位论文导师欧大年教授(Prof. Daniel L. Overmyer)。欧大年教授为北美著名宗教历史学者,长期从事中国教派宗教研究、教派经典——《宝卷》研究、台湾民间宗教研究等。受欧大年教授的影响,苏教授的博士学位论文即是以大马"一贯道"为研究对象,[3]这是其进入民间宗教教派研究的新起点。

苏教授先后就数篇论文专论东南亚的"一贯道"。首先他专论了马来西亚一贯道的历史及其发展近况,对马来西亚一贯道"发一崇德"和"宝光建德"两个道场做了详细的描述。[4] 其中"发一崇德"近些年在新、马、泰三地的华人社区得到了广泛的传播,取得令人侧目的成绩,对此苏教授也有专论。[5] 并且针对

---

① 《众神的"新邦联"——以新加坡"联合庙"为探讨中心》,《马新华人研究——苏庆华论文选集》第三卷,第164—189页。

② 《雪兰莪吧生五条路观音亭的历史——以现存铭刻资料与历史文献为探讨中心》,《东南亚华人宗教与历史论丛》,第154—169页。

③ *A Study of the Yiguan Dao (Unity Sect) and its Development in Peninsular Malaysia.* Ph. D. dissertation, University of British Columbia, 1997.

④ 《马来西亚一贯道的历史及其发展近况》,《马新华人研究——苏庆华论文选集》第一卷,第129—149页。

⑤ 《弘道海外——一贯道发一崇德在新加坡、马来西亚和泰国的传扬与发展》,《马新华人研究——苏庆华论文选集》第三卷,第35—63页。

"一贯道儒家思想",指出一贯道道场"以教解经"的传统,及以"信仰"态度阅读儒家经典、从而对儒家经典做出宗教性视角之诠释。[1]此外,苏教授也撰有论文,涉及其他的民间教派的研究。如:在 20 世纪初传入大马先天道支派——"归根门"与其他道门在 40 年代至 60 年代的传播,苏教授以槟城的两个归根门道场——"南岛佛堂"和"山顶地母娘娘庙斋堂"作为案例,初步探讨了大马半岛先天道,尤其是在槟城的历史风貌和现况。[2]

苏教授对华人民间普遍信奉的神明也有所涉猎,如:济公如何从金身罗汉转世人间,变成疾恶如仇、扶危济难的住世活佛,再转而变成新兴教派宗教鸾堂宣德化众的通灵者之导师,做了较为深入的阐述。[3]对与道教相关的九皇大帝信仰,他也有专文阐述。[4]更难得的是:苏教授对马来西亚华人宗教和民间宗教信仰和研究做出全景和综合性的讨论和述评,甚便于有志探索此课题之学者参阅。[5] 他近来对新马潮州人的宋大峰崇祀与善堂也有阐述。[6]

---

① 《"一贯道儒家思想"初探》,《东南亚华人宗教与历史论丛》,第 170—186 页。

② 《槟城的先天道支派——归根道初探》,《马新华人研究——苏庆华论文选集》第三卷,第 1—34 页。

③ 《从转世罗汉、活佛到"鸾堂通灵者导师"——济公活佛的多元形象和济世精神》,《马新华人研究——苏庆华论文选集》第二卷,第 150—166 页。

④ 《马、新两国的九皇大帝信仰概述》,《马新华人研究——苏庆华论文选集》第三卷,第 190—202 页。

⑤ 《马来西亚华人宗教史概述》,《马新华人研究——苏庆华论文选集》第一卷,第 3—50 页;《东南亚华人民间宗教研究史概述》,《马新华人研究——苏庆华论文选集》第二卷,第 1—73 页。

⑥ 《新马潮人的宋大峰崇祀与善堂》,《马新华人研究——苏庆华论文选集》第五卷,第 64—94 页。

值得一提的是苏教授对于马来西亚创价学会的研究。20 世纪 60 年代中叶，日莲佛法与创价理念开始传入马来西亚，经过短短三十多年的传播流布，到 21 世纪初，日莲佛法与创价理念已经融入马来西亚这个多元文化的国度之中，成为大马社会中的一种重要文明，其组织也从最初的零星、分散，迅速走向如今的规模、统一。马来西亚创价学会（SGM）作为一个当代新兴的佛教团体，坚持采取一种平和宽容的态度，以慈悲济世的实际行动，向世人昭示自己推行的是一条造福人类的和平之道。《普世价值的实践》一书就为我们认识马来西亚创价学会打开了一扇窗户。

二　苏庆华教授有关东南亚华人文化的研究

东南亚华人民俗、历史的研究，是苏教授另一个重要研究领域。除了前述专书之外，尚有多篇论文涉及。今日大马华社所庆祝的传统节日，绝大多数乃延续自中国过去的农业社会。但在南迁之后，不可能"全盘照收"，在形式上亦略有改变。苏教授依据如今大马华社仍大事庆祝的六大节庆——"农历新年、清明、端午、中秋、中元和冬至"，在传承和变革方面加以阐述。①中元节又叫盂兰盛会，一般庆典中则使用庆赞中元或中元普度等称谓，而口头上的庆典名称则简单以普度称之。中元节大拜拜在马来西亚十分盛行，是一个由全体社区居民共同参与的主要华人庆典，而筹办时间一般都连续数天。苏教授对北马

---

① 《华人传统节庆之传承、兴革与今日大马华人社会》，《马新华人研究——苏庆华论文选集》第一卷，第 133—142 页。

大山脚市镇和南马亚罗拉新村两个地方做了比较，除了提供马来西亚不同地区中元节的资料，也进一步探讨这两个地区中元节方式改变历程背后的因素。①

潮菜是广东三大流派之一，发源于潮汕平原，饮誉海内。而大马潮人众多，潮菜也多为华人所喜爱。潮人糜（粥）、甜品、熟蒸粿点、海鲜火锅、功夫茶等潮菜系列，苏教授也娓娓道来。② 郑和在东南多个国家历史上都有重要影响，马来西亚之马六甲、登嘉楼（丁加奴）、槟城、砂捞越古晋都有郑和庙。这些地方都保存了据说是郑和当年遗留下来的"遗迹"，同时民间也流传着种种有关郑和的传说。民间对历史和神话传说的差别在概念上往往含混不清，人们心目中的郑和崇高形象，伴随着仰慕和敬畏他的心理而产生了类似宗教之情愫，于是郑和变成了神。③ 善书作为民间通俗伦理教科书，所涉及的内容颇为广泛。其中，敬惜字纸的思想，带有较浓的宗教气息和功利色彩，属于民间宗教伦理之范畴。这种源于对文字崇拜的思想，加上有关惜字功罪律说之渲染，使其在民间通俗伦理方面得以发挥更深远的影响。④ 冥婚是华人社会婚俗之一，历史久远，但是在马来西亚华人社会中的表现却少有学者问津，苏教授搜集了18

---

① 《马来西亚的中元节大拜拜——以北马大山脚市镇和南马亚罗拉新村举办的两种中元节模式为例》，《马新华人研究——苏庆华论文选集》第三卷，第64—97页。

② 《潮州传统糕粿甜品小吃在马来西亚》，《马新华人研究——苏庆华论文选集》第一卷，第143—154页。

③ 《郑和庙在马来西亚及其传说故事》，《马新华人研究——苏庆华论文选集》第一卷，第155—184页。

④ 《有关"敬惜字纸"的习俗和碑刻文》，《马新华人研究——苏庆华论文选集》第二卷，第219—228页。

个案例对此进行了详尽的分析。①

马来西亚华人史的研究，在苏教授的学术著作中也占有相当比重。比如北马潮人在早期各经济领域，均做出了杰出的贡献。尤其在甘蔗、硕莪、橡胶、椰子和蔬菜等农作物之"商业化"耕植方面，为当地华族早期移民们提供了就业、谋生和安家落户的机会。与此同时，潮人在北马所进行之贸易和商业活动，也为北马各州、县及市镇的开发与经济繁荣带来了莫大的助益。潮籍先贤于北马立下了汗马之功。苏教授的研究为我们揭示了大马潮人这一早期历史面貌。② 在马来西亚，拥有百年以上的地缘性方言群组织为数不少。随着 20 世纪 70 年代以后涌现出来的世界性华人社团日益增多，此种跨国网络与地缘性组织之间关系日益复杂。苏教授以潮州、客家及海南这三个地域性组织为例，由"国际潮团联谊年会""国际客属恳亲大会"及"世界海南乡团联谊大会"三个个案切入，探讨了马来西亚华人的跨国网络与上述地缘性社团之互动关系。③

苏教授对马来西亚客家学研究亦多有关注，专文综论了马、新客家的学术史。④ 不仅对马来西亚大埔（茶阳）会馆的历史做了专门研究，⑤ 而且还对马来西亚河婆客家学研究做了概述，尤

---

① 《马来西亚华人冥婚案例研究——以冥婚类型与内容为探讨中心》，《马新华人研究——苏庆华论文选集》第三卷，第 98—163 页。

② 《北马潮人之早期经济活动初探》，《马新华人研究——苏庆华论文选集》第一卷，第 219—242 页。

③ 《马来西亚华人的跨国网络和社团——以潮州、客家、海南地缘性组织为例》，《马新华人研究——苏庆华论文选集》第二卷，第 290—316 页。

④ 《马、新客家研究的回顾与展望》，《马新华人研究——苏庆华论文选集》第一卷，第 243—260 页。

⑤ 《马来西亚大埔（茶阳）会馆的过去和现在》，《马新华人研究——苏庆华论文选集》第三卷，第 223—249 页。

其重点论述了张肯堂、刘伯奎两位河婆客家学者的学术成就。从各州属河婆同乡会及河婆同乡互助会之设立,历年所出版的纪念刊及二位出版之编、撰作品,探讨了马来西亚河婆人的拓殖历史和贡献。①

华人"过番歌",是早年南来五大方言社群歌谣的重要内容,也是南洋华人文化的重要组成部分。苏教授对过番歌早有心得,近些年在期刊和会议上发表的有关论文,也汇集成《马新华人研究——苏庆华论文选集》第四卷《过番歌研究》。分别以五篇论文对"以南洋与闽省侨乡流传的《过番歌》""客家《过番歌》""海南族群《过番歌》研究""潮州《过番歌》研究""广东过番歌研究"进行了专门研究,为近来以不同方言对《过番歌》进行研究的集大成之作,也表现了他对新马华人文化研究的专门且细致。

三 苏庆华教授学术研究的特点

以上简要介绍了苏教授学术研究的内容,我们可以发现,在近三十年的学术生涯中,苏教授也逐渐形成了独具特色的研究方法。

第一,强烈的"本土"视野。在 20 世纪 50 年代前后,研究者多为中国大陆南来的学者。而在东南亚国家纷纷脱离殖民统治建国之后,南来华人才逐渐开始"本土化",以所在国为"祖国"。而研究者立场的转变,就为东南亚华人研究带来新的

---

① 《马来西亚河婆客家学研究拓展史略——兼谈二位河婆籍先驱学人刘伯奎、张肯堂》,《马新华人研究——苏庆华论文选集》第二卷,第 267—289 页。

研究视角。对欧美学者来说，东南亚是"他国"，对中国学者来说，尽管华人的文化来源是华南地区，但是在东南亚各国已经有了新的变异，并不能用"中国研究"的范式来加以简单解释。因此，"本土化"的华人研究，就是非常有必要的了。由于文化存在非常明显的差异，很多时候外国学者并不完全能够理解海外华人的行为方式和风俗习惯。多数时候看到差异的地方多，而相同的地方则很容易被忽略掉了。所以过分讲求海外华社的特殊性，而忽视与中国大陆华南地区的历史性的关联，很容易就落于简单化、平面化。苏教授虽然祖籍福建龙岩，但却出生、成长于马来西亚的槟城，而后在马六甲任教多年，最后到吉隆坡工作，属于土生土长的华裔。他曾指出："追本溯源，个人对本邦华人宗教研究的兴趣和动力，与小时候的生活环境息息相关。忆当年，地处槟榔屿乔治市老街区的我家，四周皆为宗祠、庙宇所围绕，各庙宇神诞醮仪、酬神戏和宗祠庆典活动之举办，几遍布一年里的每一月份。加上各街区轮流于农历七月间举行的联合中元祭典和野台戏的演出，使整个七月份几乎都笼罩在喧闹节庆和浓郁宗教之氛围当中。"①因此，出于对家乡的热爱，苏教授已经投入华人宗教与民俗研究达三十年之久。故而苏教授不再是用"他者"的眼光来研究，而是以"本者"的视角来叙述，这就为研究中的"本土化"特征提供了前提。

第二，经过几十年的发展，东南亚华人研究已经形成了不少研究热点。在这些热点之外，苏教授开辟新领域的意图非常明显，也努力为之。学术研究的路径主要有两种。一种在既有研究的基础上，加入自己的新见，这可谓是"听唱新翻杨柳

①　《东南亚华人宗教与历史论丛·后记》，第374页。

枝";还有一种,是开辟草莱,构筑基础,这可谓是"万丈高楼平地起"。两种路径并无轩轾高下,并且均需要通过"史才"来实现。简单说就是重拾旧问题,或者开辟新领域。这两个研究取向不仅在人文学科领域,在其他社会科学领域都存在。苏教授的研究,多数都属于后者,他曾说:"到目前为止,马来亚(包括新加坡)和马来西亚华人宗教研究仍未受到应有的重视。一方面,由于相关文献和参考资料十分匮乏;另一方面,进行有关华人宗教田野考察及据此所发表的学术成果,在数量上相对稀少。从事此方面的研究,很多时候都得从零开始做起,其中甘苦不足为外人道也。故此一般人视之为畏途,非有坚强的意志力和浓厚的兴趣恐难以坚持到底。"①作者对马新华人冥婚的探讨,对观音亭历史的研究,以及对《过番歌》的解析,都显示出作者开辟新领域的勇气和决心,这些都为后学提供了研究的方向和角度。

第三,苏教授着力进行多学科交叉下的华人宗教研究。21世纪的人文科学与社会科学的边界并不是泾渭分明,而是在坚持人文科学本位的情况下,利用其他社会科学的理论方法作为研究工具,这已经是一种潮流。在苏教授对马、新华人社会的研究中,也时刻贯穿着这样的研究理念。比如对临水夫人信仰在海外的传播,与传统文献研究路数不同,苏教授对临水夫人在马来西亚的信仰现状做了充分的田野调查,以东马砂捞越州首府古晋的"皇麟庙诚应堂"和布赖村客家人的"水月宫"两个案例作为探讨中心,利用人类学的方法取得大量的第一手资料。通过分析田野资料和口头传说,苏教授认为砂捞越临水夫

---

① 《东南亚华人宗教与历史论丛·后记》,第373—374页。

人传说的故事情节和相关内容，大抵与记载临水夫人传说的《海游记》及古田系统陈夫人传说相仿佛，主要差别乃在于：故事情节的简繁，涉及人物数量之多寡，以及有关传说因传播地域异同所产生之本土特色。[①]此点在苏教授对妈祖信仰在马、新两国的传播和发展的研究中，也清晰地表现出来。他不仅将信仰仪式记载下来，而且还将一些经卷和祝文的内容作了附录，也有资料保存的价值。因此在传统的神灵信仰研究之外开辟了一条新的道路，这就是大马华人信仰的当代传播研究。

第四，研究东南亚华人社会，方言是重要的一个工具。苏教授对此也有非常好的表现。他祖籍福建龙岩，掌握闽南话，尤其因长期生活工作的环境的关系，对客家话、潮州话、海南话，也能够做到游刃有余。华南族群方言在大马受到马来语的影响，加入了很多马来语词汇，使得华人方言的内容愈加繁复。尤其大马官方语言是马来语，因此苏教授马来语的掌握也很好。如马六甲青云亭，在19世纪末期的时候，已经被"峇峇人"所控制。"峇峇"乃是早期华人与马来人通婚之后裔。这些被称为"峇峇"的马六甲混血土生华人，大都与永春籍的福建人认同，并以此为荣。他们一般都受英文教育，而且大都丧失了掌握华语（包括闽南语）的能力。他们所操的语言，乃是一种马来语夹杂一些闽南方言的"峇峇马来语"。此外，英语在峇峇社会中普遍使用。因此，类似马来语和英语音译词汇屡次在当时文献中出现。苏教授针对1904年制定的《青云亭条规簿》，以及1903—1930年的《同堂会议簿》的文字中所见闽南方言及音译外来语汇做专题探讨，对社会、语言学的研究做出了贡献。略

---

① 《临水夫人信仰在海外》，《东南亚华人宗教与历史论丛》，第82页。

举数例,闽南方言影响之词汇,常见的"头人"指领袖、领导人;"状师"指律师;"财副"指书记;"头家"一般指店主、老板,这里指庙内每年轮值之神诞庆委会执委,通常与"炉主"对称;"厝税"指房租;"画号"即公文、契约上所签之名字或所画之符号,又叫"画押";"立公亲字"即签遵守仲裁合约;"三条事"即三件事;"鼓吹一阵"即乐队一队。受马来语影响的音译外来词汇,如"儒礁"为马来语 mata-mata(即警察)音译;"交寅"即马来语 kahwin(结婚)音译;"石叻"即马来语 selat 之音译,本义为"海峡",旧时新加坡经常被称为石叻、石叻坡或简作"叻";"挂沙"即马来语 kuasa 之音译,即委托或授权之意,相应"挂沙人"就是委托人,"挂沙书"就是委托书。受英语影响之外来词汇,如"公班衙"即英语 company 之对音,昔日殖民地统治者是东印度公司(British East India Company),简称"公司",故"公班衙"乃指政府而言;"儒"为英语 Farmer 音译,即包税。亦作饷、饷儒;"呀兰"即英语 Grant 之音译,即地契。以上所举只是几个实例,可见马六甲华人社会在长期的文化交融中,产生了许多具本土色彩的"新词汇"和语言之必然现象。①

研究南洋《过番歌》,所需要的恰恰是对不同方言的熟练运用。而这个要求对一般学者来说皆难以企及。因为娴熟掌握了数种华南方言——闽南话、广东话、潮州话、客家话、海南话,在苏教授看来,都是很好的语言工具,并且能娴熟使用。故而苏教授对客家、闽南《过番歌》的解析,对槟榔屿闽南话歌谣

① 《〈呷国青云亭条规簿〉及青云亭〈同堂会议记录簿〉中所见闽南方言及音译外来语词汇初探》,《马新华人研究——苏庆华论文选集》第一卷,第197—207页。

的探索就非常到位,尤其是他指出南马的闽南话和槟城的北马闽南话之间,不只在发音上有差距,即在词汇应用上差距也不小。[①] 这种结论也只有在对方言有娴熟掌握之后才能得出。这就提醒了研究当代东南亚华人的学者,掌握各种方言,不仅是必要的,而且是非常重要的。

小　结

以上概述了苏庆华教授的主要内容及其方法上的特点。看完他的著作,他的强烈的"本土化"研究视角,开辟新领域的努力,着力进行的多学科交叉下的华人宗教研究,以及对不同方言的娴熟掌握,都给人留下深刻的印象。感觉东南亚华人研究别有洞天,使人流连忘返。尤其是对方言的娴熟运用及田野调查的深厚功力,对当代东南亚华人研究的影响无疑是深刻的,对中国学者也是很有启发意义的。

2013 年 7 月初稿于马来亚大学中文系

2017 年 4 月定稿于北京一水轩

---

① 《闽南话童谣·俗语·谣谚初探——以槟榔屿闽南话为例》,《马新华人研究——苏庆华论文选集》第三卷,第 250—290 页。

雪兰莪福建会馆章程（1950 年）

第一章　名称

第一条　本会馆定名为雪兰莪福建会馆。

第二章　会址

第二条　本会馆会址在吉隆坡吉粦街门牌四十一号。

第三章　宗旨

第三条　本会馆宗旨如左：

（一）联络同乡感情，增进同乡福利。

（二）发挥互助精神，办理慈善公益，振兴文化事业。

第四章　会员

第四条　凡在雪兰莪闽籍士女年龄在廿一岁以上，品行端正，愿遵守本会馆章程者，均得加入为会员。

第五条　会员入会时，须由本会馆会员二人介绍，并填具入会申请书，经本会馆常委会通过，并缴纳登记费二元后，方为正式会员。

第五章　组织

第六条　本会馆设会员大会，执行委员会，监察委员会，常务委员会，产业受托委员会，以上委员均属义务职。

第七条　会员大会（简称大会）由全体会员组织之。

第八条　执行委员（简称执委会）之产生由下列方式选出之执委组织之。

（一）在会员初选大会由会员亲自出席投票，选举以双记名方式行之，不得委派代表参加代选，票选吉隆坡区廿五名为执委又以次多票五名为候补执委。

（二）凡在雪兰莪注册而在吉隆坡之闽属州县会馆及其他社团，每单位得派代表二名为本会馆执委，唯该代表须属本会馆之会员。

第九条　监察委员会（简称监委会）由会员大会票选七名组织之，又以次多票二名为候补监委，监委会由监委互选正副主席各一名。

第十条　常务委员会（简称常委会）由执委会票选正主席一人，副主席一人，正总务一人，副总务一人，财政科长一人，文化科长一人，慈善科长一人，建设科长一人。稽查科长一人，调查科长一人，交际科长一人，常务委员六人组织之。

第十一条　产业受托委员规定五人由大会选举之。

第十二条　本会馆需要时得由执委会通过后增设青年组或妇女组。

第六章 职权

第十三条 会员大会为本会馆最高权力机关，其职权如左：

（一）审查全年收支账目及执监委员会之报告。

（二）决议有关本会馆会务发展之各种事项。

（三）选举及罢免执监委员。

（四）制定及修改本会馆章程。

（五）选举产业受托员。

第十四条 执行委员会之职权如左：

（一）执行大会议决案。

（二）计划本会馆进行事宜。

（三）互选各职员及常委。

（四）筹借经费有权聘请各地会员若干为协理。

（五）编纂年报审查预算及决算。

（六）有权开支必须之用款。

第十五条 监察委员会之职权如左：

（一）监察本会馆一切会务。

（二）考查本会馆各职员之工作及会员不正当之行为提交会员大会处理。

（三）有权列席执委及常委会议但无表决权。

第十六条 常务委员会之职权如左：

（一）旅行执委会之决议案。

（二）处理日常事务。

（三）审查本会馆经费之出入。

（四）决定本会馆秘书及员役之任免并规定其薪金。

（五）审核及通过新会员入会之申请。

（六）有权开支壹千元以内之用款。

（七）管理本会馆之产业及冢山事项。

（八）调节同乡纠纷事项。

第十七条　常委之执掌分配如左:

（一）正主席执行常委会之决议案及各种会议时之主席，代表本会馆对外一切事宜！

（二）副主席协助正主席主持会务，如遇正主席缺席时得代行其职权。

（三）正总务办理本会馆日常事务，签发文件，保管印信，及其他不属各科之事，并有权开支二百元以内之用款。

（四）副总务协助正总务办理一切会务，如遇正总务缺席时得代理之。

（五）财政科长掌管本会馆款项之出纳，保管簿据及一切账目，如存款超过二百元以上须储入执委会指定之银行，支取时由主席或总务二人中之一人连同财务科长联署并盖本会馆印章方为有效。

（六）文化科长负责有关文化事项。

（七）慈善科长负责办理慈善社会公益事项。

（八）建设科长负责办理本会馆一切有关建设事项。

（九）稽核科长负责稽核本会馆一切账目，如查对须签字证明。

（十）调查科长负责调查本会馆对内外一切事项，每月会同本会馆委员二人巡视本会馆辖下之冢山、威镇宫及产业，并须将视察情形用书面报告执委会。

（十一）交际科长负责本会馆交际事项。

（十二）常务委员协助各科办理事宜。

第十八条　产业受托委员职权如左：

（一）保管本会馆一切产业。

（二）有权列席执监委或常委会议。

第十九条　本会馆受托委员如犯有下列之事项，即失却受托委员之资格。

（甲）被法庭宣告破产者。

（乙）被法定定谳徒刑者。

（丙）染有神经病者。

（丁）离开马来亚达一年之久者。

第七章　选举及任期

第廿条　本会馆会员均有选举权及被选权。

第廿一条　本会馆执监委员任期为两年，连选得连任之，但产业受托委员之任期不在此例。

第八章　会议

第廿二条　会员大会每年一月或二月间举行一次，由总务召集之，但如果会员三十五人以上联署理由提出请求，或执委会认为必要时得召集临时大会，惟该联署之会员于总务订期召开后，必须准时出席不得有缺，倘逾三十分钟而又未能到齐则主席或总务有权取消之，以后如有会员再具同样理由提请召开临时会员大会时，应该拒绝之。

第廿三条　会员大会以出席三十五人为法定人数，如初次不足第二次以二十人为法定人数。

第廿四条　执委会三个月开会一次，常委会每月开会一次，监委会六个月开会一次，开会时执委会以十一人、常委会以七人、监委会以三人为法定人数。

第廿五条　凡召集大会须提前二星期发出传单，或登报通告执委、监委、常委，开会须五日前发出通告，临时大会不在此例。

第九章　经费

第廿六条　本会馆经费由本会馆之产业及其他收入开支。

第廿七条　本会馆所得之入息无论何处或何时收来者，该款项应依照本会馆所规定之目的方可动用，但不能直接或间接作为得利或花红等而分发与本会馆之会员，除非系本会馆聘用之雇员，才得享受薪金或工资之权利。

第廿八条　如遇经费开支不敷或特别费用时，得由常委会议决向会员或同乡征募特别捐。

第廿九条　本会馆应于每年之常年会员大会时委任一位查账员，该查账员须经马来亚联合邦政府授权查核有限公司账项者方可聘任办理呈报或查核本会馆之账项，其任期将继续至下届之常年会员大会时为止。

第十章　调解

第卅条　凡同乡有纠纷事件发生，请求本会馆调解者，须先呈具理由书于常委会，经常委会调查认为必须调解时，则由常委会推举若干人为调解专员及订日召集双方当事人调解之，而调解专员亦于双方当事人认为满意息事后，或认为无再调解之必要时取消之，但调解专员须将调解经过情形登载调解记录簿上。

第十一章　附则

第卅一条　本章程经会员大会通过后发出效力，如认为必须修改时，须由大会出席人数三分之二通过，方得施行，并呈请社团注册官备案。

第卅二条　凡曾任本会馆重要职员或现任执监委员自身及妻室及其父母先逝，出殡时由丧家须先十二小时以前通知本会馆总务，俾转知执监委共同到丧家执绋。

附组织系统表

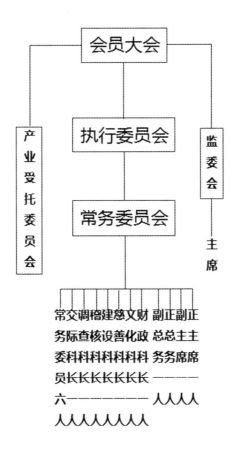

第十二章　结婚规则

第卅三条　凡同乡欲假本会馆为结婚礼堂者，须致书总务声明月日时刻并结婚者姓名籍贯年庚及两造主婚人，介绍人，以备记录存案。

第卅四条　结婚者须先缴纳结婚注册费十元。

第卅五条　如场所得便可以应用者，总务须修函答覆并简章一纸与之。

第卅六条　倘有数人来书借用会馆者，须依其来书之次序为应付之表决。

第卅七条　答覆书中虽有拒绝之表示，亦不必言其原因。

第卅八条　如欲借本会馆器具者，须得总务来书批准后四日内缴交押柜银二十元，并须领取收条一纸为据。

第卅九条　礼毕散会之后，本会馆执役者如报告有物件遗失或损坏等情，应赔偿若干由押柜银扣抵，余款交还原主。

第四十条　执役者须预将馆内所有椅棹杯盘地毡及一切器具胪列一单，并声明一一价值，交与借主收执，如有赔偿损失须照单中所载价格赔偿，如应偿之数有逾于存款者，借户须补足其额。

第四十一条　本会馆置婚姻记录一本，并须发给证书与新浪新娘各执其一，惟须经结婚者并两造主婚人、介绍人签署后，方为有效，本会馆亦须存据。

第四十二条　婚书遗失者可请求本会馆另行抄给，惟须纳费一元，凡欲检阅婚姻记录者，须缴纳检阅费五角，抄录婚书每纸须纳费一元。

第十三章　冢山规则

第四十三条　本冢山乃供同乡及其妻妾营葬之用。

第四十四条　本冢山系归本会馆常委会管理。

第四十五条　巡视本冢山之责，系由本会馆调查科长会同委员中选举二人担任轮流值理。

第四十六条　如欲择地而葬者须另纳地价，兹将价目列下：

（甲）长二十英尺，阔十四英尺可为双穴者，定价一百二十元。然后合葬之例止及夫妇。两坟之间须先实其一，而后可作生圹于其侧。所有坟地不准随意扩充，而穴之一如已葬之后而不称其子孙之意者，无论其已葬者为夫为妻为妾，均可另择其他已经划定之穴。惟须另纳地价。

（乙）长十六英尺、阔十英尺为单穴者，定价四十元，此等坟穴皆已划定以便选择。

（丙）长十二英尺、阔八英尺亦为单穴者，定价二十元，亦有号数以便选择。

（丁）长十英尺、阔六英尺者，定价四元，有号数任人选择。

（戊）特别坟地长三十二英尺、阔二十四英尺，可葬三人者，定价五百元，可于冢山之内随意选择。

（己）长九英尺、阔五英尺者，地价蠲免，惟不得捡选，须照号数之次序葬之，并须经委员一人勘明后方可发给殡葬单据。

第四十七条　凡曾捐助巨款或有功于本冢山者，须分别立碑以志之，捐十元以上者须勒其名于碑，立于冢山以为纪念。

第四十八条　所有冢山捐款须专作冢山之用。

第四十九条　治丧者到本会馆领取殡葬单据时，须预向官医或巡捕厅领取报死证书，而证书未到而欲先行凿穴者，须由殷实商户或正当之人具保方准兴工，惟殡葬须俟报死证书到时，方准进行。

　　第五十条　监山者须接到本会馆单据方可准人凿穴，接到政府所给报告证书，方可准人殡葬，坟穴至少须深及六英尺。

　　第五十一条　监山者须留意提防牛羊及其他牲畜，勿任其闯入冢山，免致损坏坟墓及草木一切，如敢故违，定必惩罚不贷，牲畜之主如敢故犯，亦必究治。

　　第五十二条　营葬新坟时不得移动邻坟，其四周须留余地一英尺，其围墙不得高过二尺。

　　第五十三条　坟墓未用者，不得预定筑造，以备后用。如敢故犯，一经发觉，即将其填毁，一切耗费惟事主是问。

　　第五十四条　筑造山坟所有物料，不得任意放置，致损坏他人坟墓或阻碍通衢，如有犯者，监山人须即行禁止。

　　第五十五条　筑造或修葺山坟物料须由外方购办，勿得由本山采取，倘敢故犯，定必究治不贷。

　　第五十六条　扶枢上山时，须谨慎勿得撞坏他人坟墓，倘有损坏惟督理葬事者是问。

　　第五十七条　起葬者须将旧枢焚毁并须填补原穴，如迁葬之处乃在本山之内者，须照例缴纳地价，但起葬之举须经政府批准，方可施行。

　　第五十八条　本规则未有提及之事项，由本会馆常委会处理之。

1919—1921 年吉隆坡《益群报》
有关雪兰莪福建会馆新闻选录

1919 年 3 月 8 日　醒凡《归来话旧》

潘子腾先生，闽人也，少南渡，曾在本坡峇都路二条半石福盛号任书记职，然志非在此。迨至民国元年春。政府成立。气象一新。先生抱大志。发宏愿。思为国家效力。遂由福建会馆介绍于闽都督孙道仁，得入福州华侨公学。毕业后，特送于烟台海军学校。又毕业选入吴松海军驾驶学校，及南京海军鱼雷枪炮学校，亦均得毕业凭。是以先生之资格学术，均为祖国军界所钦佩。此次以事请假南来，足见先生不忘侨胞也。闻昨日下午二时，福建会馆特开会欢迎，并请先生演述在本国所阅历情事云。

1920 年 1 月 15 日　《福建会馆中拟设通俗演说团意见书》

客有问余者曰：贵省人来南洋，为谋生乎？为斗殴乎？余曰：为谋生。客曰：既为谋生，何日事争斗而不休乎？余曰：此未受教育之病也。客又曰：君非福建人乎？非教育界中人乎？何坐视而不救？余闻此言，因而有感于心。窃思明者导盲者，乃为应尽义务。况吾辈又为闽人，念及痛痒相关一语，更不能袖手旁观。故鄙等现拟于福建会馆中，附设一通俗演说团，演说宗旨：以开导闽民，遵守居留地法律，并且重自尊为目的。又闽人之在吉隆坡者，以厦门道为最多，语言分三种：一福建话（即厦门话），二兴化话，三福州话。现拟团中亦已有三种人志愿担任义务演说，为数共二十余，事在积极进行，俟注册之后，即将实行。但恐独力难支，管见有限，用敢上言，请我高明志士，指教为荷。

　　发起人：陈国梁，石轰，李发初，陈翔云，周宝光

1920 年 1 月 19 日　《福建会馆演说团消息》

　　本坡福建会馆自陈国梁君等拟办演说团以后，赞成者争先恐后，如涂如宝、康师琦、姚余三、林健侯、张双山、汤延光、王光远、黄发美、李芳赠、丁允盦、余少衡、欧志鹏、赵沧甫、柯孝结等，有数十人，无不极表同情。所有应行筹备事宜，日内即可就绪。开演之期，已不远矣。

1920 年 1 月 21 日　《福建会馆中之消息》

　　福建会馆所附设国民学校，积病多年。本年选举林、涂二君为总协理。本学期聘石轰君为校长，与各教员认真办理，渐有起色，日昨又提倡演说会，以开导闽侨，联络感情为的，又拟设夜学于校内，用为社会教育之一助。余对于闽侨前途，有无穷之希望矣。

1920 年 1 月 29 日　伍天民《闽侨演说团消息》

余昨与陈君国梁谈及演说团注册事，据云：康君师琦已向政府请求，颇有头绪，但须俟本卅一号福建会馆公决后，始行投递公文、想我闽侨父老，届期必一致赞成。因喜而志之。

1920 年 3 月 2 日　陈国梁《对于扩充福建会馆感言》

吉隆坡吉宁街之东，有一福建会馆焉。馆之设，余不知始于何年。雕梁画栋，似极宏壮。比诸他一县一道所设者，殊无逊色。惟福建一省，吉隆一埠，只有此一会馆，则毋乃太小焉。且年久未修，破漏难堪，椽折瓦解，势将倾倒。论者亦闽侨一份子，早欲发起改造，因乏才望，未敢兴谋。近闻埠上诸热心家，已鸠集多金，从事绘测，余知其必有成。不禁雀跃三百，五体投地。为我闽侨称贺焉。抑又有望者，会馆之外，尚有校舍，其关系之重，有非会馆所可比拟。因吾全闽旅吉之子弟，均将藉此为教养地也。苟得当，则造福无穷；不得当，则遗害亦将无穷矣。愿吾执事诸公其勉旃。

1920 年 3 月 30 日　镜堂《福建会馆附设夜学之喜讯》

余阅报章、知吉隆坡闽侨会馆附设工商夜学、闻该校发起之初 为赵沧甫等诸君、旋得邱雪瓶君涂如宝吕清溪君赞助、三君素来热心公益教育、久为侨胞所崇仰、此次出组、谅不日成立、可举行开幕因喜而志之

1920 年 9 月 22 日　《福建会馆反对出洋条例》

本月十二日，本坡福建会馆为厦门侨工分局苛勒出洋闽侨条例事开全体大会议，到会人甚众。闻讨论结果：全体反对。经拍电与闽省长及厦门暨南局，请转达侨工分局阻止进行，兹录其原电如下：

厦门寮仔后暨南局厦门侨工分局苛勒闽侨出洋条例，旅隆闽侨全体反对。请从根本取消，以慰侨望。与福建省长电、文同不录。

1920 年 10 月 18 日　《福建会馆接厦门暨南局信》

本坡福建会馆前为侨工分局苛勒闽侨出洋条例事，致电暨南局，请速取消。兹得厦门暨南局复信，即将原信照录如下，以慰外洋闽侨：

径启者：昨接来电，敬悉。查侨工分局抽收照费一节，前经本局将情呈请省长，业蒙照准，令饬该分局遵照条例办理，毋得稍涉含混致滋争执等语。现该分局已将无形消灭，兹准来电，合行函覆，并附通告一件，请即查照为荷。此致吉隆坡福建公会。福建暨南总局总理龚显灿启。九月廿一日。

1921 年 5 月 12 日　《工商夜学校复办之可喜》

本坡工商夜学校，原附设福建会馆内，开办计有载，学务亦颇发达，只因经费短绌，停办数月，殊为可惜。刻有范敬言、李发初、赵云洲、计金钟等发起，继续开办，并向各热心家捐题经费，借资扩充，拟行另赁校舍云。

1921 年 10 月 21 日　《国民学校大刷新之喜讯》

（王振纪稿）国民学校为本坡福建会馆同人所创办。开办以来，既经五载，去年因经费支绌，遂致停办。本年五月间，诸热心家出面维持，即由众选侯君鸟怜为总。侯君对于公益事业 素具热心，而教育壹事，尤为认真。现闻已聘刘君羽霄为校长，刘为福建中学毕业，曾在其本乡（南安）创办南安高等小学。此次南来，本为南安学校捐款。侯君以其学识高深，办学多年，富有经验，故特聘为该校校长。此外更聘邱君锡书、陈君植夫为教员。经定期于本月廿〇开课、报名之学生既达百余人云。

1921 年 10 月 24 日　《福建会馆欢迎刘良颜君情形》

昨星期六福建会馆同乡开会欢迎议政局议员刘良颜。下午一时开会，由该会馆总理涂如宝君主席，随宣布开会理由。略云：此次雪兰莪居留政府选任刘君为本地议政局议员，刘君声望素隆，居留政府之宠选不遗宜也。同人等得聆喜讯，异常欣慰，且念刘君与余辈感情素厚，无以表庆贺之忱，特制匾额一方，题曰"宣扬民意"，聊以表恭贺之意，云云。旋由康师琦君演说云：雪兰莪议政局议员，闽人向少选充，今刘君膺此破天荒之选任，可知刘君热心公益，声望素孚，故能邀居留政府之殊荣也。刘君本年为本会馆领袖，本馆赖刘君维持之力甚多，且不独本会馆为然，推之我侨之公益事业，亦莫不赖刘君赞助。故全州华侨，闻刘君荣任之喜讯，莫不额手相庆。而本馆今日开会欢迎，即藉以表示贺云尔，云云。继由林贻博君演说云：

方才正副总理所言，予甚表满意，但刘君此次荣膺此席，鄙人甚望刘君对于我侨之利弊，及社会之要求，务乞刘君极力敷陈，俾我侨得受刘君福荫，则不独吾人之幸，亦为我国添无限光荣，云云。旋刘君起立答谢云：弟德薄能鲜，膺任斯席，陨越必多。今日备蒙诸同乡开会欢迎，实为惶愧，且何敢当，此后但望诸君极力指导，匡我不逮，云云。言毕，复由黄鹤汀君、刘超英君、陈志成君相继演说，大致皆赞勉之词，至三时三十五分散会云。

附录四

雪兰莪暨吉隆坡福建会馆现存 20 世纪 30 年代部分吉隆坡福建义山收据

附录表 4－1　　　　　吉隆坡福建义山 1930 年收据

月份	编号①	姓名	年龄②	性别③	籍贯	职业	死亡原因	坟墓等级
4	0003	洪□	1	M	永春			免费
	0002	郭种之女	1	F	永春			免费
	0004	郭桂梓	46	M	莆田			免费
	0006	郑亚九	6	M	永春		惊风	免费
	0008	林九	46	M	惠安	工	寒热症	免费
	0011	柯寿	20			工	寒热病	免费
	0013	卢亚六	??	F	漳州		热病	免费
5	0015	王打娘	16	F	安溪		寒症	免费
	0017	陈爱	16	M	安溪		热症	免费
	0019	曾兴	22	M	莆田	工	风症	免费
	0021	黄门陈氏	23	F	安溪		生产而死	免费
	0023	林荣泰	32	M	安溪	工	热症	免费
	0026	汪秦	39	M	惠安	工	寒热症	免费
	0029	叶克	45	M	东安	工	寒症	免费

① 编号为义山收据编号。

② 年龄单位：年。如果不足一年，则标注月或日，下表同。

③ 性别：M 为男性，F 为女性。

续表

月份	编号①	姓名	年龄②	性别③	籍贯	职业	死亡原因	坟墓等级
12	0002	孔经区	53	M	永春		老人病	免费
	0005	薛阔	37	M	仙游		热症	免费
	0007	叶永秦	7 个月	M	南安		惊风	免费
	0009	苏氏詹氏	42	F	安溪		老人病	免费
	0011	颜万	49	M	仙游	工	热症	免费
	0013	朱角	36	M	仙游	工	被人割死	免费
	0015	高炳	31	M	莆田	工	寒热	免费

附录表 4—2　　　　吉隆坡福建义山 1931 年收据

月份	编号	姓名	年龄	性别	籍贯	职业	死亡原因	坟墓等级
1	0004	□氏何氏	24	F	福州		热病	丁④
	0006	陈日成	13	M	永春		毒血病	丁
	0008	关亚金	19	F	东安		风（疯）寒症	丙⑤
2	0002	连龙枝之子	三月	M	闽县		惊风	免费
	0002	林瑞振	20	M	安溪		感风症	免费
	0002	郭德	39	M	海澄	工	热症	丙
	0004	韩良	20	F	永春		疯症	免费
	0007	叶源	55	M	安溪	工	热症	免费
	0010	魏佐	63	M	安溪	工	老人症	免费
	0012	吴在立	51	M	同安		老人症	丙
	0015	叶林氏	27	F	安溪		月内风	免费
	0018	黄树	29	M	安溪	工	热症	丁

---

① 编号为义山收据编号。

② 年龄单位：年。如果不足一年，则标注月或日，下表同。

③ 性别：M 为男性，F 为女性。

④ 丁种公塚"长十四英尺，阔十英尺，已纳银四元"。

⑤ 丙种公塚"长廿四英尺，阔十六英尺，已纳银贰拾元"。

续表

月份	编号	姓名	年龄	性别	籍贯	职业	死亡原因	坟墓等级
3	0003	梁门王氏	23	F	安溪		生产病	免费
	0005	吴扒	57	M	同安		疯症	免费
	0007	郑陈氏	46	F	永春			免费
	0010	林伴	52	M	安溪	工	寒热症	免费
	0012	廖小儿	一月	M	永春		惊风症	免费
	0014	李□	63	M	海澄	工	老人病	免费
	0017	黄栳	34	M	安溪	工	寒热症	免费
	0003	方麵	67	M	南安	商	老人症	乙①
	0005	许天佑	66	M	永春	商	老人病	丁
	0008	郭门黄氏	52	F	南安		寒热症	丁
4	0002	郑喜	20	M	南安	工	风症	免费
	0005	郑阳	50	M	永春	商	疯症	免费
	0008	程妹仔	37	F	闽侯		寒热症	免费
	0010	林丁	62	M	安溪	工	老人症	免费
	0013	陈秋	47	M	永春		热症	免费
	0015	徐门黄氏	21	F	安溪		寒热症	免费
	0017	姚钦	50	M	安溪	商	寒热症	免费
	0003	徐长海	52	M	闽侯	工	寒热症	丁
	0005	陈门祁氏	22	F	福州		热症	丁
	0007	陈文玉	43	M	福清	工	老人症	丁
	0009	沈门张氏	86	M	诏安		老人病	丁
	0011	刘门陈氏	47	F	南安		寒热	丁
	0014	柯门苏氏	64	F	安溪		老人病	丁
	0016	郑门陈氏	40	F	南安		老人症	乙
	0017	丘门尤氏	44	F	海澄		老人症	乙
	0021	叶墥	30	M	安溪	商	寒热症	丙
	0023	林门尤氏	32	F	海澄		脚气病	乙
	0026	薛源发	59	M	厦门	工	老人症	乙

---

① 乙种公塚 "长三十二英尺，阔廿英尺，已纳银四十元"。

续表

月份	编号	姓名	年龄	性别	籍贯	职业	死亡原因	坟墓等级
5	0002	陈门曾氏	21	F	永春		月经	乙
	0005	□门钟氏	37	F	永定		生产症	免费
	0007	詹治	34	M	惠安	工	热症	免费
	0011	刘东火	22	M	安溪	工	寒热症	免费
	0013	柯大汉	27	M	惠安	工	疯症	免费
	0016	陈英	24	M	安溪	工	热症	免费
	0003	温进理	35	M	安溪	商	坐电脚车跌毙	丁
	0007	唐金生	16	M	同安			丁
	0009	林邦发	66	M	永春	商	老人症	甲①
	0012	刘取	67	M	安溪	工	老人病	丁
	0013	王门谢氏	81	F	同安		老人病	甲
6	0002	林门张氏	51	F	安溪		寒热症	丁
	0004	黄述林	22	M	闽侯	工	寒热症	丁
	0007	林应斋	64	M	永春	商	老人症	丁
	0009	谢世源	51	M	安溪	工	老人症	丁
	0011	叶门马氏	33	F	安溪		寒热症	丁
	0013	郑绵	40	M	永春	商	寒热症	丁
	0016	林门刘氏	79	F	安溪		老人症	丁
	0019	陈百水之子	12 日	M	惠安		惊风	免费
	0022	刘中和	32	M	南安	工	寒热症	免费
	0024	林三都	52	M	安溪	工	寒热症	免费
	0027	林门陈氏	31	F	安溪		热症	免费
	0030	廖发	6	F	安溪		惊风	免费
	0032	黄兴	53	M	安溪	工	老人症	免费
7	0002	廖玖	56	M	安溪	工	寒热症	免费
	0004	占治	61	M	莆田		热症	免费
	0006	徐产	21	M	兴化	工	被人杀死	免费
	0008	吴怡	38	M	安溪	工	寒热症	免费
	0011	胡门黄氏	45	F	安溪		热症	免费

---

① 甲种公塚"长三十二英尺，阔二十八英尺，已纳陆拾元"。

续表

月份	编号	姓名	年龄	性别	籍贯	职业	死亡原因	坟墓等级
7	0002	曾厚禄	42	M	晋江	商	寒热症	丁
	0004	余门张氏	62	F	河山		老人症	丁
	0007	廖和	54	M	安溪	工	热症	丁
	0010	邱门谢氏	91	F	海澄		老人病	乙
	0014	陈侯相	28	M	南安	工	被人杀死	丁
	0016	林猴	32	M	安溪	工	寒热	丁
8	0002	叶伏	51	M	南安	商	脚疯	丁
	0005	林志受	30	M	永春	工	被人杀死	丁
	0002	廖应	3	F	安溪		惊风	免费
	0004	苏门黄氏	48	F	南安		产症	免费
	0006	黄义	45	M	永春	工	寒热症	免费
	0008	王美才	26	M	惠安	工	热症	免费
	0010	黄挂	72	M	安溪	工	老人病	免费
	0012	郑对丰	8日	F	永春		惊风	免费
	0014	蔡得金	30	M	莆田	工	跌死	免费
	0018	薛？	20	M	仙游		寒热	免费
	0021	唐门黄氏	54	F	安溪		老人症	免费
9	0002	侯溪	44	M	南安	工	寒热	免费
	0005	吴万德	1	M	南安		惊疯	免费
	0007	林福	60	M	安溪	工	老人症	免费
	0010	张萍	53	M	惠安	工	寒热症	免费
	0012	李来生	35	M	安溪	工	毙在水中	免费
	0014	林门陈氏	38	F	安溪		产子	丁
	0017	何事枝	56	M	上蔡		老人病	丙
10	0002	丘文忠之子	7月	M	新江		惊风	免费
	0004	唐律之子	4月	M	安溪		惊风	免费
	0007	王柳金	1	M	安溪		惊风	免费
	0009	黄贵新	1	M	安溪		惊风	免费
	0011	姚祖生	30	M	安溪	工	热症	免费
	0013	林照	51	M	永春	工	老人症	免费
	0016	林门蔡氏	32	F	安溪		寒热	免费
	0018	卢有美	49	M	海澄	工	寒热	乙
	0019	白伴	50	M	安溪	商	老人症	甲

月份	编号	姓名	年龄	性别	籍贯	职业	死亡原因	坟墓等级
11	0002	叶和佑	71	M	南安	工	老人症	丁
	0004	林门施氏	35	F	安溪		热病	免费
	0006	周加新	64	M	莆田	工	老人病	免费
	0009	侯连枝	58	M	南安	工	老人病	免费
	0011	林为	45	M	安溪		寒热症	免费
	0013	叶归龙	51	M	安溪	工	老人症	免费
	0015	吴蛏	58	M	安溪	工	老人症	丁
	0018	王炭	22	M	安溪		热病	免费
12	0003	林得福	56	M	海澄	商	老人病	丙
	0007	林水	45	M	安溪	工	热病	免费
	0009	林柴	36	M	安溪		跌死	免费
	0011	何昔	52	M	海澄		老人病	免费
	0013	徐高	38	M	闽侯	工	热症	免费
	0015	刘茂	30	M	安溪	工		免费
	0017	陈炼	37	M	安溪	工		免费
	0019	林炳红	8	M	晋江		热症	免费
	0021	王爱年	21	M	安溪		热症	免费

附录表 4—3　　　　吉隆坡福建义山 1932 年收据

月份	编号	姓名	年龄	性别	籍贯	职业	死亡原因	坟墓等级
1	0003	金可响	32	M	闽侯	工	热症	免费
	0005	许亚生	4	M	惠安		惊风	免费
	0007	叶梅	33	M	安溪	工	热症	免费
	0009	甄木兰	19	F	福清		产病	免费
	0011	吴麻益	42	M	福清	工	热病	免费
	0013	林淹	35	M	南安	商	热症	免费
	0016	林荣	47	M	永春	商	热症	免费
	0020	郑天赐	47	M	南安	工	热症	丁
	0022	林堂	44	M	安溪	商	伤症	丁
	0025	丘门尤氏	29	F	海澄		热症	乙

月份	编号	姓名	年龄	性别	籍贯	职业	死亡原因	坟墓等级
1	0028	洪照	65	M	南安	商	老人病	丁
	0030	胡腊	55	M	安溪	工	被屋压死	丁
	0032	陈紫	36	F	安溪		寒热	乙
	0034	王金木	40	M	闽侯	商	脚气症	乙
2	0002	吴记交	52	M	泉州	商	老人病	戊
	0005	梁门唐氏	31	F	南安		热症	丁
	0007	林春	44	M	永春	工	久病	免费
	0009	蔡同	43	M	莆田	工	热症	免费
	0011	方亚居	16	M	永春	工	被木压死	免费
	0014	杨亚志	5	F	同安		惊风	免费
	0016	蔡庚	50	M	莆田	工	热症	免费
3	0002	棹王丛	40	M	同安	商	热症	丙
	0005	王门林氏	45	F	安溪		热症	丁
	0008	陈门廖氏	75	F	安溪		老人病	丁
	0011	蔡文通	47	M	莆田	工	热症	丁
	0014	陈棹	44	M	南安	商	久病	乙
	0003	叶信	40	F	安溪		生产不顺	免费
	0006	苏奈	46	M	安溪	种菜	风热	免费
	0008	郑水	1	M	福州		风热	免费
	0010	林焦来	10 月	M	安溪		惊风	免费
	0013	何天秀	52	M	莆田	工	热症	免费
	0015	何依	49	M	惠安	工	热症	免费
	0017	叶门黎	30	F	安溪		热症	免费
	0019	黄设	13 日	M	思明		惊风	免费
	0021	王新宪	2 月	M	同安		惊风	免费
4	0003	林门黄氏	24	F	永春		生产	免费
	0003	杨女	1	F	安溪		惊风	免费
	0005	卓掌	36	M	莆田	工	被刺	免费
	0007	沈门蔡氏	23	F	安溪		热症	免费
	0009	陈义章	1	M	永春		惊风	免费
	0011	林中和	21	M	厦门	工	热病	免费

续表

月份	编号	姓名	年龄	性别	籍贯	职业	死亡原因	坟墓等级
4	0014	张容	57	M	莆田		热病	免费
	0016	许强	36	M	莆田	工	热症	免费
	0019	黄门苏氏	59	F	厦门		老人病	免费
	0021	邱门严氏	40	F	海澄		产风热症	免费
	0024	魏门唐氏	53	F	安溪		被雷电	丁
	0026	林马珍	60	M	海澄	土库工	老人病	甲
	0028	侯高	59	M	南安	工	老人病	丁
	0030	林姨娘	78	F	南安		老人病	丙
	0032	尤门邱氏	46	F	南安		久病	乙
	0037	张振和	40	M	同安	工	热病	丁
	0040	郭本	46	M	永春	商	久病	丁
5	5_img	陈北昌	4	M	金门		寒热症	免费
	8_img	林春辉	2月	M	安溪		惊风	免费
	11_img	刘门黄氏	36	F	南安		热症	免费
	13_img	侯文豹	3	M	南安		惊风	免费
	15_img	胡战	35	F	安溪		热寒症	免费
	17_img	林珠	52	M	安溪	菜园	老人症	免费
	20_img	洪玉志	2	M	永春		惊风	免费
	22_img	郑保	36	M	闽县		热症	免费
	24_img	陈狗	7	M	安溪		惊风	免费
	26_img	谢本	33	M	莆田	工	热病	免费
	28_img	颜峇	2天	M	永春		惊风	免费
	30_img	陈德珺	42	M	惠安		风热病	免费
	33_img	陈阿财	34	M	惠安	车仔工	热症	免费
	0003	周派九	66	M	同安	商	老人病	乙
	0006	林门蔡氏	61	F	同安县	老人病	丁	
6	0004	廖春为	32	M	安溪	工	肚肿病	免费
	0007	陈桃	19	F	安溪		热病	免费
	0009	黄彩风	8	F	闽清		电车伤	免费
	0012	黄坤	10	M	安溪		热病	免费
	0014	陈潘	49	M	闽县	工	热病	免费

续表

月份	编号	姓名	年龄	性别	籍贯	职业	死亡原因	坟墓等级
6	0016	林金全	3月	M	安溪		寒热	免费
	0018	卢贤来	24	M	福清	工	热病	免费
	0021	杨门廖氏	57	F	安溪		老人病	丁
	0024	陈乞妹	26	F	长乐			丁
	0026	陈炳坊	41	F	南安	商	久病	乙
	0028	王册	33	M	安溪	工	热病	丁
7	Img003	柯苏宏	13	F	漳州		热症	免费
	Img005	何秋兰	50	M	仙游		医生楼	免费
	Img007	黄门刘氏	20	F	安溪			免费
	Img009	林门陈氏	23	F	安溪		菜园	免费
	Img011	梁运	14	M	南安		寒热	免费
	Img014	侯门黄氏	35	F	南安		寒热	免费
	Img018	戴错	54	M	南安	工	热病	丁
	img021	郑门胡氏	26	F	闽县		生产病	丁
8	0003	叶国隆	13	M	南安		热病	免费
	0005	黄珠	5	M	晋江		惊风	免费
	0007	姚门陈氏	73	F	安溪		老人病	免费
	0009	黄坠	59	M	安溪	工	老人病	免费
	0011	沈福	39	M	南安		热症	免费
	0002	林门李氏	18	F	安溪		发热病	丁
	0006	余门吴氏	37	F	同安		老人病	丙
9	Img002	蔡玉连	3	F	海澄		喉病	免费
	Img005	严斌	63	M	福州	工	老人病	免费
	Img007	邱金宝	1	M	海澄		惊风	免费
	Img009	陈森	21	M	安溪		热症	免费
	Img0013	翁添	59	M	安溪	工	老人病	丁
	Img0015	曾门洪氏	58	F	晋江		老人病	丙
	Img0017	方门梁氏	59	F	南安		老人病	乙

续表

月份	编号	姓名	年龄	性别	籍贯	职业	死亡原因	坟墓等级
	Img002	尤英滢	24	M	南安	商	热病	丁
	0003	郑明	25	M	永春	商	跌死	免费
	0007	叶木荣	3	M	南安		惊风	免费
	0009	黄茂	68	M	安溪	工	老人病	免费
	0012	李燕	35	M	安溪	工	热病	免费
	0014	戴缸	52	M	南安	工	老人病	免费
	0016	候（侯）再	47	M	南安	工	热病	免费
	0018	林金凤	3	M	安溪		惊风	免费
	0020	李金福	14 日	M	安溪		惊风病	免费
10	0022	陈足	52	M	安溪	工	老人病	免费
	0024	廖己	16 小时	M	安溪		惊风	免费
	0026	刘门林氏	65	M	安溪		老人病	丙
	0028	陈悦	6	M	同安		惊风	丁
	0031	林门杨氏	60	F	海澄		老人病	丁
	0033	郑寿德	68	M	莆田	商	老人病	丁
	0035	林门许氏	61	F	同安		老人病	丁
	0037	陈德福	53	M	惠安	车	吊死	丁
	0038	刘春水	23	M	南安	商	久病	乙
	0040	林门何氏	56	F	思明		老人病	丁
	Img003	叶三荐	51	M	安溪	商	老人病	免费
	Img006	林碰	5 月	F	安溪		惊风	免费
	Img008	曾门陈氏	39	F	诏安		热症	免费
	Img010	陈丛	2	M	福清		热症	免费
11	Img013	陈门王氏	19	F	安溪		热症	免费
	Img016	郭纳娘	48	F	永春		老人病	戊①
	Img018	李有能	63	M	漳州		老人病	乙
	Img021	侯门陈氏	53	F	南安		老人病	乙
12	Img004	陈门李氏	52	F	闽侯		腹病	乙
	Img006	余荫棣	39	M	闽侯	商	寒热症	丁

① 戊种公塚"长六十英尺，阔四十英尺，已纳银五佰元"。

月份	编号	姓名	年龄	性别	籍贯	职业	死亡原因	坟墓等级
12	Img009	黄世拐	29	M	南安	工	寒热症	丁
	Img011	陈鸿	50	M	惠安	工	老人病	丁
	Img013	陈添	39	M	永春	工	寒热症	丁
	0003	唐联才	24	M	安溪	工	热症	免费
	0006	尤考	77	M	南安	商	老人症	免费
	0008	苏粘	13	M	安溪		热症	免费
	0011	张火生	56	M	□安	工	老人	免费
	0014	黄玖	36	M	泉州	商	热病	免费
	0017	陈宝珠	2	F	晋江		热症	免费
	0019	侯秋	37	M	南安	工	痨伤病	免费
	0021	林门尤氏	27	F	福州			免费
	0023	王金花	13	F	安溪		冷症	免费
	0026	苏连	65	M	安溪	工	老人病	免费
	0028	朱林生	4 月	M	安溪			免费
	0030	陈道良	5	M	南安		热病	免费

附录表 4—4　　吉隆坡福建义山 1933 年收据

月份	编号	姓名	年龄	性别	籍贯	职业	死因	坟墓等级
2	0002	陈三	45	M	永春		久病	免费
	0005	陈春布	24	M	安溪	工	病	免费
	0007	林长	73	M	安溪	菜园	老人病	免费
	0009	刘洪氏各拈	23	女	南安		热病	丙
5	0003	苏荐	56	M	南安	牛车	热病	丁
	0005	谢文哲	10	M	安溪		热病	免费
	0007	林玉彩	13	F	永春		热病	免费
	0010	周枝	18	M	安溪	工	热病	免费
	0012	曾贤国	30	M	仙游	僧	热病	免费
	0014	吴池	1	F	龙溪			免费
	0017	黄益	81	M	南安	商	热病	乙

续表

月份	编号	姓名	年龄	性别	籍贯	职业	死因	坟墓等级
5	0020	柯门谢氏	46	F	海澄		热病	乙
	0022	侯金陵	50	M	南安	商	久病	乙
7	0003	黄秀金	23	M	安溪	工	热病	免费
	0006	刘碧珍	2	F	同安		热症	免费
	0009	许福	30	M	仙游	工	热病	免费
	0011	叶门谢氏	41	F	安溪		热病	免费
	0013	陈门张氏	61	F	安溪		热病	免费
	0016	王门许氏	32	F	惠安		热病	免费
	0019	黄振	34	M	安溪		热病	免费
8	0003	郭氏陈门	23	F	安溪		热病	丁
	0005	王门谢氏	24	F	兴化		热病	丁
	0007	侯□□	52	M	南安	工	热病	免费
	0010	黄泉	60	M	安溪	工	老人症	免费
	0012	陈前	15	M	安溪		风病	免费
	0014	苏好宾	25	M	南安	工	热病	免费
	0016	邱成基	37	M	海澄	工	热病	免费
	0018	苏逞	35	M	南安	工	热病	免费
	0020	苏门叶氏	73	F	晋江		老人病	免费
	0023	黄桂娘	17	F	安溪		热病	免费
9	0002	黄国连	3	M	晋江		风症	丁
	0004	陈贞朝	87	M	漳州		老人病	甲
	0006	胡嘉	72	M	安溪	工	老病	免费
	0008	李长源	26	M	安溪		被大车压死	丁
	0011	杨明良	3	F	漳州		热病	丁
	0003	王春连	1	F	安溪		痢疾	免费
	0005	曾宝	66	M	闽侯	工	老人病	免费
	0007	纪正木	1	M	漳莆		惊风	免费
	0009	叶荣娟	1	F	南安		惊风	免费
	0010	苏邱	32	M	南安	工	泥土压死	免费
	0013	洪玉琴	2	F	永春		风热症	免费
	0016	唐金水	28	M	安溪	商	热病	免费

续表

月份	编号	姓名	年龄	性别	籍贯	职业	死因	坟墓等级
9	0019	陈？	48	M	永春	商	热病	免费
	0021	林付	19	M	安溪	工	热病	免费
	0023	陈德水	1	M	惠安		惊风	免费
	0025	杨背	2	M	永春		热病	免费
	0029	林见来	28	M	安溪	工	热病	免费
10	0002	林清水	54	M	厦门	商	老病	丁
	0004	陈艺	62	M	同安	工	久病	丁
	0006	苏门黄氏	27	F	南安		风病	丁
	0008	陈仁	49	M	安溪	工	寒热	丁
11	0003	黄奕套	41	M	南安	商	老人病	甲
	0007	林丕成	59	M	同安	商	老人病	甲
	0010	温志道	50	M	晋江	工	热病	丁
	0012	郭雨多	16	M	永春	商	老人病	乙
	0015	陈寿仁	10 月	F	永春		惊风	免费
	0018	方门张氏	44	F	福清		热症	免费
	0020	黄起	43	M	晋江	工	热病	免费
	0022	陈梅师	1	M	德化		惊风	免费
	0025	黄门周氏	22	F	同安		热病	免费
	0027	陈亚九	1	M	永春		惊风	免费

附录表 4—5　　　　　吉隆坡福建义山 1934 年收据

月份	编号	姓名	年龄	性别	籍贯	职业	死因	坟墓等级
1	0005	李吉	50	M	安溪	工	老病	免费
	0008	颜王花	5	F	永春		热病	免费
	0010	李神运	14	M	安溪		热病	免费
	0012	傅李氏	24	F	南安		热病	免费
	0014	林叔玉	6 月	F	福州		咳病	免费
	0016	王利	35	M	安溪	工	热病	免费
	0018	叶长春	57	M	南安	工	热病	免费
	0020	陈瓶	49	M	安溪		热病	免费

续表

月份	编号	姓名	年龄	性别	籍贯	职业	死因	坟墓等级
1	0022	许清智	39	M	安溪	工	热症	免费
	0024	刘故□	58	M	永春	工	老人病	免费
	0026	朱只	71	M	仙游	工	老人病	免费
	0030	侯谦	61	M	南安	工	热病	丁
2	0006	吴炼	28	M	同安	工	热症	免费
	0008	王以	58	M	安溪	工	老人症	免费
	0010	林胜林	2	M	安溪		惊风	免费
	0012	廖读	1	M	安溪		惊风	免费
	0014	蔡新		M	莆田		惊风	免费
	0016	朱门程氏	34	F	闽侯		热病	丁
	0019	江□	44	M	安溪	工	热症	免费
	0021	刘门吴氏	69	F	安溪		老病	乙
	0023	孙□□	58	M	思明	工	热病	丁
	0027	林清于	34	M	安溪	工	热症	丁
3	0003	朱树郎	50	M	莆田	工	老人症	免费
	0005	郑宗福	4	M	安溪		热病	免费
	0007	黄鱼	35	M	南安	工	热病	免费
	0010	林铜英	18	M	永春		热病	免费
	0012	炉根枝	41	M	晋江	工	热症	免费
	0014	陈李氏	33	F	惠安		热病	丁
	0016	方福秋	51	M	南安	工	老病	丁
	0018	杨门沈氏	78	F	韶安		老症	丁
	0020	林发	40	M	埔田	商	老病	丁
4	0005	尤门黄氏李佑	24	F	南安		心痛	丙
	0008	叶会	72	M	安溪	工	老病	丁
	0011	唐陈	74	M	安溪	工	老病	丁
	0013	林文廷	25	M	永春	工	热症	丁
	0015	金有	51	M	安溪	工	老人病	丁
	0018	廖聘	60	M	安溪	工	老病	丁
	0020	叶王氏	25	F	南安		产病	丙
	0023	陈门潘氏	58	F	闽侯		老病	丁

续表

月份	编号	姓名	年龄	性别	籍贯	职业	死因	坟墓等级
4	0025	谢门林氏	44	F	金门		老人症	丙
	0027	刘英	3	F	安溪		惊风	免费
	0029	苏□字	19	M	南安	工	热病	免费
	0031	叶端	75	M	南安	工	老人病	免费
	0033	叶伴	46	M	安溪	工	热症	免费
	0035	陈杰	59	M	永春	工	老症	免费
	0038	林孝章	25	M	福清		水淹	免费
	0040	张和尚	32	M	安溪	工	热症	免费
	0042	黄铁	63	M	诏安	工	老症	免费
	0045	叶三	43	M	南安	工	热症	免费
5	0004	尤亚真	1	F	安溪		热病	免费
	0008	早？姑	4	F	南安		热病	免费
	0010	蔡春会	0	F	福建		产后即亡	免费
	0012	陈位	45	M	南安	木工	热症	免费
	0014	胡凤	40	M	安溪	工	热症	免费
	0016	叶门刘氏	34	F	安溪		热症	免费
	0018	叶库	36	M	安溪	商	热症	免费
	0020	林水	39	M	莆田	工	热病	免费
	0024	王锦美	4	M	福清		喉病	丁
	0027	王林氏	27	F	福清		热病	丙
	0030	叶永福	69	M	南安	商	老病	甲
	0032	吴门林氏	39	F	同安		热症	丙
	0034	林□	49	M	永春	柴工	热症	丁
	0036	洪连	27	M	南安		热病	丁
	0038	陈门黄氏	48	F	同安		热症	丁
	0041	李偶	48	M	永春	商	热病	丙
6	0005	尤旭	68	M	南安	工	老病	丁
	0007	林潮宗	62	M	思明	商	老人病	丁
	0009	陈门颜氏	19	F	永春		热病	丙
	0011	叶门易事	60	F	南安		老人病	丁
	0013	林向清	60	M	南安		老病	丙

续表

月份	编号	姓名	年龄	性别	籍贯	职业	死因	坟墓等级
6	0015	刘丹禄	39	M	南安	商	热病	丁
	0018	陈日墙	68	M	永春		老人病	特别地①
	0021	林门魏氏	40	F			热病	丙
	0025	苏某	产后	M	安溪		惊风	免费
	0028	傅连	48	M	安溪	工	热症	免费
	0031	邱门吴氏	38	F	仙游		热症	免费
	0034	廖玉	40	M	安溪		热症	免费
	0036	黄省	57	M	安溪	工	老病	免费
	0038	黄成	29	M	莆田	工	热症	免费
	0040	钟怀思	1	F	思明		惊风	免费
	0042	戴和	40	M	同安		老病	免费
	0044	郑因贵	1	M	安溪		热病	免费
	0047	陈高氏	50	F	闽侯		热病	免费
	0050	陈春	18	M	安溪	工	热症	免费
	0052	林永固	3	M	安溪		车碾伤毙命	免费
	0055	林安	45	M	安溪	工	老人病	免费
	0058	王荣	46	M	安溪	工	热病	免费
7	Img003	朱张氏	61	F	泉州		热病	乙
	Img005	林门陈氏	59	F	思明		老病	丙
	Img007	吴郑氏	49	F	闽侯		热病	丁
	Img009	洪坑	49	M	南安	木工	热病	丁
	Img011	林邱氏	50	F	海澄		老人病	丙
	Img013	林陈氏	47	F	安溪		热病	丁
	Img015	黄祥福	51	M	泉州	商	老病	丙
	Img017	叶门周氏	31	F	福建		热病	丁
	Img020	王居	61	M	安溪	工	老人病	丁
	Img023	林竹	41	M	安溪	工	热病	丁
	Img026	郭梦霖	46	M	兴化	工	热病	免费
	Img028	翁米	69	M	安溪	工	老人病	免费

---

① 其实就是"戊"种坟地。

续表

月份	编号	姓名	年龄	性别	籍贯	职业	死因	坟墓等级
7	Img030	廖门林氏	38	F	安溪		产症	免费
	Img032	郑礼	51	M	同安		老人病	免费
	Img035	黄广	30	M	仙游	工	热病	免费
	Img037	许金隆	4 月	M	安溪		惊风	免费
	Img039	黄玉树	28	M	莆田	工	热病	免费
	Img042	未表名	2 月	M	安溪		惊风	免费
	Img044	陈炎	47	M	惠安	工	热症	免费
	Img046	陈金垅	18	M	永春	工	热病	免费
	Img048	赵才福	19 月	M	同安		惊风	免费
	Img051	黄海	8	M	安溪		热病	免费
	Img053	林三梅	7	M	莆田		热病	免费
	Img057	姚成	37	M	南安	工	热病	免费
8	0002	陈基	24	M	安溪	工	热病	免费
	0006	周燕真	1	M	安溪		惊风	免费
	0009	白龙	2	F	安溪		惊风	免费
	0011	吴妹	1	F	同安		惊风	免费
	0015	高民	3	F	惠安		惊风	免费
	0017	王连	2	M	南安		热病	免费
	0020	盛门陈氏	49	F	永春		热病	丙
	0024	温思义	29	M	安溪	商	肺病	丙
	0026	林昆南	37	M	海澄	商	热病	乙
	0028	温门许氏	37	F	安溪		热症	丁
	0031	陈占宽	68	M	南安	工	老人病	丁
	0033	林金芳	21	M	安溪	工	热病	丁
	0035	蔡门郑氏	53	F	海澄		老人病	特别地
	0037	李胜	71	M	安溪	农	老病	丁
	0039	林文隆	59	M	安溪	农	热症	丁
	0041	温门许氏	28	F	安溪		热症	丁
	0044	张门温氏	53	F	安溪		老人病	丙

续表

月份	编号	姓名	年龄	性别	籍贯	职业	死因	坟墓等级
9	Img005	林门陈氏	30	F	安溪		热病	免费
	Img007	倪福法	77	M	晋江	工	老病	免费
	Img009	王世计	49	M	安溪	工	热病	免费
	Img011	林汉	17	M	同安		热疾	免费
	Img013	陈门黄氏	35	F	南安		产后伤生	免费
	Img017	林门郑氏	26	F	永春		产后	甲
	Img021	黄门陈氏	69	F	海澄		老人病	丙
	Img023	林三弟	49	M	闽侯	商	热症	丁
	Img026	甘陈氏	62	F	安溪		老人病	丙
	Img028	陈坛	55	M	龙溪	商	老人病	乙
	Img030	邱门林氏	68	F	龙岩		老病	丙
	Img032	张门冯氏	38	F	三砂		热病	丙
10	0003	邱金全	25	M	南安		热病	免费
	0005	廖门李氏	55	F	安溪		老病	免费
	0007	侯社	63	M	南安	工	老病	免费
	0009	吴进	43	M	诏安	工	热病	免费
	0011	曹德常	62	M	南安	菜园	热症	免费
	0013	薛榜	31	M	仙游	工	热症	免费
	0015	陈喜	46	M	惠安	工	热病	免费
	0017	蔡天禄	61	M	莆田	工	老人病	免费
	0019	沈雍	50	M	仙游	工	老病	免费
	0021	吴柴	45	M	惠安	工	热病	免费
	0023	陈日浩	45	M	永春	商	久病	丙
	0025	林门颜氏	45	F	永春		气喘	丙
	0027	门阮亚妹	25	F	闽侯		热病	丁
	0029	张门林氏	27	F	惠安		热病	丁

月份	编号	姓名	年龄	性别	籍贯	职业	死因	坟墓等级
11	0005	叶路发	46	M	南安	工	热病	免费
	0007	江传	40	M	延平	工	热病	免费
	0009	陈再娘	1	F			惊风	免费
	0011	朱□	2R	M	安溪		热病	免费
	0013	唐三亚	4	M	闽侯		热病	免费
	0015	沈许氏	62	F	安溪		老人病	免费
	0017	刘岑	6	F	安溪		热病	免费
	0019	颜榜	60	M	永春	工	老人病	免费
	0021	叶金火	8	M	安溪		热病	免费
	0023	洪佳章	24	M	永春	工	热病	免费
	0025	苏亚第	5	M	安溪		热病	免费
	0028	陈门谢氏	54	F	安溪		老病	免费
	0031	黄为培	42	M	闽清	工	肺病	免费
	0033	侯中兴	49	M	南安		热病	丁
	0035	侯门雷氏	28	F	南安		产病	丁
	0038	邱水生	64	M	海澄	商	老病	丙
12	Img005	殷门邱氏	31	F	厦门		生产症	丙
		廖门李氏	64	F	安溪		老病	丁
	Img011	陈学珠	29	M	闽侯	工	热病	丁
	Img014	侯矛	65	M	南安	工	老人病	丁
	Img016	胡汉顺	46	M	漳州	商	热病	丙
	Img018	李门□氏	62	F	永春		老病	丙
	Img021	刘举	40	M	南安	工	热症	丁
	Img023	谢原	57	M	南安	工	老病	免费
	Img025	郑金丰	8	M	永春		热病	免费
	Img027	未表名	10月	M	南安		惊风	免费
	Img030	林李氏	40	F	安溪		热病	免费
	Img032	林和绸	3	M	安溪		热病	免费

附录表 4—6　　　　　　　吉隆坡福建义山 1936 年收据

月份	编号	姓名	年龄	性别	籍贯	职业	死因	坟墓等级
1	0003	梁江	59	M	南安	工	老人病	免费
	0006	黄河花	1	M	闽侯		惊风	免费
	0008	高生	43	M	福州	商	热病	免费
	0010	施依枝	55	M	闽县	工	老病	免费
	0013	黄开美	32	M	安溪	商	热病	免费
	0015	林刺旦	66	M	安溪		老人病	免费
	0017	林福	53	M	莆田	工	老病	免费
	0020	幼儿	1	M	安溪		惊风	免费
	0022	李吉	55	M	将乐	工	热病	免费
	0024	郭亚毯	21	M	莆田	工	热症	免费
	0027	朱英	49	M	安溪	商	老病	丁
	0029	邵招	63	M	同安	商	老病	甲
	0031	胡门郑氏	70	F	漳州		老病	丙
	0033	林文成	36	M		商	心气病	特别
	0036	姚门陈氏	28	F	莆田		热病	丁
	0038	沈瑞德	58	M	诏安	商	老病	丙
	0041	谢德顺	63	M	安溪	工	老病	丙
	0043	吴振声	36	M	闽侯	商	疝症	丙
2	0003	李城	63	M	安溪		老病	免费
	0005	魏门陈氏	30	F	海澄		生产	免费
	0007	林东雪	52	M	安溪	工	老病	免费
	0010	黄□	70	M	南安	商	老病	免费
	0012	林锦泰	2.5 月	M			热病	免费
	0014	林埔年	25	M	永春	工	热病	免费
	0017	叶□齐	24	M	南安	工	肺病	丁
	0019	周苗潜	63	M	同安		老病	丙
	0021	王之利	68	M	闽侯	商	老人病	丁
	0024	王从	66	M	安溪	商	老人病	丁
	0027	胡门姚氏	26	F	安溪		风热病	丁

续表

月份	编号	姓名	年龄	性别	籍贯	职业	死因	坟墓等级
	0006	摇文非	6	F	安溪		惊风	免费
	0009	彭门姚氏	38	F	福州		热病	免费
	0011	林水烛	32	M	安溪	工	久病	免费
	0013	林亚蓉	3	F	海澄		热病	免费
	0015	林吉生	初生	M	永春			免费
3	0017	苏门洪氏	43	F	南安县		衰弱病	丁
	0020	皮缎	68	M	安溪	工	老病	丁
	0022	林门王氏	64	F	安溪		老人病	丁
	0024	黄门吴氏	47	F	南安		老人病	丁
	0027	吕门颜氏	42	F	南安		久病	丁
	0030	许文贞	48	M	莆田	商	老病	丙
	0003	苏根	37	M	同安		热病	免费
	0005	洪门吴氏	71	F	南安		老病	免费
	0008	陈福贵	5	M	安溪		热病	免费
	0011	王成	59	M	仙游	工	老人病	免费
	0014	蔡伦	31	M	莆田	车夫	热病	免费
	0016	陈笋	36	M	永春		热症	免费
	0018	姚金兰	6	F	安溪		寒热病	免费
	0020	杨玉郎	61	M	莆田		老人病	免费
4	0023	何□	57	M	莆田	工	弱病	丁
	0027	叶门陈氏	53	F	南安		老人病	丙
	0029	卢门陈氏	33	F	永定		咳嗽病	丁
	0031	林高升	62	M	安溪		老人病	丁
	0033	黄直	74	M	安溪		老人病	丁
	0035	苏创	77	M	南安	耕种	老人病	丙
	0038	陈门吴氏	63	F	安溪		热病	丁
	0040	阮允安	52	M	福州	工	热病	丁
	0042	刘门杨氏	39	F	安溪		病	丙
	0046	郭门廖氏	42	F	莆田		热病	丁

续表

月份	编号	姓名	年龄	性别	籍贯	职业	死因	坟墓等级
5	Img004	杨炳	75	M	诏		老病	丁
	Img006	胡云集	31	M	安溪	工	热病	丁
	Img009	张四	55	M	闽侯	工	热病	丁
	Img011	洪门蔡氏	69	F	永春		老病	丁
	Img013	颜门张氏	67	F	龙溪		老人病	丙
	Img015	何田意	55	M	莆田		老人病	丁
	Img017	陈芳记（陈友城）	53	M	安溪	商	老人病	丙
	Img020	林门陈氏	36	F	安溪		热症	丁
	Img027	林全好	25	M	泉州		热病	免费
	Img029	刘生峰	49	M	惠北		热病	免费
	Img032	廖鱼	56	M	安溪		热病	免费
	Img034	苏门杨氏	70	F	安溪		老人病	免费
	Img036	叶仕珍	4	M	泉州		热病	免费
	Img038	林湖西	3月	M	安溪		惊风	免费
	Img041	陈源	39	M	南安		热病	免费
6	0004	李全	26	M	安溪	工	热病	免费
	0006	庄旺	48	M	惠安	工	久病	免费
	0009	尤登	56	M	南安	筑业	热病	免费
	0011	林亚孙	21	M	惠安	脚车业	汽车肇祸	免费
	0013	温门张氏	66	F	厦门		老人病	丙
	0016	林保定	66	M	同安	商	老人病	丙
	0019	傅两	66	M	南安		老人病	丁
	0021	邱财宝	52	M	海澄		老人病	乙
	0023	陈门黄氏	81	F	海澄		老人病	丙

续表

月份	编号	姓名	年龄	性别	籍贯	职业	死因	坟墓等级
7	0004	洪海	18	M	南安		热病	免费
	0006	庄玉史	60	M	惠安	工	老病	免费
	0009	陈斤	44	M	永春	工	热病	免费
	0011	尤自	9	M	南安		热痛	免费
	0013	黄槐	29	M	安溪	工	热病	免费
	0015	盛柱	29	M	永春		热症	免费
	0017	林凡花	10月	F	安溪		热病	免费
	0020	林苟	49	M	惠北		热症	免费
	0022	刘养	65	M	南安		老人病	丙
	0024	黄门郑氏	56	F	泉州		老人病	丙
	0027	苏送	52	M	南安		老人病	丙
	0030	颜门周氏	44	F	永春		久病	丙
	0032	侯甫应	34	M	南安		热症	丁
	0035	侯甫镇	71	M	南安		老病	丁
	0037	颜治平	42	M	永春	工	久病	丁
	0039	张芳宾	44	M	福州		热病	丙
	0041	戴门黄氏	72	F	南安		老人病	丁
	0044	刘发苧	57	M	安溪	商	老病	甲
8	0003	李树	48	M	兴化	工	热病	免费
	0006	林门李氏	27	F	诏安		热症	免费
	0009	郑门张氏	23	F	福清		久病	免费
	0011	林李氏	45	F	同安		热症	免费
	0014	叶李光	5	M	闽侯			免费
	0016	曾门郑氏	29	F	永定	工	热病	免费
	0019	叶门黄氏	30	F	安溪		热病	免费
	0022	方咸紫	58	M	安溪		老人病	丁
	0024	郑长	66	M	安溪	工	弱病	丙
	0026	林诸侯	49	M	安溪	商	热病	丁
	0028	王声恒	23	M	福清	商	热病	丙
	0031	李门吴氏	64	F	安溪		热症	丁

续表

月份	编号	姓名	年龄	性别	籍贯	职业	死因	坟墓等级
9	0002	林门吴氏	60	F	永春		老人病	丁
	0004	黄祖三	51	M	永春	商	老病	丙
	0006	朱挡娘	63	F	安溪		老人病	丙
	0008	王门林氏	23	F	安溪		生产	丁
	0011	周苗	63	M	厦门	工	老人病	免费
	0014	颜门陈氏	28	F	安溪		热病	免费
	0016	刘东梅	52	M	南安	工	老人病	免费
	0019	刘泉里	31	M	安溪		热病	免费
	0022	林全	15	M	安溪		热病	免费
	0027	张育英	2月	F	思明		惊风	免费
	0030	胡英子	未一月	F	安溪		惊风	免费
	0033	王门刘氏	17	F	安溪		血症	免费
	0035	李峇舌	1	M	永春		惊风	免费
	0038	黄清	56	M	永春		热病	免费
	0041	刘福顺	5	M	永春		热病	免费
	0043	卓钰先	37	M	莆田		热病	免费
10	0004	陈门黄氏	69	F	安溪		老人病	免费
	0007	叶民侨	3	M	南安		热症	免费
	0010	廖清汉	12	M	安溪		热病	免费
	0013	李兴玉	52	M	永春		久病	免费
	0017	何班	73	M	安溪		老人病	免费
	0020	林门吴氏	38	F	诏安		热病	免费
	0023	蔡明和	37	M	思明	打菜园	热病	免费
	0026	陈九	28	M	南安	工	热病	免费
	0029	傅门陈氏	41	F	泉州		热病	丁
	0031	邱门杨氏	68	F	海澄		老人病	甲
	0033	林勇	40	M	惠安		热病	丁
	0036	李门陈氏	18	F	永春		热症	丁
	0039	颜章趁	7月	M	永春		惊风	丁
	0042	王鸟脚	71	M	同安		老人病	丙
	0044	翁瓒乡	66	M	安溪		老人病	丙

续表

月份	编号	姓名	年龄	性别	籍贯	职业	死因	坟墓等级
11	Img003	陈门李氏	61	F	南安		老人病	免费
	Img005	梁谅	40	M	安溪		热病	免费
	Img007	刘顺兴	36	M	泉州	工	寒热	免费
	Img010	吴凤	12	F	永春		落水死	免费
	Img013	苦环	80	M	安溪		热病	免费
	Img016	陈云官	63	M	侯官	工	老人病	免费
	Img018	郑再成	23	M	永春	商	腹病	甲
	Img021	林门陈氏	42	F	永春		老人热病	丁
	Img023	吴明福	54	M	思明		老人病	丙
	Img026	余门刘氏	62	F	南安		老人病	丁
	Img029	林门陈氏	33	F	安溪		产病	丁
12	0003	官门张氏	36	F	安溪		寒热病	丙
	0006	卓合	59	M	仙游	工	热病	丙
	0009	林门连氏	29	F	惠北		热病	丁
	0011	翁门谢氏	36	F	同安		产病	丁
	0013	高挺眼	64	M	同安	商	老人病	甲
	0018	颜叔	46	M	南安		热病	丁
	0021	林瑞淡	57	M	南安		热病	丁
	0023	颜燧勋	18	M	永春	商	寒热	丙
	0026	杨煊绸	11	F	海澄		热症	丁
	0028	刘素心	58	M	安溪	商	老人病	甲
	0030	黄奕庚	49	M	南安	商	久病	丙
	0032	邱宝荫	17	M	海澄		热病	丁
	0004	林全明	40	M	同安	工	热病	免费
	0007	陈英发	8月	M	安溪		惊风	免费
	0009	李邦	15	M	安溪		意外病触电	免费
	0011	陈守	64	M	仙游		热病	免费
	0013	林春仁	5	M	惠安		热病	免费
	0016	林穤	25	M	永春		热病	免费
	0018	朱门汤氏	27	F	莆田		热症	免费

续表

月份	编号	姓名	年龄	性别	籍贯	职业	死因	坟墓等级
12	0020	叶成艾	43	M	南安	工	热症	免费
	0022	叶梅英	9	F	南安		热症	免费
	0025	轲凤	23	M	莆田		外病	免费
	0028	林门李氏	76	F	安溪		老人病	免费
	0031	陈汁	20	M	南安		热症	免费
	0033	李门廖氏	32	M	安溪		热病	免费

附录表 4—7　　　　吉隆坡福建义山 1939 年收据

月份	编号	姓名	年龄	性别	籍贯	职业	死因	坟墓等级
1	0006	朱九	2	M	仙游		热病	免费
	0009	吕添	23	M	南安		意外病电车事	免费
	0011	郑开生	26	M	仙游		热病	免费
	0014	吴枫	57	M	南安		热病	免费
	0017	杨记	34	M	仙游	工人	肝病	免费
	0019	黄盛	55	M	南安		热病	免费
	0022	叶参	41	M	南安		热病	免费
	0024	叶新镜	29	M	安溪		热病	免费
	0027	沈元	57	M	安溪	工	老人病	免费
	0030	苏三元	64	M	南安		老人病	丁
	0032	林鸿光	67	M	福州		老人病	丙
	0035	林门陈氏	50	F	厦门		热病	丁
	0038	李门林氏	34	F	永春		热病	丁
2	0006	徐总	20	M	兴化		热病	免费
	0008	谢苏妹	0	F	安溪		夭殇	免费
	0010	黄笔	60	M	永春		老人病	免费
	0013	林兴	11	M	福州		热病	免费
	0015	许荣	70	M	兴化		热病	免费
	0018	刘锦	51	M	莆田		热病	免费
	0021	吴丛	50	M	仙游		热病	免费
	0024	姚均福	16	M	莆田		咳嗽	免费

续表

月份	编号	姓名	年龄	性别	籍贯	职业	死因	坟墓等级
2	0027	叶门吴氏	19	F	南安		热病	丁
	0029	陈连	69	M	兴化		老人病	丁
	0031	蓝紫云	46	M	南安		热病	丁
	0034	黄纪	61	M	南安		热病	丁
	0037	杨土	57	M	惠安		老人病	丁
3	0005	陈财	56	M	惠安		老人病	免费
	0007	陈流枝	9	M	安溪		热病	免费
	0009	徐显俤	35	M	闽侯	工人	热病	免费
	0011	区流之女	胎儿6月	F	南安		未足月而生流产	免费
	0013	柯粟	65	M	安溪		热病	免费
	0016	叶竭	44	M	南安		热病	免费
	0019	朱培	8	M	安溪		热病	免费
	0022	陈添福	10	M	永春		热病	免费
	0025	张肖全	47	M	莆田		热病	免费
	0028	王金	3月	M	安溪		热病	免费
	0030	陈连	3	F	泉州		热病	免费
	0033	姚丁	初出世	M	安溪			免费
	0035	杨琼虎	1	M	厦门		热病	免费
	0037	温崇永	16日	M	海澄		热病	免费
	0040	姚门黄氏	35	F	南安		热病	免费
	0042	邱明煌之女		F	海澄		流产	免费
	0045	陈春金	31	M	惠安		热病	免费
	0047	林蕉	67	M	安溪		老人病	免费
4	0005	林荣溇	45	M	厦门		热病	免费
	0008	侯雨	29	M	南安		内伤	免费
	0011	郑乌贼	62	M	闽侯		老人病	免费
	0014	陈木仁	2	F	安溪		热病	免费
	0016	李门施氏	75	F	安溪		老人病	免费
	0018	刘瑞昌	20	M	南安		热病	免费
	0021	林门胡氏	55	F	安溪		热病	免费
	0023	陈道华	10月	F	南安		惊风	免费

续表

月份	编号	姓名	年龄	性别	籍贯	职业	死因	坟墓等级
4	0026	陈门黄氏	42	F	安溪		热病	免费
	0031	胡心水	3	M	安溪		热病	免费
	0033	童敏	47	M	莆田	商	热病	丙
	0036	颜门黄氏	65	F	永春		热病	丁
5	0003	林纪延		M	安溪			丙
	0007	林门陈氏	25	F	惠安		热病	丁
	0009	王炳有	11	M	思明		热病	丁
	0011	张门胡氏	45	F	安溪		热病	丁
	0013	候匣水	56	M	南安		老人病	丙
	0015	杨金发	88	M	海澄		老人病	乙
	0018	李新发	35	M	思明		热病	丁
	0020	苏荣	75	M	南安		老人病	丁
	0022	杨亚才	4	M	同安		热病	丁
	0025	黄孙苴	72	M	南安		老人病	丁
	0028	林门孙氏	50	F	同安		热病	丙
	0006	叶准	72	M	安溪		热病	免费
	0009	林亚春	18	F	永春		意外病	免费
	0012	林树	66	M	安溪		老人病	免费
	0014	刘五妹之女	2 日	F	永春			免费
	0017	苏定性	28	M	安溪		热病	免费
	0019	陈郎	57	M	惠安		热病	免费
	0021	吴宝安	3 月	M	仙游		肚病	免费
	0024	王亚芬	2	F	安溪		热病	免费
	0026	郑双春	48	M	惠安		热病	免费
	0028	林发	66	M	安溪		老人病	免费
	0030	张善侯	5 天	M	永春			免费
	0034	许门林氏	28	F	莆田		热病	免费
	0036	石门陈氏	30	F	福州		热病	免费
	0039	周水英	10	F	永春		热病	免费
	0042	李坑	68	M	安溪		老人病	免费
	0044	林芳	1 月	F	安溪		热病	免费

续表

月份	编号	姓名	年龄	性别	籍贯	职业	死因	坟墓等级
5	0047	刘幸利	17	M	南安		热病	免费
	0049	陈结色	8	F	漳州		热病	免费
6	0005	陈门林瑞莲	47	F	思明		神经病	甲
	0008	王声道	37	M	福清		热病	丁
	0011	邱门陈氏	65	F	永春		老人病	丁
	0014	黄门叶氏	31	F	莆田		热病	丁
	0017	马文兴	46	M	仙游		热病	丁
	0006	胡维超	14	M	安溪		热病	免费
	0009	无名氏	0		安溪		死胎	免费
	0013	无名	0		安溪		初生	免费
	0017	李双	7	F	安溪		热病	免费
	0020	侯木	43	M	南安		老人病	免费
	0023	林伊四	55	M	闽侯		热病	免费
	0026	侯绍	49	M	晋江		热病	免费
	0030	陈国桢之子	5月	M	南安		热病	免费
	0033	高女	8月	F	永春			免费
	0036	李福山	3月	M	南安		热病	免费
	0039	陈亚烈	3	M	泉州		热病	免费
	0041	李燕鸿	7月	M	永春		热病	免费
	0044	苏秋山	36	M	安溪		热病	免费
	0047	陈添宝	初生		同安			免费
	0050	黄则秦	51	M	泉州		老人病	免费
	0053	无名	0		永春		死胎	免费
	0056	叶校	74	M	同安		老人病	免费
	0060	苏美	9	F	安溪		热病	免费
	0063	林亚妹	初生	F	安溪		夭殇	免费
	0066	何义荣	6	F	厦门		热病	免费
7	0007	洪□	84	F	南安		老病	丙
	0010	刘游	56	M	南安		热病	丁

续表

月份	编号	姓名	年龄	性别	籍贯	职业	死因	坟墓等级
7	0013	林进芳	58	M	南安		老人病	丁
	0016	林模珠	53	M	安溪		热病	丁
	0019	蔡门林氏	30	F	安溪		胃病	丙
	0022	刘门戴氏	58	F	南安		老人病	乙
	0025	苏好	61	F	安溪		老病	丙
	0028	吴德泉	41	M	惠安		热病	丁
	0031	邱金泉	23	M	永春		热病	免费
	0034	张门刘氏	40	F	闽侯		热病	免费
	0037	无名	0		永春		死胎	免费
	0040	侯来	45	M	南安		意外	免费
	0043	庄林氏	25	F	南安		热病	免费
	0047	刘金玉	初生	M	泉州		??	免费
	0050	柯文金	4	M	南安		热病	免费
	0054	林沙	47	M	泉州		热病	免费
	0057	谢苟	5	M	安溪		热病	免费
8	0007	陈门林氏	26	F	安溪		热病	免费
	0010	邱丁顺	1	M	海澄		夭殇	免费
	0013	杨赐	49	M	莆田	工人	热病死	免费
	0016	黄见	31	M	南安		腹病	免费
	0019	吴有	2	M	南安		肚痛	免费
	0022	郑蕉	9	M	永春		热病	免费
	0026	曾义顺	2 日	F	厦门		夭殇	免费
	0031	官亚财	1	M	莆田		热病	免费
	0034	林杯之子	4 月	M	永春		热病	免费
	0037	侯达	55	M	南安		热病	免费
	0040	黄进禄	2	M	晋江		热病	免费
	0043	谢进恒	51	M	厦门		热病	丁
	0046	刘门陈氏	32	F	南安		风热病	丙
	0049	郑春角	66	M	闽侯		老人病	丁
	0052	杨添赏	49	M	金门		热病	丁

续表

月份	编号	姓名	年龄	性别	籍贯	职业	死因	坟墓等级
9	0005	廖杰登	初生	M	南安			免费
	0008	林华	初生	M	厦门		热症	免费
	0011	陈兴	76	M	仙游	小贩	老病	免费
	0014	无名氏	0	M	永春		死胎	免费
	0017	林休会	42	M	安溪			免费
	0020	柯好国	30	M	厦门		热病	免费
	0023	黄玉才	10月	M	安溪		泻症	免费
	0027	杨德威	5天	M	永春		夭殇	免费
	0030	颜统	43	M	永春		珍热病	免费
	0033	李隆臣	2月	M	安溪		热病	免费
	0039	无名氏	0	M	泉州		死胎	免费
	0042	陈举	42	M	安溪		热病	免费
	0045	刘亚凤	4月	F	南安	商	热病	免费
	0048	林玉辉	9月	F	安溪		惊风	免费
	0051	陈清条	22小时	F	永春		初生	免费
	0054	彭德新	10月	M	仙游		热病	免费
	0057	洪保	36	M	永春		热病	免费
	0060	郭亚妹	1	F	思明		热病	免费
	0005	吴文闩	57	M	同安	商	老人病	甲
	0008	叶门傅氏	19	F	南安		热病	乙
	0011	黄门李氏	34	F	安溪		产后病	丁
	0014	陈七哥	51	M	惠安		感冒	丁
	0017	黄门苏氏	45	F	安溪		热病	丁
	0020	林春盛	18	M	永春	工人	不服水土	丁
	0023	林德生	35	M	安溪		热病	丁
	0026	柯门黄氏	37	F	厦门		产后身故	丁
10	0005	叶敲	60	M	南安		老病	丙
	0008	刘门杨氏	62	F	同安		老病	丙
	0011	颜吟	50	M	永春	工	老病	丁
	0014	张门阮氏	67	F	泉州		老病	丁
	0017	林门王氏	40	F	安溪		热病	丙

续表

月份	编号	姓名	年龄	性别	籍贯	职业	死因	坟墓等级
10	0020	陈挑笃	70	M	泉州		老病	丙
	0023	陈洧	32	M	永春		热病	丁
	0009	姚惠兰	4小时	F				免费
	0012	林承	0	M	安溪		夭殇	免费
	0015	颜未名	初生	M	永春			免费
	0018	倪德茂	46	M	福州		热病	免费
	0021	辜阿□	8月	M	仙游		疟疾	免费
	0024	林清少	54	M	厦门		热病	免费
	0027	吴福进	15	M	惠安		热病	免费
	0030	刘金	6月	M	南安		热病	免费
	0033	辜门王正菊	29	F	莆田		热病	免费
	0036	无名氏	0	M	安溪		死胎	免费
	0041	陈里水	50	M	安溪		热病	免费
	0048	姚新丛？	2	M	安溪		热病	免费
	免费	0051	何亚凤	0	M	安溪		夭殇
11	Img004	邱明祥	51	M	海澄		热症	乙
	Img007	张加伯	50	M	仙游	泥水	热病	丁
	Img010	陈吉日	20	M	永春		热症	乙
	Img013	沈耀章	56	M	诏安		老人病	丁
	Img016	白墙	49	M	安溪		热病	丙
	Img019	刘板	69	M	南安	工	老人病	丙
	Img023	徐源福	15	M	思明		热症	丁
	Img026	叶冬菊	32	M	南安		肺病	丙
	Img029	陈长旧	55	M	安溪		老病	丁
	0005	周华燥	57	M	安溪	建筑	痨病	免费
	0008	无名氏	0	M	永春		死胎	免费
	0011	陈黎水	64	M	安溪		热病	免费
	0014	陈□兴	2月	M	安溪		热病	免费
	0017	张天德	29	M	南安		腹内病	免费
	0020	庄金和	33	M	仙游	车仔	肿病	免费
	0023	无名氏	0	F	永春		死胎	免费

续表

月份	编号	姓名	年龄	性别	籍贯	职业	死因	坟墓等级
11	0026	林门胡氏	46	F	安溪		乳痛	免费
	0029	□天辉	2	M	安溪		热病	免费
	0032	陈木	40	M	安溪		热病	免费
	0035	刘山瑜	2	M	安溪		热病	免费
	0038	朱明	39	M	仙游		热病	免费
	0041	陈金炎	26	M	莆田		热病	免费
	0043	林允	3月	M	永春		惊风	免费
12	0007	陈女	2	F	南安		热病	免费
	0010	亚仔	1	M	厦门		风病	免费
	0013	无名氏	0	F	安溪		死胎	免费
	0016	程秀娥	31	F	安溪		咳病	免费
	0019	陈文良	1	M	永春		热病	免费
	0022	柯伍妹	55	M	惠北	拉车	水浸死	免费
	0025	无名氏	0	M	永春		死胎	免费
	0028	郭盛	65	M	仙游		热症	免费
	0031	林尚聘	24	M	安溪		热病	免费
	0034	无名氏	0	M	新益		死胎	免费
	0037	林门裴氏	57	F	安溪		疯病	免费
	0040	王圣	35	M	安溪	种菜	热病	免费
	0043	杨琼玉	60	M	海澄		老人病	甲
	0046	郑兼三	43	M	永春		气管炎病	丙
	0049	郭门潘氏	41	F	泉州		热病	丁
	0052	杨星耀	24	M	永春		胃病	甲
	0055	叶锡悴	73	M	安溪		老人病	丙
	0058	黄起群	55	M	永春	商	老人病	丁
	0061	黄守心	32	F	南安		痨病	丙
	0064	林亚注	57	M	莆田		热病	丙

征引文献

一　中英文史料

（一）会议簿

《雪兰莪福建会馆会议簿》（1930—1932），雪隆福建会馆藏。

《雪兰莪福建会馆会议簿》（1932—1934），雪隆福建会馆藏。

《雪兰莪福建会馆会议簿》（1934—1937），雪隆福建会馆藏。

《雪兰莪福建会馆会议簿》（1937—1941），雪隆福建会馆藏。

《雪兰莪福建会馆会议簿》（1941—1950），雪隆福建会馆藏。

《雪兰莪福建会馆会议簿》（1952—1955），雪隆福建会馆藏。

《吉隆坡永春会馆会议簿》，第1册，1930年，吉隆坡永春会馆藏。

（二）报纸

《益群报》，马来西亚国家档案馆藏。

《南洋商报》，新加坡国立大学图书馆藏。

The Straits Times，新加坡国立大学图书馆藏。

《叻报》，新加坡国立大学图书馆藏。

（三）古籍、文史资料、档案汇编

真德秀：《西山集》，文渊阁《四库全书》本。

力钧：《双镜庐文存》，光绪木活字本（残存6卷），中国国家图书馆藏。

政协福建省泉州市委员会文史资料研究委员会编：《泉州文史资料 第13辑》，1982年。

政协福建省泉州市委员会文史资料研究委员会编：《泉州文史资料 第16辑》，1984年。

政协福建省委员会文史资料委员会编：《福建文史资料 第34辑 纪念抗日战争胜利50周年》，1995年。

政协福建省仙游县委员会编：《仙游文史资料 第3辑》，1985年。政协福建省安溪县委员会文史资料工作组编：《安溪文史资料》1986年第1辑。

政协福建省永春县委员会文史资料工作组编：《永春文史资料》1985年第1辑。

国家体委体育文史工作委员会、全国体总文史资料编审委员会编：《中国近代体育文选 体育史料 第17辑》，人民体育出版社1992年版。

中国第二历史档案馆等编：《民国时期泉州地区档案资料选编》，1995年。

《中国近代法制史资料选辑 1840—1949 第1辑》，西北政法学院法制史教研室 1985 年编印。

中国人民解放军历史资料丛书编审委员会:《新四军·参考资料（1）》,解放军出版社 1992 年版。

蔡仁龙、郭梁主编:《福建党史资料 华侨抗日救国史料选辑》,中共福建省委党史工作委员会、中国华侨历史学会 1987年编印。

许云樵等编:《新马华人抗日史料》,新加坡文史出版私人有限公司 1984 年版。

叶奇思编:《赤子丹心:武汉合唱团南洋筹赈巡回演出纪实》,中国华侨出版社 2006 年版。

（四）其他

南洋民史纂修馆编纂:《南洋名人集传》,第一集,槟城1922 年印。

南洋民史纂修馆编纂:《南洋名人集传》,第二集下册,槟城点石斋印刷有限公司 1928 年印

南洋民史纂修馆编纂:《南洋名人集传》,第五册,新加坡耐明印务局 1941 年印。

《马来西亚中华大会堂联合会手册》,马来西亚中华大会堂联合会 1993 年编印。

《星洲十年（政治、市政）》,星洲日报社 1939 年编印。

General remarks on the cenesus, Federated Malay States, 1901.

Review of the census operations and results, Federated Malay States, 1911.

To visit Malaya. The Singapore Free Press & Mercantile Advertiser（Weekly）, 26 April 1934.

C. A. Vlieland, *A report on the 1931 census and on certain prob-*

lems of vital statistics. London：Crown Agents for the Colonies，1932.

Straits Settlements. *Report of the Protector of Chinese*, *1930.* Singapore：Government Press.

二 社团特刊

《雪兰莪福建会馆百年纪念特刊（1885—1985）》，雪兰莪福建会馆 1986 年编印。

《雪兰莪福建会馆 120 周年纪念特刊 1885—2005》，雪兰莪福建会馆 2005 年编印。

《雪兰莪暨吉隆坡福建会馆 125 周年纪念特刊》，雪隆福建会馆 2010 年编印。

《雪兰莪南安会馆三十五周年纪念特刊暨南安历代文献及邑贤创业史》，雪兰莪南安会馆 1972 年编印。

《槟城联合福建公冢二百年》，槟城联合福建公冢 1994 年编印。

《雪兰莪广东会馆纪念刊》，雪兰莪广东会馆 1960 年编印。

《吉隆坡广东义山八十三周年纪念特刊》，吉隆坡广东义山 1978 年编印。

《马来西亚雪兰莪广西会馆金禧纪念特刊》，雪兰莪广西会馆 1977 年编印。

《九皇爷安邦南天宫一百卅周年纪念特刊》，吉隆坡九皇爷安邦南天宫 1992 年编印。

《雪兰莪安溪会馆成立廿五周年银禧纪念特刊》，雪兰莪安溪会馆 1954 年编印。

《吉隆坡永春会馆新厦落成开幕成立七十五周年暨青年团廿

周年纪念特刊》(1924—1999),吉隆坡永春会馆 1999 年编印。

《马来西亚永春联合会银禧纪念特刊》,马来西亚永春联合会 1982 年编印。

《巴生福建会馆:志略·文献》,巴生福建会馆 1982 年编印。

三 古今方志

沈钟等纂:《安溪县志》,乾隆二十二年(1757),福建省安溪县地方志编纂委员会整理,厦门大学出版社 2011 年版。

黄任纂:《永春州志》,乾隆二十二年(1757),永春县地方志编纂办公室整理,厦门大学出版社 1994 年版。

黄惠、李畴纂:《龙溪县志》,乾隆二十七年(1762),《中国地方志集成·福建府县志辑》,第 30 辑,上海书店出版社 2000 年版。

蔡琛纂:《晋江县志》,乾隆三十年(1765),成文出版社有限公司 1967 年版。

叶和侃等纂:《仙游县志》,乾隆三十六年(1771),《中国地方志集成·福建府县志辑》,第 18 辑,上海书店出版社 2000 年版。

吴裕仁纂:《惠安县志》,嘉庆八年(1803),福建省惠安县地方志编纂委员会办公室 1985 年依 1936 年排印版重印本。

戴希珠总纂:《南安县志》,民国四年(1915),南安县志编纂委员会整理 1989 年排印本。

吴锡璜纂:《同安县志》,民国十八年(1929),《中国地方志集成·福建府县志辑》,第 4 辑,上海书店出版社 2000 年版。

郑翘松纂：《永春县志》，民国十九年（1930），《中国地方志集成·福建府县志辑》，第 26 辑，上海书店出版社 2000 年版。

漳州市地方志编纂委员会：《漳州市志》第 1 卷，中国社会科学出版社 1999 年版。

莆田县地方志编纂委员会：《莆田县志》，中华书局 1994 年版

福州市地方志编纂委员会：《福州市志》（第一册），方志出版社 1998 年版。

陈克振：《安溪华侨志》，厦门大学出版社 1994 年版。

泉州市教育志编纂委员会编：《泉州教育志》，福建教育出版社 1996 年版．

泉州市华侨志编纂委员会编：《泉州市华侨志》，中国社会出版社 1996 年版。

福建省地方志编纂委员会编：《福建省志·军事志》，新华出版社 1995 年版。

福建省地方志编纂委员会编：《福建省志·方言志》，方志出版社 1998 年版。

四　今人著作

陈达：《南洋华侨与闽粤社会》，商务印书馆 1938 年初版，1939 年再版。

［澳］王赓武：《东南亚华人——王赓武教授论文选集》，姚楠译，中国友谊出版公司 1986 年版。

［澳］颜清湟：《新马华人社会史》，粟明鲜等译，中国华

侨出版公司 1991 年版。

［马来西亚］苏庆华：《马新华人研究——苏庆华论文选集》（第 1 卷），马来西亚创价学会 2004 年版。

［马来西亚］苏庆华：《马新华人研究——苏庆华论文选集》（第 2 卷），联营出版（马）有限公司 2009 年版。

［马来西亚］苏庆华：《马新华人研究——苏庆华论文选集》（第 3 卷），联营出版（马）有限公司 2010 年版。

［马来西亚］苏庆华：《马新华人研究——苏庆华论文选集》（第 4 卷，过番歌研究），商务印书馆（马）有限公司 2014 年版。

［马来西亚］苏庆华：《马新华人研究——苏庆华论文选集》（第 5 卷），商务印书馆（马）有限公司 2016 年版。

［马来西亚］苏庆华：《东南亚华人宗教与历史论丛》，新加坡青年书局 2013 年版。

曾玲、庄英章：《新加坡华人的祖先崇拜和宗乡社群整合：以战后三十年广肇碧山亭为例》，台北唐山出版社 2000 年版。

曾玲：《新加坡华人宗乡文化研究》，中国社会科学出版社 2019 年版。

朱杰勤：《东南亚华侨史》，高等教育出版社 1990 年版。

［马来西亚］郑名烈：《海外桃源：吉隆坡永春社群史略》，马来西亚华社研究中心 2014 年版。

［马来西亚］郑名烈：《扎根·拓荒：武吉巴西永德公塚与地方拓殖史》，马来西亚华社研究中心 2013 版。

费孝通：《乡土中国·生育制度》，北京大学出版社 1988 年版。

麦留芳：《方言群认同：早期星马华人的分类法则》，"中央"研究院民族学研究所 1987 年版。

[美] 何炳棣：《中国会馆史论》，学生书局 1966 年版。

马来西亚马来亚华人矿务总会编著：《马来西亚华人锡矿工业的发展与没落》，马来亚华人矿务总会 2002 年版。

[新加坡] 杨松年：《战前新马文学所反映的华工生活》，新加坡全国职总奋斗报 1986 年版。

李威宜：《新加坡华人游移变异的我群观：语群、国家社群与族群》，台北唐山出版社 1999 年版。

[马来西亚] 王琛发：《马来西亚华人义山与墓葬文化》，士拉央艺品多媒体传播中心 2001 年版。

[马来西亚] 吴华：《马来西亚华族会馆史略》，新加坡东南亚研究所 1980 年 b4.

石沧金：《马来西亚华人社团研究》，中国华侨出版社 2005 年版。

陈烈甫：《东南亚洲的华侨、华人与华裔》，正中书局 1979 年版。

周天度等：《中华民国史 第 8 卷 1932—1937》（上），中华书局 2011 年版。

[新加坡] 叶钟铃：《陈嘉庚与南洋华人论文集》，马来西亚陈嘉庚基金工委会 2013 年版。

曹云华、许梅、邓仕超：《东南亚华人的政治参与》，中国华侨出版社 2004 年版。

陈枫：《皖南事变本末》，安徽人民出版社 1984 年版。

王伟：《中国近代留洋法学博士考 1905—1950》，上海人民出版社 2011 年版。

薛典曾：《保护侨民论》，商务印书馆 1937 年版。

陈嘉庚:《南侨回忆录》,福州集美校友会 1950 年印。

福建省政府秘书处统计室编:《福建经济研究(上)》,福建省政府秘书处统计室 1940 年印。

张润苏编著:《张之江传略》,学林出版社 1994 年版。

黄柽主编:《中华人民共和国地方志 福建省福州市鼓楼区教育志》,海潮摄影艺术出版社 1998 年版。

黄珍吾:《华侨与中国革命》,台北"国防"研究院、中国文化研究所 1963 年版。

曾讲来主编:《陈嘉庚研究文选(二)》,厦门大学出版社 2007 年版。

张玉法:《中华民国史稿》,联经出版事业股份有限公司 2010 年第 2 版。

王东溟、郭明泉:《台儿庄战役史》,山东人民出版社 1995 年版。

饶良伦:《烽火文心:抗战时期文化人心路历程》,北方文艺出版社 2000 年版。

张克宏:《亡命南天的岁月:康有为在新马》,马来西亚华社研究中心 2006 年版。

[马来西亚]张少宽:《孙中山和庇能会议》,槟城南洋田野研究室 2004 年版。

[马来西亚]张少宽:《槟榔屿华人史话续编》,槟城南洋田野研究室 2003 年版。

[马来西亚]邱思妮:《孙中山在槟榔屿》,陈耀宗译,槟城 Areca Books 2010 年版。

许苏吾:《新加坡华侨教育全貌》,新加坡南洋书局 1950 年版。

［马来西亚］林水檺、何启良、何国忠、赖观福合编：《马来西亚华人史新编》，第 3 册，马来西亚中华大会堂总会 1998 年版。

古鸿庭：《东南亚华侨的认同问题：马来亚篇》，联经出版事业有限公司 1994 年版。

柏杨主编：《新加坡共和国华文文学选集·杂文篇》，时报文化出版事业有限公司 1982 年版。

张小玲、王一增编：《邮电知识探源》，电子科技大学出版社 1996 年版。

余炎光、［美］陈福霖主编：《南粤割据——从龙济光到陈济棠》，广东人民出版社 1989 年版。

林远辉、张应龙：《新加坡马来西亚华侨史》，广东高等教育出版社 1991 年版。

［马来西亚］张集强：《英参政时期的吉隆坡》，大将出版社 2007 年版。

林再复：《闽南人》，三民书局 1984 年初版，1988 年增订 4 版。

翁有为：《行政督察专员区公署制研究》，社会科学文献出版社 2012 年版。

［马来西亚］林忠强、李萍主编：《传统与现代相遇》，雪兰莪暨吉隆坡福建会馆 2013 年版。

庄景辉：《海外交通史迹研究》，厦门大学出版社 1996 年版。

［马来西亚］黄文斌：《马六甲三宝山墓碑集录（1614—1820）》，马来西亚华社研究中心 2013 年版。

黄枝连：《马华社会史导论》，新加坡万里文化企业公司

1972 年版。

刘登翰：《跨越海峡的文化记忆——中华文化与闽台社会》，海峡学术出版社 2010 年版。

安溪县地方志编纂委员会编：《安溪县志》（下册），新华出版社 1994 年版。

王明珂：《羌在汉藏之间：一个华夏边缘的历史人类学研究》，联经出版事业股份有限公司 2003 版。

叶肃科：《日落台北城：日治时代台北都市发展与台人日常生活（1895—1945）》，台北自立晚报社文化出版部 1993 年版。

郑宝恒：《民国时期政区沿革》，湖北教育出版社 2000 年版。

白钢：《中国农民问题研究》，人民出版社 1993 年版。

钱杭：《血缘与地缘之间：中国历史上的联宗与联宗组织》，上海社会科学院出版社 2001 年版。

政协福建省龙海市委员会：《龙海姓氏》，2008 年。

郑炳山主编：《在缅甸的泉州乡亲》，中国广播电视出版社 2002 年版。

［马来西亚］廖文辉：《马新史学 80 年——从"南洋研究"到华人研究（1930—2009）》，上海三联书店 2011 年版。

王付兵：《马来西亚华人的方言群分布和职业结构》，云南美术出版社 2012 年版。

［马来西亚］白伟权：《马来西亚柔佛州新山华人社会的变迁与整合（1855—1942）》，新纪元学院 2015 年版。

［德］费迪南·滕尼斯：《共同体与社会》，林荣远译，商务印书馆 1999 年版。

Victor Purcell, *The Chinese in Southeast Asia*. London and New

York：Oxford University Press，1951.

Png Poh-Seng，*The Kuomintang in Malaya*，in K. G. Tregonning ed.，Papers on Malayan History：Papers Submitted. Singapore：Journal of Southeast Asian History，1962

J. M. Gullick，*A Hsitory of Kuala Lumpur 1857 – 1939.* Kuala Lumpur：Malaysia Branch of the Royal Asiatic Soceity，2000

Swee – Hock Saw，*The population of Peninsular Malaysia.* Kent Ridge：Singapore University Press，1988.

Wong Lin Ken，*The Malayan tin industry to 1914.* Tucson：The University of Arizona Press，1965.

D. W. Meinig（ed.），*The Interpretation of Ordinary Land-scapes：Geographical Essays.* New York and Oxford：Oxford University Press，1979.

五 期刊论文

张海钟、姜永志：《中国人老乡观念的区域跨文化心理学解析》，《宁夏大学学报（哲学社会科学版）》2010 年第 1 期。

童庆炳：《作家的童年经验及其对创作的影响》，《文学评论》1993 年第 4 期。

李丰楙：《马六甲、槟城华人在宗祠、义山祭祀中的圣教观》，《成大历史学报》第 39 号，2010 年 12 月。

方庆秋：《福建事变述论》，《历史档案》1983 年第 1 期。

黄贤强：《客籍领事与槟城华人社会》，《亚洲文化》第 21 期，1997 年。

崔贵强：《海峡殖民地华人对五四运动的反映》，《南洋学报》第二十卷，1965 年。

谷新：《三十年代厦门篮球队的一次"星马"之行》，《厦门方志通讯》1985 年第 2 期。

杨恩溥《厦门〈华侨日报〉》，《福建新闻史料》1992 年第 5 期。

杨琪：《中国华洋义赈救灾总会述论》，马明达主编：《暨南史学》（第六辑），暨南大学出版社 2009 年版，第 454—456 页。

徐艰奋：《〈益群报〉初办时期的政治性质》，《亚洲文化》第 21 期，1997 年。

林衡道：《台湾世居住民的祖籍与姓氏》，载《中华民国宗亲谱系学会年刊》，成文出版社有限公司 1981 年版。

陈义彬：《粤闽赣边客家文化地域差异与旅游合作》，《人文地理》2008 年第 4 期。

方豪：《宋泉州等地之祈风》，《宋史研究集》第一辑，"国立"编译馆中华丛书编审委员会 1958 年版。

李玉昆：《试论宋元时期的祈风与祭海》，《海交史研究》1983 年第 5 期。

罗柳宁：《族群研究综述》，《西南民族大学学报》2004 年第 4 期。

宋燕鹏：《开辟早期马六甲华人史研究的新局面——〈马六甲三宝山墓碑集录（1614—1820）〉读后》，《马来西亚华人研究学刊》第 16 期，2013 年。

Brenda S. A. Yeoh, The Control of " Sacred" Space: Conflicts over the Chinese Burial Grounds in Colonial Singapore, 1880 – 1930, *Journal of Southeast Asian Studies*, Vol. 22, No. 2（Sep., 1991）.

六 学位论文

Tan Ai Boay, *Tin miners in Perak during the depression years, 1929 – 1933*, M. A. Thesis, University Malaya, 2007.

Alun Jones, *Internal Security in British Malaya, 1895 – 1942.* Ph. D. Dissertation, Yale University, 1970.

后　记

在一月温度零下的北京，听着窗外寒风呼啸，为自己有关赤道国度的一本书写后记，尽管屋内有暖气护体，但是依然挡不住内心对赤道温暖的向往。因为马来西亚是一个令人神往的地方。

本书不是笔者的博士学位论文，对于华侨华人研究，笔者是"半路出家"，需要补的课很多，需要看的文献资料也很多。孔飞力教授曾说："至少从 16 世纪以来，中国史就不能不包括海外华人史，而海外华人史也同样不能不结合中国史，唯有如此，方可成其为一个完整的研究领域。"好在有中国古代史传统的"四把钥匙"的训练，有"区域社会史"的研究范式加持，在 2012 年 11 月决定进入这个领域的时候，并不觉得太难。因此，笔者涉足马来西亚华人史的研究，阻力并不是很大，可能也是因为中国史的底子帮了忙。另外，第二次世界大战之前的马来文献，都以爪夷文书写，即使是研究那个时期的马来西亚学者，也无法阅读，所幸马来西亚在 1967 年，方才在《国语法令（修正案）》的指令下将官方语言从英语和马来语改为只有马来语。之前英殖民政府时期和马来亚独立后十年内，官方档案都是英文，因此笔者转行治马来西亚华人史后，恶补英文，以阅读英殖民政府档案和英文著作。

不少师友好奇笔者从中国古代史如何转到中国与东南亚关系史和马来西亚华人史的研究，其实这都是因缘际会。2012 年 11 月 1 日刚到马来亚大学中文系以客座研究员身份报到，那时并未想转移研究领域。但是在元旦和春节两次前去马六甲这个马来半岛最早的华人聚居区，就被青云亭那些清代碑刻深深吸引。而碑刻，不就是中国史学者"赖以生存"的史料来源吗？在仔细阅读碑刻后，产生了很多问题，试图找寻研究成果释疑，因此，对青云亭碑刻的分析，就成为笔者初次涉足马来西亚华人史的尝试。在 2013 年 6 月的时候，中文系潘碧华老师邀请我参加黄子坚教授主持的"马来西亚华人义山"项目，我把青云亭放到一边，开始着手吉隆坡福建人的研究，接触到吉隆坡福建义山和雪隆福建会馆的资料，本书的相关论文，最早写于 2013 年 9 月，最晚写于 2017 年 5 月。

笔者曾经"雄心勃勃"想写一本全面叙述吉隆坡福建社群史的书，但是由于回国以后工作事务缠身，没办法再有当年写博士论文的激情，退而求其次，学习日本学者，围绕一个专题写论文，然后汇集成书。本书就是上述论文的汇集。相关论文曾刊发在国内外不同刊物上，在此感谢《南洋问题研究》《史学月刊》《南洋学报》《哲学与文化》《元史及民族与边疆研究》《华侨华人文献学刊》等刊物提供发表机会。其中有少部分内容在发表的时候有重复，收入本书时除了删除大篇幅的重复外，为保存原貌，小篇幅则一仍其旧。

整理书稿的过程中，笔者马来西亚华人史研究的领路人——苏庆华教授突然去世，他是笔者在马来亚大学中文系访学的合作导师。一年多时间里只要笔者在马大，他都会找来喝下午茶"吹水",和我谈论大马学术界的人和事,使我很快熟悉了这里的学术生态。马大中文系和教育学院的食物档口,经常留下他爽朗的笑声。他随意切换"五大方言"的音容笑貌最近经常浮现眼前。最后把一篇叙述他学术研究的论文作为附录,以表缅怀。

走上这条研究之路,需要感谢的人很多。笔者在马来亚大学期间,中文系的潘碧华副教授、祝家丰副教授、郑庭河博士、蔡晓玲博士等同人都给予了不少帮助,使得马大一年多的生活变成美好的记忆。来自槟城福建人的马大历史系退休教授卢慧玲博士也曾不止一次对此课题加以鼓励和指点。由于具有相同的历史学学科背景,黄子坚教授热情邀请笔者参与当年马来亚大学的研究计划,这是需要感恩的。无论是吉隆坡还是在北京相见,他都会给予笔者以方法论上的指点。华社研究中心的詹缘端主任在资料获得和学术研究上也提供了很多便利和鼓励。如今离开华研就职马来亚大学中文系的何启才博士和已经从商的郑名烈博士,六年来从生活到研究资料方面,都给予很多帮助,使笔者免去了很多弯路。拉曼大学张晓威院长、陈中和博士在这几年间也不间断地给予帮助。特别要感谢陈爱梅博士,认识她的时候,她还是马来亚大学历史系的博士候选人。在吉隆坡的最后几个月里,她热情陪同笔者拜访福建人的各个神庙和会馆,去国家档案馆查资料。如今她已经入职拉曼大学五年,依然和笔者保持着学术合作。本书相关田野工作,有大部分是在陈爱梅博士的帮助下完成的。

北京大学吴小安教授是北方少有的东南亚史和华侨华人研究领域的大家,这几年笔者受其耳提面命,未敢松懈,甚为感念。

厦门大学是中国南洋研究的重镇，作为国际知名的华侨华人史专家，历史学系曾玲教授对笔者的相关论文，曾提出过建设性的建议，如今又不吝赐序。南洋研究院的范宏伟教授，欣然将本书纳入"南洋文库"，使出版成为可能，特此一并致以诚挚的谢意。

虽然这本书出版了，笔者对吉隆坡福建人以至大马华人历史的思考并不会结束，还有很多方面需要进一步做细致的分析，也需要大家一起来参与。行文至此，想起十几年前曾看到历史学家漆侠先生在20世纪90年代送给硕士导师邢铁教授一本书的扉页上题有："《金刚经》有云：'应无所住而生其心'，治学亦应如此。"当时不知所云，20多年后的如今感触甚深，特与诸君共勉。

2019 年 1 月 31 日
北京一水轩